Günter Seggermann
Die Orgeln in Hamburg

Themen-Reihe Band 6
Herausgeber: Kulturbehörde/Denkmalschutzamt

Günter Seggermann

Die Orgeln in Hamburg

Christians Verlag

Herausgeber: Kulturbehörde / Denkmalschutzamt Hamburg

Abbildungen auf dem Umschlag:
Vorderseite: St. Pankratius, Ochsenwerder
Foto: Sabine Ganczarsky / Landesbildstelle

Rückseite: Jahnn-Orgel der Heinrich-Hertz-Schule
Foto: Sabine Ganczarsky / Landesbildstelle

Abbildungen im Inhalt:
Landesbildstelle, Denkmalschutzamt

Als Klangdokument zu diesem Buch erscheint im Sommer 1997 eine CD
mit Aufnahmen exemplarischer Hamburger Orgeln
(St. Jacobi, Schnitgerorgel Neuenfelde, St. Michaelis, Erlöserkirche Borgfelde,
St. Nikolai Billwerder, Welte-Funk-Orgel, Italienische Orgel der Musikhochschule),
gespielt von Hans-Jörg Albrecht, Dr. Richard v. Busch, Prof. Gerhard Dickel,
Gerhard Gregor, KMD Rudolf Kelber, Prof.Wolfgang Zerer.

Titel:
Orgeln in Hamburg
Beispielhafte Werke aus drei Jahrhunderten
CD AGK 12 218

Axel-Gerhard-Kühl-Verlag
Katherl-Berg-Straße 8, 94354 Haselbach
Tel. 09961-82 32
Fax 09961-82 26

Die Deutsche Bibliothek - CIP-Einheitsaufnahme
Seggermann, Günter:
Die Orgeln in Hamburg / Günter Seggermann,
Hrsg.: Kulturbehörde, Denkmalschutzamt Hamburg. –
Hamburg : Christians, 1997
(Themen-Reihe / Kulturbehörde, Denkmalschutzamt ; Bd. 6)
ISBN 3-7672-1272-2

Herstellung Hans Christians Druckerei, Hamburg
Gestaltung: Carsten Best
Printed in Germany
ISBN 3-7672-1272-2

INHALT

GELEIT

Die Orgel, seit Jahrhunderten herrliches Instrument in den Kirchen und Sälen, ist für viele Menschen die „Königin“ aller Instrumente, die diese durch ihren Reichtum an Tönen und ihre machtvolle Klangfülle auf den Platz verweist. Großer Popularität erfreuen sich daher Orgelkonzerte, die die Kirchen in Konzerthallen verwandeln, wobei sich freilich auch kirchenfernes Publikum nicht der Ahnung eines ‚Religiösen' zu entziehen vermag. Doch die alten und neuen Orgeln wirken nicht nur durch die Musik: in den meisten Räumen gehören sie zu den wichtigen Ausstattungsstücken und prägen durch ihre schiere Größe und ihren häufig prächtig ausgebildeten Prospekt insgesamt den Raum.
Orgeln haben also in doppelter Weise eine Entwicklung durchlaufen, nämlich als optisch–haptische Gebilde und als von der Technik bestimmte Klangkörper. Sie sind also Dokumente der Musikgeschichte, Kunstgeschichte und der Technikgeschichte des Orgelbaus.
Entwicklungen der Musik und Musikliteratur, aber auch Moden führten immer wieder zu Erneuerungen und Erweiterungen auch berühmter Orgeln, also zur Veränderung des Dokumenten- und Denkmalwertes. Veränderungen, die sich selbstverständlich auch an Prospekt-Umbauten zeigten. Während der Denkmalpfleger aufgrund seiner Ausbildung als Kunsthistoriker oder Architekt Orgelprospekte hinsichtlich ihrer gestalterischen und künstlerischen Bedeutung und Aussagekraft durchaus zu beurteilen und Restaurierungen zu begleiten vermag, braucht es zum denkmalpflegerischen Umgang mit dem Instrument Orgel besonderer Kenntnisse. Die Orgeltechnik ist für den Laien geheimnisumwittert, der Denkmalpfleger ist auf den Rat und die Mitwirkung technik- und musikhistorisch gebildeter Spezialisten angewiesen, um mit den Organisten, deren vordringliches Interesse selbstverständlich die Verwirklichung der eigenen Musikrichtung und Musik ist, konservatorische, restauratorische oder modernisierende Maßnahmen qualifiziert abstimmen zu können; denn wie bei allen anderen Denkmälern muß vor einer solchen Maßnahme der Gebrauchswert des Instruments gegen den Denkmal- und den Alterswert abgewogen werden.
Hamburg hat eine reiche Geschichte als Stadt der Orgeln. Der Bogen spannt sich von den großen Barockorgeln – Arp Schnitgers Name möge hier als Hinweis genügen – bis zur Reform durch die Orgelbewegung des 20. Jahrhunderts, die mit Hans-Henny Jahnn verbunden ist. Eine Gesamtdarstellung dieses Reichtums an Orgeln in z.B. Kirchen, Aulen, Kapellen, Sälen fehlte bisher.
Wir sind Günter Seggermann, Organist von Profession und seit Jahren als Orgelbeauftragter der Kulturbehörde verdienstvoll tätig, sehr dankbar, daß er dies Desideratum für Hamburg auflöst; kaum jemand hätte dieses Werk so gut leisten können wie er! Mit forscherischem Impetus hat er in mühevoller Sammeltätigkeit Kirchen und andere Gebäude aufgesucht, die Orgeln untersucht und beschrieben, die Literatur über Orgeln ausgewertet, wobei seine profunde Kennerschaft die Basis für diese Arbeit und die Abfassung der Texte und des Katalogs bildete. Das Buch ist reich bebildert. Der größte Teil der Aufnahmen stammt von der Fotografin der Landesbildstelle Sabine Ganczarsky; außerdem waren Henning Angerer, Christian Geisler, Zeljka Gloc, Karin Lange und Fokke Peters fotografisch tätig. Allen sei für ihre Arbeit und die guten z. T. hervorragenden Ergebnisse herzlich gedankt.

Prof. Dr. Manfred F. Fischer

VORWORT

Die hier vorgelegte Dokumentation soll in erster Linie den Reichtum und die Vielfalt des Orgelbestandes auf dem Gebiet der Freien und Hansestadt Hamburg aufzeigen, wie er sich heute darstellt. Durch das Entgegenkommen einiger Gemeinden, in denen jetzt neue Orgeln gebaut werden, konnten Informationen über diese Neubauten bereits aufgenommen werden. Insofern wurde bei dieser Arbeit das Konzept Theodor Cortums aufgegriffen, das er 1928 in seiner Bestandsaufnahme der Orgeln in der evangelisch-lutherischen Kirche im Hamburgischen Staate verfolgte.
Für viele Menschen ist Orgel gleich Kirche. In diesem Bericht wird deutlich, daß auch an nichtkirchlichen Orten gerne von der Orgel als Musikinstrument Gebrauch gemacht wird.
Eine ausführliche Geschichtsschreibung muß Einzeldarstellungen vorbehalten werden. Hier können nur kurze Hinweise auf die Vorgeschichte vieler Orgeln gegeben werden. Eine große Anzahl von Unterlagen wurde durch Feuer oder Kriegseinwirkungen vernichtet. Diese Tatsache sowie andere widrige Umstände in der Aktenlage vieler Orgelstandorte machten es nicht immer möglich, diese Hinweise lückenlos zu gestalten.

Um der Einheitlichkeit willen wurden auch Orgelpositive unter dem Oberbegriff „Orgel“ eingeordnet. Elektronische „Orgeln“ fanden keine Berücksichtigung.
Zu danken habe ich ganz besonders dem Direktor des Hamburger Denkmalschutzamtes, Herrn Prof. Dr. Manfred Fischer, daß er durch seine Initiative diesen umfassenden Bericht über die Hamburger Orgellandschaft ermöglichte, wie ein solcher andernorts bisher kaum verfügbar ist.
Zu danken ist aber auch der redaktionellen Betreuerin des Denkmalschutzamtes, Frau Dr. Ilse-Marie Rüttgerodt-Riechmann, den Herren Dr. v. Busch, Hamdorf und KMD Lauer, vielen Kirchengemeinden, manchen hilfsbereiten Organisten, den Leitern der kirchlichen Archive, Frau Büttner vom Staatsarchiv Hamburg, den Kirchenämtern, den Hamburger Orgelbauern, den Fotografen für die vorzüglichen Aufnahmen und ungezählten Informanten, die diese Arbeit unterstützten.
Dank gebührt aber auch dem Verlag für die gelungene Gestaltung dieses Buches.

Günter Seggermann — Hamburg, im Juni 1997

KLEINE HAMBURGER ORGELGESCHICHTE

Seit der Ingenieur Ktesebius von Alexandrien im 3. Jahrhundert v. Chr. ein Musikinstrument erfand, das der Grundkonzeption unserer heutigen Orgel entsprach – es hatte Pfeifen und „Tasten“ und wurde durch Luft (den Orgelwind) angeblasen – hat diese „Orgel“ eine vielschichtige Entwicklung durchlaufen. Ein grundlegender Entwicklungsschritt war der von der Hydraulos genannten Wasserorgel des Ktesebios zur Blasebalgorgel. Beim Hydraulos wurde der zum Anblasen der Pfeifen benötigte Winddruck durch Wasserdruck in einer dafür entwickelten Konstruktion erzeugt. Bei der bis heute gebräuchlichen Blasebalgorgel wird der nötige Winddruck durch auf den Balg gelegte Gewichte erzeugt.
Während gut 1100 Jahren diente die Orgel zur Unterhaltung, etwa bei Zirkusveranstaltungen, als Konzertinstrument, Hausinstrument reicher Leute oder auch als Prestigeinstrument an Königs- und Fürstenhöfen. Vom 9. Jahrhundert an fand sie zunehmend Eingang in den Gottesdienst der römisch-katholischen Kirche. Die Ostkirchen dulden dagegen keine Instrumentalmusik in ihren Gottesdiensten
Im 14. Jahrhundert kamen das mit den Füßen gespielte Pedalklavier und die Aufteilung der Register auf mehrere Manuale als Novum hinzu. Von diesem Zeitpunkt an gab es das Instrument Orgel im Grundprinzip in der Form, wie es bis heute im Gebrauch ist.
„Den Orgelbauerfamilien Scherer, Fritzsche und Schnitger, sowie den vielen sich um sie gruppierenden Kleinmeistern ist es zu verdanken, daß Hamburg sich unter allen deutschen Städten diejenige mit der ruhmreichsten Vergangenheit im Orgelbau nennen darf“ stellt der bedeutendste Erforscher der norddeutschen Orgelgeschichte, Gustav Fock, in seinem Aufsatz „Hamburgs Anteil am Orgelbau im niederdeutschen Kulturgebiet“ (Hamburg 1939) fest. Nach unseren Erkenntnissen darf diese Feststellung dahingehend erweitert werden, daß in Hamburg als einziger Stadt in aller Welt seit über 500 Jahren Orgelbau betrieben wird und daß von hier aus wegweisende Impulse für den Orgelbau ausgegangen sind.

Nachdem für die Hansestadt bereits im 15. Jahrhundert sieben Orgelbauer bezeugt sind, von deren Arbeiten noch Pfeifen der Meister Stüwen und Iversand in der Schnitger-Orgel der Hauptkirche St. Jacobi erhalten sind, wurde Hendrick Niehoff aus s'Hertogenbosch in Holland mit seinem Kompagnon Jasper Johansen 1548 zu Arbeiten an der Orgel der Hauptkirche St. Petri bestellt. Sie legten bei dieser Gelegenheit eines der ersten Rückpositive im norddeutschen Raum an.
Sicherlich blieben diese und andere Anregungen aus dem Westen nicht ohne Einfluß auf das erste der bedeutenden Hamburger Orgelbauergeschlechter: Jacob Scherer, Hans Scherer der Ältere und Hans Scherer der Jüngere. Diese drei Generationen prägten im 16. Jahrhundert das Orgelbaugeschehen in Hamburg und Umgebung. Jacob Scherer, der von 1535 bis 1571 wirkte, entwickelte die Form des Orgelgehäuses mit einem Prospekt, den der Orgelforscher Walter Kaufmann den „Hamburger Prospekt“ nannte. In Hamburg ist ein solcher an der Schnitger-Orgel der Hauptkirche St. Jacobi erhalten: Rückpositiv, Brustwerk, Hauptwerk und Oberwerk sind übereinander angeordnet; zu beiden Seiten stehen Pedaltürme, die bis zur Höhe des Rückpositivbodens abgesenkt und vorgerückt sind. Dieser „Hamburger Prospekt“ wurde zu einer entscheidenden Gestaltungsgrundlage für einen großen Teil der in aller Welt bis heute erstellten Orgelbauten.

Das Pedalwerk hatte, seit man es im 14. Jahrhundert mehr und mehr baute, nur Baßfunktion und hat diese in manchen Teilen der Welt bis in die Neuzeit hinein. Jacob Scherer änderte dies bei seinen Orgeln und wirkte dadurch stilbildend auf viele Orgelbauer nach ihm. Im Umbaukontrakt für die Orgel der Kieler Nikolaikirche bietet er ein „volles Pedal“ an. Was sollte dies bedeuten? Während bis zu Scherer im Pedal der Orgeln Register vertreten waren, die diesem Teil der Orgel nur die Möglichkeit gaben, den Baß eines Musikstückes auszuführen, baute Scherer auch Pedalwerke mit Registern im Vierfuß- und Zweifußton, sowie auch mit Mixturen. Nunmehr konnte das Pedalwerk im polyphonen Gewebe der Stimmen eine selbständige Aufgabe, eine eigene Stimme übernehmen. Es konnte solistisch und mit cantus-firmus-Aufgaben gespielt werden. Auch erweiterte Scherer den Tonumfang in der Tiefe bis zum großen C, während man vorher immer nur bis zum großen F baute. Durch diese Verbesserungen seiner Orgeln benötigte er erheblich mehr Platz für die nun notwendig werdende größere Anzahl von Pfeifen. Dafür war in den bisher üblichen Gehäusen nicht genügend Raum. Diese Tatsache veranlaßte ihn dazu, seinen Orgeln links und rechts Pedaltürme anzufügen. So kam er zwangsläufig zur Konstruktion des „Hamburger Prospektes“. Eine Besonderheit muß noch erwähnt werden. Die tiefen Töne verlangten auch die größten Pfeifen. Die mittel-

tönigen Stimmungen der alten Orgeln erlaubten aber nur das Spiel von Tonarten mit wenigen Halbtönen, mit wenigen Tonartvorzeichen. Daher ließ man die teuren Pfeifen der Semitonien Cis, Dis, Fis und Gis einfach weg; manchem Spieler bereiten diese an Denkmalorgeln bis heute erhaltenen „kurzen Oktaven" oft nicht geringe Probleme.
Es darf als sicher angenommen werden, daß der junge Johann Sebastian Bach bei seinen Besuchen an den Orgeln in Hamburg und Lübeck mit ihren reich besetzten Pedalwerken maßgebliche Anregungen für die Komposition seiner großartigen Pedalsoli erhielt, denn die Orgelpedalwerke in Bachs Heimat Thüringen waren durchweg mehr für eine Baßfunktion geeignet.
Jacob Scherer baute Orgeln bis nach Altenbrandenburg, Ratzeburg, Stettin, Kiel und Lübeck.

Hans Scherer der Ältere wirkte von 1571 bis 1611. Sein Tätigkeitsfeld erstreckte sich bis nach Bernau bei Berlin. Von ihm ist u. a. ein großer Teil der 1587 für die Nikolaikirche in Stade erbauten Orgel erhalten. Die Stader Kirche wurde zu Beginn des 19. Jahrhunderts abgebrochen. Hauptwerk, Brustwerk und Pedal wurden an die Kirchengemeinde Himmelpforten verkauft. Für die gesamte große Orgel reichte der Platz in der kleinen Kirche nicht aus. Auch das große Orgelgehäuse war hier nicht unterzubringen und mußte – der Raumgröße angepaßt – neu gestaltet werden. Das Rückpositiv verkaufte die Stader Nikolaigemeinde an die Kirchengemeinde Kirchlinteln bei Verden/Aller. Dort ist das Rückpositivgehäuse der Scherer-Orgel noch immer erhalten, während sich darin bereits die dritte Orgel befindet. An diesem Rückpositivgehäuse kann man erkennen, wie prächtig einst der Prospekt in St. Nikolai zu Stade gestaltet gewesen sein mag. Himmelpforten dagegen bewahrt den herrlichen Klang einer großen Anzahl von Registern Hans Scherers des Älteren.
Hans Scherer der Jüngere, der von 1611 – 1631 tätig war, baute in Kassel, Minden, Tangermünde und Lübeck-St. Aegidien. Die Tangermünder Scherer-Orgel in St. Stephani ist vollständig erhalten, in Lübeck-St. Aegidien hingegen ist nur noch der prächtige Prospekt zu bewundern. Von Scherers 1615 in der Husumer Stadtkirchenorgel eingebautem Register „Regal" rühmte der Organist Fredemann, es gebe dies schöner nicht im ganzen Lande!

Neben den drei Orgelbauern Scherer traten die Schwiegersöhne Jacob Scherers – Dirk Hoyer und Hans Bockelmann – durch besondere Tüchtigkeit hervor.
Der Dreißigjährige Krieg hatte den Orgelbauer Gottfried Fritzsche aus Meißen über Wolfenbüttel und Braunschweig nach Hamburg verschlagen. Von seiner Tätigkeit in Wolfenbüttel zeugt das herrlich gestaltete Gehäuse und einige Register seiner Orgel in der Kirche „Beatae-Mariae-Virginis".
Fritzsche brachte dem Hamburger Orgelbau mancherlei Neuerungen. So unternahm er erstmals an den Orgeln der Hauptkirchen St. Katharinen und St. Jacobi den Bau eines vierten Manuals. Hatte man bisher im Norden überwiegend Metallpfeifen gebaut, so führte Fritzsche in vermehrtem Maße den Holzpfeifenbau ein. Er erweiterte den Registerbestand des Pedals nochmals und baute auch Register im Einfußton. Daneben erfreute er die Zuhörer durch kleine „Schnurrpfeifereien", wie den Zimbelstern, den Kuckucksruf oder das Nachtigallengezwitscher. Bei letzterem Register stecken drei kleine Pfeifchen in einem Kesselchen, das mit Wasser gefüllt ist. Wird nun Luft in dieses Wasser geblasen, dann erklingen die Pfeiflein mit glucksendem, zwitscherndem Ton. In der Orgel der Kirche zu Lüdingworth an der Unterelbe ist solch „Orgelvogelgezwitscher" noch heute zu bewundern.
Fritzsches Meisterschüler Hendrick Cahman trug Hamburger Orgelbaukunst nach Schweden. Er war in Uppsala ansässig und gilt als Vater des schwedischen Orgelbaus.
Weitere bedeutende Schüler Fritzsches waren Friedrich Stellwagen und Tobias Brunner. Von Stellwagen erklingen bis in unsere Tage die sogenannte Kleine Orgel der Lübecker St. Jacobikirche und die Orgel der Marienkirche im pommerschen Stralsund. In Brunners Orgel in der Dorfkirche zu Tellingstedt bei Heide erfreut den Hörer besonders ein wunderschönes Harfenregal.
Durch Fritzsches Sohn Hans-Christoph wirkte der Hamburger Orgelbau erstmals bis nach Lissabon, wohin er 1651 eine Orgel lieferte.
Am Rande sei vermerkt, daß die Pastorenwitwe Rist aus Ottensen – Mutter des bekannten Kirchenlieddichters Rist – in zweiter Ehe den Orgelbaumeister Joachim Fritzsche ehelichte.
Letztes Bindeglied zu Arp Schnitger war Joachim Richborn, der von 1660 bis 1684 tätig war. In der Großen Orgel der St. Jacobikirche zu Lübeck zeugen noch die beiden Pedaltürme und einige Register von seinen Arbeiten. In der Stadtkirche zu Tönning ist das Gehäuse der von ihm erbauten Orgel verändert erhalten. In Buttforde (Ostfriesland) erklingt eine wunderschöne kleine Lettner-Orgel Joachim Richborns.

Arp Schnitgers Schaffen stellt den Höhepunkt nordischen Orgelbaus dar. Er wurde 1648 in Schmalenfleth bei Golzwarden an der Unterweser als Sohn eines Tischlermeisters (Snitgers) geboren. Nach Abschluß einer Tischlerlehre erlernte er bei seinem Vetter Behrendt Huß in Glückstadt den Orgelbau. Als Geselle erntete er erstmals großen Ruhm beim Bau der Orgel in der Kirche St. Cosmae et Damian zu Stade. Zur „Verehrung" erhielt er nach vollendetem Orgelbau vom Rat der Stadt 36 Mark!
Nachdem er als junger Meister von 1677 an in Stade gearbeitet hatte, forderten ihn 1682 die Kirchjuraten der Hamburger Hauptkirche St. Nikolai auf, ihnen eine neue Orgel zu bauen. Diese bekam 67 Register auf vier Manualen und Pedal und wurde die damals größte Orgel der Welt. Dieser ehrenvolle und seinen Ruhm festigende Auftrag veranlaßte den jungen Meister, nunmehr seinen Wohnsitz nach Hamburg zu verlegen. In der Hansestadt arbeitete er bis 1705.
Durch die Heirat der Enkelin eines Großbauern in dem Dorf Neuenfelde nahe Hamburg hatte Schnitger einen großen Hof geerbt. Dadurch wurde er auch Gläubiger der Gemeinde, der er finanziell oft entgegenkam, nicht zuletzt beim Bau seiner Orgel in der kürzlich neu erbauten Kirche. Zum Dank dafür gestattete man ihm, neben

dem Kanzelaltar einen prächtigen Kirchenstuhl für sich und seine Familie zu errichten. Als Pendant bestellte der Superintendent gleich einen solchen für sich mit. Anno 1705 verlegte Schnitger seine Werkstatt auf seinen Neuenfelder Hof. Im Jahre 1719 verstarb der Meister und wurde in der Kirche „zu Norden im Frauengange" beigesetzt. Eine in den Boden eingelassene Gedenktafel markiert den Platz. Schnitger lieferte etwa 150 Orgeln bis nach Moskau, St. Petersburg, England und Lissabon. Von Lissabon gelangte eine seiner Orgeln als Geschenk des portugiesischen Königs nach Mariana in Brasilien und erklingt dort bis heute. Von den beiden für Peter den Großen gelieferten Orgeln gibt es keinerlei Nachrichten.

Ein großer Schülerkreis setzte die Arbeit Arp Schnitgers fort. Der Sohn Franz-Caspar verlegte die Werkstatt nach Zwolle in Holland. Seine Orgel in der dortigen Michaelskirche ist neben manchen anderen erhalten.
In Hamburg führte Otto-Dietrich Richborn als relativ unbedeutender Orgelbauer die Orgelbautradition fort. Ihm folgten Johann Jacob Lehnert, Johann Paul Geycke, Johann Wilhelm Geycke, Johann Balthasar Wohlien, Johann Hinrich Wohlien, Johann Conrad Wohlien, Johann Gottlieb Wolfsteller und Christian Heinrich Wolfsteller. Johann Paul Geycke baute 1774 den neuen Spieltisch an Schnitgers Jacobiorgel, der leider im 2. Weltkrieg zusammen mit dem Gehäuse verbrannte.
Johann Gottlieb Wolfsteller erstellte in der nach dem großen Hamburger Brand 1842 wiederaufgebauten Hauptkirche St. Petri eine erste Orgel. Sie wurde 1885 beim Bau einer neuen großen Orgel durch die berühmte Orgelbauanstalt Eberhardt Friedrich Walcker & Cie (Ludwigsburg) in die neu erbaute St. Thomaskirche in Rothenburgsort verbracht, wo sie zusammen mit der Kirche im 2. Weltkrieg durch Bomben vernichtet wurde. Der Sohn Christian Heinrich Wolfsteller erlangte über Hamburg hinaus Bedeutung. Er stellte auf der Industrieausstellung 1889 erstmals eine von ihm entwickelte elektrische Traktur vor; weil sie aber 62 elektrische Batterien zum Betrieb benötigte, konnte sich diese Konstruktion nicht durchsetzen. Nach dem Werkverzeichnis Wolfsteller erbaute er u. a. 54 Orgeln im Ausland. Nach einem Bericht des Kirchenmusikdirektors Wilfried Bergmann (Lindau) befindet sich in der Kirche El Salvador zu Santa Cruz de La Palma eine Orgel, die die Hamburger Orgelbauer Johann Wilhelm Geycke und Johann Hinrich Wohlien 1822 dorthin lieferten.
Im Jahre 1897 übernahm der Orgelbauer Paul Rother die Werkstatt Wolfsteller. Von ihm stammt ein Großteil der Orgeln, die in der ersten Hälfte des 20. Jahrhunderts neben vielen Umbauten in Hamburg und Umgebung gebaut wurden.

Ein Klavier ist ein Klavier, aber eine Orgel ist nicht eine Orgel! Durch die Vielzahl der Klangfarbenmöglichkeiten gleicht keine Orgel der anderen in ihrer Gesamtklangkonzeption. In der Disposition wird aus den vielen Registern nach festgelegten Gesichtspunkten eine Auswahl zusammengestellt, die dann das Gesamtklangbild dieses einen, einmalig vorhandenen neuen Orgelwerkes bestimmt. Während mehrerer Jahrhunderte bestimmte die „Werkorgel" die Orgelkonzeption. Je nach Größe bildeten Hauptwerk, Oberwerk, Brustwerk, Rückpositiv oder einige davon mit dem Pedal zusammen das Gesamtklangwerk einer Orgel. Jedes der Einzelwerke hatte einen besonderen Klangcharakter. Da die Tasteninstrumente bis ins 18. Jahrhundert hinein dynamisch starr und unflexibel waren, konnten Klangstärkenunterschiede nur „terrassendynamisch", das heißt ohne stufenlos gleitenden Lautstärkeunterschied gestaltet werden. Die Mannheimer und Wiener Schulen brachten das Sinfonieorchester großen Stils mit stufenloser Dynamik als Ablösung des terrassendynamisch musizierenden Barockorchesters. Die Orgel – von Natur aus dynamisch starr – versuchte diese Entwicklung mitzumachen. So wurde zunehmend das Werkprinzip der stärkemäßig einander gleichwertigen Manuale aufgegeben. Es wurden nun lautstärkemäßig unterschiedliche „Manualwerke" gebaut, daß heißt, das 1. Manual wurde stark konzipiert, das 2. Manual erhielt leisere Register und so fort. Dadurch konnte der Organist in etwa durch Wechsel der Manuale den Klangstärkeunterschieden des Orchesters folgen, mit dem er musizierte. Die hoch erklingenden Register in Zweifuß- und Einfußlage, sowie die schillernden Mixturen verschwanden weitgehend aus dem Orgelbau, da sie den dynamischen Vorgang störten. Durch diese Entwicklung wurde aber ein Grundprinzip der Orgel – der gestaltermöglichende Klangfarbenreichtum – weitgehend aufgegeben.

Der Hamburger Schriftsteller, Orgelbauer und Orgelwissenschaftler Hans-Henny Jahnn (1894–1959) erkannte diese Fehlentwicklung, als er 1919 zufällig die in einem Dornröschenschlaf versunkene Arp-Schnitger-Orgel in St. Jacobi entdeckte. Sie war zur Bedeutungslosigkeit herabgesunken, da sie dem Dynamikstreben des 19. Jahrhunderts im Orgelbau in keiner Weise gerecht werden konnte. An dieser Orgel Schnitgers wurde Jahnn klar, daß man die Gestaltungsprinzipien der tüchtigen Orgelbauer der Vergangenheit nicht außer Acht lassen darf, wenn man eine schön klingende Orgel bauen will. Er erkannte aber auch, daß durch reines Imitieren nichts Neues werden kann.
Um seine Erkenntnisse in einem breiten Kreise von Fachleuten diskutieren zu können, lud Hans-Henny Jahnn 1925 zur ersten großen Orgeltagung nach Hamburg ein. Lübeck mit seinen damals noch erhaltenen wertvollen Orgeln wurde in die Reihe der praktischen Beispiele einbezogen. Beide Hansestädte verfügten über jene herrlichen alten Orgeln, an denen er seine Erkenntnisse demonstrieren konnte. Gegen anfänglich große Widerstände des Establishments konnte sich Jahnn letztendlich durchsetzen, und so wurde die Hamburger Orgeltagung 1925 die Geburtsstunde der Norddeutschen Orgelbewegung, deren Prinzipien für die folgenden Jahrzehnte zunehmend den Weltorgelbau bestimmten. Sie gelten in den Grundzügen bis heute.
Jahnn selber konnte erstmals 1931 an den Orgeln der Ansgar-Kirche in Hamburg-Langenhorn und der Lichtwarkschule (heute Heinrich-Hertz-Gesamtschule) seine Vorstellungen von Orgelbau verwirklichen. Beide Orgeln sind erhalten!

Im Jahr 1949 gründete Rudolf von Beckerath seine Hamburger Orgelbauwerkstatt. Er hatte bereits 1936 als Sachberater der Orgelbauanstalt Wilhelm Sauer (Frankfurt/Oder) seine von Jahnns Ideen geprägten Vorstellungen von Orgelbau an der neu zu erbauenden Orgel der Christuskirche in Hamburg-Othmarschen verwirklichen können. Beckerath setzte die Orgelbautätigkeit Rothers fort, ohne allerdings inhaltlich an dessen Arbeit anzuschließen. Von Beckerath war ein eifriger Verfechter der Ideen der Orgelbewegung und setzte diese in vielen großartigen Orgelbauten in allen fünf Erdteilen in die Praxis um. Ein weiterer Nachfolger Paul Rothers war Franz Grollmann, der seine Werkstatt 1978 an Heinz Hoffmann übergab.

Der Orgelbau war und ist immer in Bewegung, die so lange zu einer gesunden Weiterentwicklung führen wird, wie er sich an die von Jahnn erkannten Grundbedingungen hält: mechanische *Spiel*traktur, Schleiflade, *mäßig* niedriger Winddruck. Sie hatten seit Jahrhunderten Geltung und führten letztendlich zu den großartigen Orgelbauten, die wir heute bewundern. Walter Supper sagte einmal, man solle eine alte Orgel nicht kopieren, sondern kapieren und dann die Orgel unserer Tage bauen, die in ihren Darstellungsmöglichkeiten auch die gute Orgelmusik des 19. und 20. Jahrhunderts einbezieht! Eine Orgelgestaltung, wie sie am Ende des 20. Jahrhunderts gelten könnte, wird in der St. Sophienkirche in Hamburg-Barmbek zur Zeit versucht.

VERZEICHNIS DER IN HAMBURG TÄTIG GEWESENEN ORGELBAUER

Ahrend	Jürgen	Leer-Logabirum	20. Jhdt.
Albrecht	Levin	Lamstedt	18. Jhdt.
Andresen	Andreas	Neumünster	20. Jhdt.
Becker	Klaus	Kupfermühle/Post Tremsbüttel	20. Jhdt.
Becker	Michael	Sattenfelde	20. Jhdt.
Beckerath	Rudolf von	Hamburg	20. Jhdt.
Beriegel	Michael	Lübeck	17. Jhdt.
Besser	Friedrich	Braunschweig	17. Jhdt.
Bockelmann	Hans	Hamburg/Lüneburg	17. Jhdt.
Böhm	Gerhard	Gotha	20. Jhdt.
Brandt	Ernst	Quickborn b/Hamburg	20. Jhdt.
Brunzema /s. Ahrend)	Gerhard	Leer-Logabirum	20. Jhdt.
Bünting	Julius	Lübeck	18. Jhdt.
Busch	Johann Dietrich	Itzehoe	18. Jhdt.
Busch	Johann Daniel	Itzehoe	18. Jhdt.
Caspary	Reinerus	Altona	18. Jhdt.
Cloose	Gottfried	Hamburg	18. Jhdt.
Ebner	Hans	Hannover	20. Jhdt.
Erdland	Johann Carl Eduard	Altona	19. Jhdt.
Eule	Hermann	Bautzen	19./20. Jhdt.
Euler	Friedrich	Hofgeismar	20. Jhdt.
Faber und Greve		Salzhemmendorf	20. Jhdt.
Färber	Johann	Tönning	19. Jhdt.
Flentrop	D. A.	Zaandam (Holland)	20. Jhdt.
Fritzsche	Gottfried	Hamburg	17. Jhdt.
Fritzsche	Hans-Christoph	Hamburg	17. Jhdt.
Führer	Alfred	Wilhelmshaven	20. Jhdt.
(nach 1974: Alfred Führer Orgelbau GmbH & Co. KG, Wilhelmshaven OBM Fritz Schild)			
Furtwängler	Philipp	Elze	19. Jhdt.
Furtwängler & Hammer		Hannover	20. Jhdt.
Gehlhaar	Ernst	Bremen	19./20. Jhdt.
Geycke	Johann Paul	Hamburg	18. Jhdt.
Geycke	Johann Wilhelm	Hamburg	19. Jhdt.
Götzel	Balthasar	Hamburg	19. Jhdt.
Grollmann	Franz	Hamburg	20. Jhdt.
Hammer	Emil	Hannover (ab 1966 Arnum)	20. Jhdt.
Harms	Martin	Hamburg	20. Jhdt.
Heintz	George	Schiltach	20. Jhdt.
Hey-Orgelbau		Urspringen/Rhön	20. Jhdt.

Hildebrandt	Johann Gottfried	Dresden	18. Jhdt.
Hillebrandt	Gebrüder	Altwarmbüchen/Isernhagen	20. Jhdt.
Hoffmann	Heinz	Hamburg	20. Jhdt.
Hoyer	Dirk	Hamburg	16. Jhdt.
Ismayr	Günter	Bernried (Starnberg)	20. Jhdt.
Iversand	Jacob	Hamburg	15. Jhdt.
Jann	Georg	Laberweinting	20. Jhdt.
Jehmlich	Gebrüder	Dresden	20. Jhdt.
Jensen & Thomsen		Hillerød (Dänemark)	20. Jhdt.
Johansen	Jasper	's Hertogenbosch (Holland)	16. Jhdt.
Jud	Heinrich	Metzingen	20. Jhdt.
Kahl	Joh. Daniel Anton	Hamburg	18. Jhdt.
Kemper	Karl	Lübeck	20. Jhdt.
Kemper	Emanuel	Lübeck	20. Jhdt.
Klais	Johannes	Bonn	20. Jhdt.
Klassmeier	Friedrich	Lemgo	19. + 20. Jhdt.
Kleuker	Detlef	Brackwede b/ Bielefeld	20. Jhdt.
Kollen	Johann van	Hamburg	15. Jhdt.
Kreienbrink	Matthias	Osnabrück	20. Jhdt.
Krell	Gebrüder	Duderstadt/Harz	20. Jhdt.
Kuhn-Orgelbau		Mönnedorf (Schweiz)	19. + 20. Jhdt.
Ladegast	Friedrich	Weißenfels	19. Jhdt.
Lang	Albert	Rønnede (Dänemark)	20. Jhdt.
Lehnert	Johann Jacob	Hamburg	18. Jhdt.
Lobback	G. Christian	Neuendeich b/Hamburg	20. Jhdt.
Loetzerich	Karl	Ippinghausen b/Kassel	20. Jhdt.
Lüders	Hans	Hamburg	15. Jhdt.
Marcussen & Söhne		Abenrå (Dänemark)	19. + 20. Jhdt.
Märtenssons Orgelfabrik		Lund (Schweden)	20. Jhdt.
Mathis	M. & Söhne	Näfels (Schweiz)	20. Jhdt.
Meyer	u. Söhne	Hannover	19. Jhdt.
Metzler-Orgelbau		Dietikon (Schweiz)	20. Jhdt.
Moitzen	Antonius	Buxtehude	16. Jhdt.
Nagel, Gebrüder		Großenhain (Sa.)	19. Jhdt.
Niehoff	Hendrik	's Hertogenbosch	16. Jhdt.
Ott	Paul	Göttingen	20. Jhdt.
Paschen	Hinrich-Otto	Kiel	20. Jhdt.
Peter	Willi	Köln-Mülheim	20. Jhdt.
Quitmann	Wolfram	Hamburg	20. Jhdt.
Rasch(k)e	Hinrich	Hamburg	17. Jhdt.
Reichmann	Peter	Braunschweig	20. Jhdt.
Richborn	Joachim	Hamburg	17. Jhdt.
Richborn	Otto Dietrich	Hamburg	18. Jhdt.
Rieger-Orgelbau		Schwarzach (Österreich)	20. Jhdt.
Reil	Gebr.	Heerde (Holland)	20. Jhdt.
Rohlfing, Gebrüder		Osnabrück	19./20. Jhdt.
Rother	Paul	Hamburg	20. Jhdt.
Röver	Ernst	Hausneindorf (Harz)	19./20. Jhdt.
Sauer	Wilhelm	Frankfurt/Oder	19./20. Jhdt.
Sauer (Inhaber Dr. Oscar Walcker)		Frankfurt/Oder	20. Jhdt.
Sebastian	Claus	Geesthacht b/Hamburg	20. Jhdt.

Seyferth	George-Christoph	Hamburg	18. Jhdt.
Sperling	Caspar	Rostock	18. Jhdt.
Speter	Hinrich	Hamburg	17. Jhdt.
Schaper	Hinrich	Hildesheim	19. Jhdt.
Scherer	Jacob	Hamburg	16. Jhdt.
Scherer	Hans d. Ältere	Hamburg	16./17. Jhdt.
Scherer	Hans d. Jüngere	Hamburg	17. Jhdt.
Schmidt u. Tiemann		Hannover	20. Jhdt.
Schnitger	Arp	Hamburg	17./18. Jhdt.
Schröder	Helmut	Pinneberg	20. Jhdt.
Schulze	Johann-Friedrich	Paulinzella/Thüringen	19. Jhdt.
Schuke (Berliner Orgelbau), Karl		Berlin	20. Jhdt.
Schwenger	Karl	Hamburg	20. Jhdt.
Stallmann	Albert	Hamburg	19./20. Jhdt.
Stein	Johann Georg	Lüneburg	18. Jhdt.
Steinmann	Gustav	Vlotho-Wehrendorf	19./20. Jhdt.
Steinmeyer	Georg	Oettingen (Bayern)	19./20. Jhdt.
Stellwagen	Friedrich	Lübeck	17. Jhdt.
Stüven	Harmen	Hamburg	15. Jhdt.
Tappe	Peter	Verden	19. Jhdt.
Tolle	Eberhard	Preetz (Holstein)	20. Jhdt.
Treutmann	Christoph	Magdeburg	18. Jhdt.
Tromsdorf		Wedel b/Hamburg	20. Jhdt.
Tschöckel	Reinhardt	Althütte-Fautspach	20. Jhdt.
Vogel	Gregorius	Brabant	16. Jhdt.
Walcker	Eberhardt-Friedrich	Ludwigsburg	19. Jhdt.
Walcker	Oscar, Dr. h. c.	Ludwigsburg	19./20. Jhdt.
Walcker-Meyer	Werner, Dr. h. c.	Kleinblittersdorf	20. Jhdt.
Walionis	Walter	Hamburg	20. Jhdt.
Weigle	Friedrich	Echterdingen	20. Jhdt.
Weissenborn	Friedrich	Braunschweig	20. Jhdt.
Welte & Söhne		Freiburg i. Breisgau	19./20. Jhdt.
Wohlien	Balthasar	Altona/Hamburg	18. Jhdt.
Wohlien	Johann Hinrich	Altona/Hamburg	19. Jhdt.
Wohlien	Johann Conrad	Altona/Hamburg	19. Jhdt.
Wolfsteller	Johann Gottlieb	Hamburg	19. Jhdt.
Wolfsteller	Christian Heinrich	Hamburg	19. Jhdt.

ABENDGYMNASIUM

Bezirk: Mitte
Straße: Holstenglacis 6
Baujahr der Orgel: 1957
Orgelbauer: Eberhardt-Friedrich Walcker & Cie (Ludwigsburg)

Disposition

Manual I		**Manual II**		**Pedal**	
Rohrflöte	8'	Gedackt	8'	Subbaß	16'
Prinzipal	4'	Nachthorn	4'	Choralbaß	4'
Mixtur II-III	1'	Schwiegel	2'		
		Quinte	1 1/3'		

Koppeln: I/P, II/P, II/I
Spieltraktur: mechanisch
Registertraktur: mechanisch
Ladensystem: Schleifladen

Geschichte: Es handelt sich um das alte Gebäude des Albrecht-Thaer-Gymnasiums,
1881 Neubau Marcussen (Abenrå),
1914 Neubau Paul Rother (Hamburg)

Literatur: Walcker-Hausmitteilungen 1961 Nr. 26;
Pape „Orgeldatenbank“
Cirsovius „Dispositionen“
Werkverzeichnis Rother

ADVENTSHAUS

Gemeinde: Siebententagsadventisten Barmbek
Bezirk: Nord
Straße: Haferkamp 14
Baujahr der Orgel: 1972
Orgelbauer: Günter Ismayr (Bernried/Starnberger See)

Disposition

Manual I		**Manual II**		**Pedal**	
Rohrflöte	8'	Gedackt	8'	Subbaß	16'
Principal	4'	Spitzflöte	4'	Principal	8'
Waldflöte	2'	Principal	2'		
Sesquialtera (ab b) II		Quinte	1 1/3'		
Mixtur III-IV					

Koppeln: I/P, II/P, II/I
Spieltraktur: mechanisch
Registertraktur: mechanisch
Ladensystem: Schleifladen

ADVENTSHAUS

Gemeinde: Siebententagsadventisten Eimsbüttel
Bezirk: Eimsbüttel
Straße: Grindelallee 13
Baujahr der Orgel: 1954
Orgelbauer: Eberhardt-Friedrich Walcker & Cie (Ludwigsburg)

Disposition

Hauptwerk		**Schwellwerk**		**Pedal**	
Quintade	16'	Singend Gedackt	8'	Subbaß	16'
Prinzipal	8'	Weidenpfeife	8'	Zartbaß	16'
Gemshorn	8'	Prinzipal	4'	Oktavbaß	8'
Rohrflöte	4'	Flachflöte	2'	Pommer	4'
Oktave	2'	Sesquialtera II		Rauschpfeife II	
Mixtur IV-VI		Cimbel III	1'	Stillposaune	16'
Trompete	8'	Krummhorn	8'		
		–Tremulant–			

Koppeln: HW/P, SW/P, SW/HW
Spieltraktur: elektrisch
Registertraktur: elektrisch
Spielhilfen: 3 freie Kombinationen, Zugeneinzelabsteller, Tutti
Ladensystem: Schleifladen

Literatur: Pape Orgeldatenbank
Walcker-Hausmitteilungen Nr. 6/1991 S. 9

ADVENTKIRCHE

Gemeinde: ev. luth. Kirchengemeinde Schnelsen
Bezirk: Eimsbüttel
Straße: Kriegerdankweg 9
Baujahr der Orgel: 1961
Orgelbauer: Friedrich Weigle (Echterdingen)

Disposition

Hauptwerk		**Brustwerk**		**Rückpositiv**		**Pedal**	
Quintatön	16'	Gedackt	8'	Rohrflöte	8'	Subbaß	16'
Prinzipal	8'	Rohrflöte	4'	Prinzipal	4'	Prinzipal	8'
Gemshorn	8'	Prinzipal	2'	Gemshorn	2'	Holzgedackt	8'
Oktave	4'	Septimenterzian		Quinte	1 1/3'	Metallflöte	4'
Blockflöte	4'	II-III	2 2/3'	Zimbel III	1/3'	Nachthorn	2'
Nasat	2 2/3'	Glockenton II-III	1'	Krummhorn	8'	Sesquialtera II	
Waldflöte	2'	Scharff III	2/3'	– Tremulant –		Mixtur IV	2 2/3'
Mixtur V	2'	Bärpfeife	8'			Fagott	16'
Trompete	8'	– Tremulant –				Trompete	8'
						Schalmey	4'

Koppeln: HW/P, RP/P, BW/P, BW/HW, RP/HW
Spieltraktur: mechanisch
Registertraktur: elektrisch
Spielhilfen: 2 freie Kombinationen, 2 freie Pedalkombinationen, Tutti, Auslöser, Zungeneinzelabsteller
Ladensystem: Schleifladen

Geschichte: 1950 Neubau Rudolf von Beckerath (Hamburg)
Diese Orgel ist verschwunden.

Literatur: Pape Orgeldatenbank;
Werkverzeichnis von Beckerath (Scharenberg)

ST. AGNES-KIRCHE

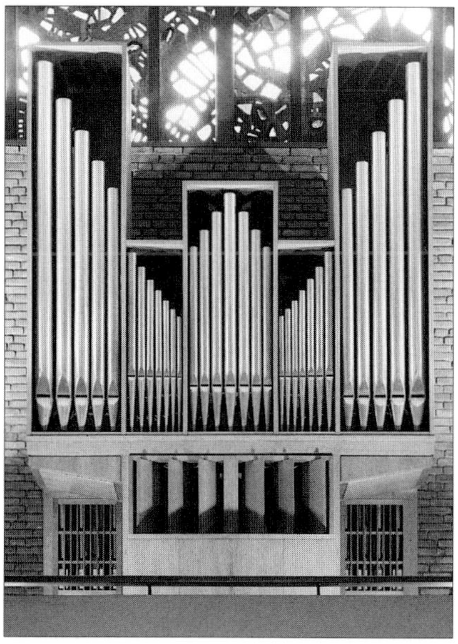

Gemeinde: Kath. Kirchengemeinde Tonndorf
Bezirk: Wandsbek
Straße: Jenfelder Allee 79
Baujahr der Orgel: 1971
Orgelbauer: Franz Grollmann (Hamburg)

Disposition

Hauptwerk		**Schwellwerk**		**Pedal**	
Prinzipal	8'	Gedackt	8'	Subbaß	16'
Rohrflöte	8'	Rohrflöte	4'	Prinzipal	8'
Oktave	4'	Prinzipal	2'	Oktave	4'
Nasat	2 2/3'	Scharff II		Rauschpfeife IV	
Flachflöte	2'	Krummhorn	8'	Fagott	16'
Mixtur IV-VI		– Tremulant –			
Trompete	8'				

Koppeln: HW/P, SW/P, SW/HW
Spieltraktur: mechanisch
Registertraktur: mechanisch
Ladensystem: Schleifladen

Literatur: Pape Orgeldatenbank

ST. AGNES-KIRCHE

Gemeinde: Katholische Kirchengemeinde Tonndorf
Bezirk: Wandsbek
Straße: Jenfelder Allee 79
Baujahr der Orgel: 1960
Orgelbauer: Emanuel Kemper & Sohn (Lübeck)

Disposition

Manual	
Gedackt	8'
Rohrflöte	4'
Prinzipal	2'

Spieltraktur: mechanisch
Registertraktur: mechanisch
Ladensystem: Schleiflade

ALTEN- UND PFLEGEHEIM LOKSTEDT

Gemeinde: ev. luth. Kirchenkreis Niendorf
Bezirk: Eimsbüttel
Straße: Lohkoppelweg 42
Baujahr der Orgel: 1991
Orgelbauer: Rudolf von Beckerath (Hamburg)

Disposition

Manual	
Gedeckt	8'
Rohrflöte	4'
Prinzipal	2'
Quinte	1 1/3'

Spieltraktur: mechanisch
Registertraktur: mechanisch
Ladensystem: Schleiflade

Literatur: Werkverzeichnis von Beckerath; (Scharenberg)

A

ALT-RAHLSTEDTER KIRCHE

Gemeinde: ev. luth. Kirchengemeinde Alt-Rahlstedt
Bezirk: Wandsbek
Straße: Rahlstedter Str. 79
Baujahr der Orgel: 1969
Orgelbauer: Alfred Führer (Wilhelmshaven)

Disposition

Hauptwerk		**Rückpositiv**		**Pedal**	
Gemshorn	8'	Gedackt	8'	Subbaß	16'
Rohrflöte	8'	Rohrflöte	4'	Pommer	8'
Prinzipal	4'	Prinzipal	2'	Prinzipal	4'
Gedackt	4'	Quinte	1 1/3'	Clarine	2'
Waldflöte	2'	Scharff III			
Mixtur IV		Krummhorn	8'		
		– Tremulant –			

Koppeln: HW/P, RP/P, RP/HW
Spieltraktur: mechanisch
Registertraktur: mechanisch
Ladensystem: Schleifladen

Geschichte: 1880 Neubau Marcussen (Abenrå)
1964 Abbau und Wiederaufbau, Alfred Führer (Wilhelmshaven)

Literatur: Cirsovius „Dispositionen"; Schmahl „Alt Rahlstedt";
50 Jahre Orgelbau Führer; Werkkatalog Führer 1969

AMALIE-SIEVEKING-KRANKENHAUS

Standort: Mehrzwecksaal
Bezirk: Wandsbek
Straße: Haselkamp 33
Baujahr der Orgel: 1994
Orgelbauer: Georges Heintz (Schiltach)

Disposition

Manual		**Pedal**	
Bordun	8'	Subbaß	16'
Salicional	8'	Gedackt	8'
Prinzipal	4'		
Rohrflöte	4'		
Sesquialtera II (Diskant)			
Mixtur III			

Koppeln: Manual/Pedal
Spieltraktur: mechanisch
Registertraktur: mechanisch
Ladensystem: Schleifladen

Geschichte: 1979 Schenkung eines Positivs der Firma Eberhardt-Friedrich Walcker & Cie (Ludwigsburg), das
1968 für den Norddeutschen Rundfunk Hamburg gebaut wurde.
1994 Verkauf als Hausorgel

ST. ANDREAS-KIRCHE

A

Gemeinde:	ev. luth. St. Andreaskirchengemeinde Harvestehude
Bezirk:	Eimsbüttel
Straße:	Bogenstraße 26
Baujahr der Orgel:	1971
Orgelbauer:	G. F. Steinmeyer & Co. (Oettingen/Bayern)

Disposition

Hauptwerk		**Schwellwerk**		**Chororgel** (Schweller)		**Pedal**	
Quintatön	16'	Singend Gedackt	8'	Gedackt	8'	Subbaß	16'
Prinzipal	8'	Spitzgambo	8'	Prinzipal	4'	Zartgodackt	16'
Spitzflöte	8'	Prinzipal	4'	Rohrflöte	4'	Prinzipal	8'
Oktave	4'	Nachthorn	4'	Oktave	2'	Gemshorn	8'
Querflöte	4'	Oktave	2'	Quinte	1 1/3'	Oktave	4'
Nasat	2 2/3'	Schweizerpfeife	2'	Scharff III	1 1/3'	Rauschpfeife IV	2 2/3'
Flachflöte	2'	Terz	1 3/5'	Dulcian	16'	Posaune	16'
Cornet IV (ab f)	4'	Quinte	1 1/3'	– Tremulant –		Rohrschalmei	4'
Mixtur IV	1 1/3'	Sifflöte	1'				
Trompete	8'	Zimbel III	1/2'				
– Tremulant –		Fagott	16'				
		Oboe	8'			**Pedal Chororgel**	
		– Tremulant –				Subbaß	16'

Koppeln:	HW/P, SW/P, CH/P, SW/HW
Spieltraktur:	elektrisch
Registertraktur:	elektrisch
Spielhilfen:	3 freie Kombinationen, organo pleno, Zungeneinzelabsteller, 1 freie Pedalkombination, Pedal Hauptorgel ab
Ladensystem:	Schleifladen

Geschichte:
1908 Neubau G. F. Steinmeyer & Co. (Oettingen/Bayern)
1943 Zerstörung im Zweiten Weltkrieg;
1958 Neubau Ernst Brandt (Quickborn)
Fertigstellung Franz Grollmann (Hamburg);
1964 Umbau Alfred Führer (Wilhelmshaven);
1970/71 Umsetzung dieser Orgel in die katholische Kirche
St. Ansgar (Hamburg-Niendorf) Franz Grollmann (Hamburg)

Literatur:
Cortum „Orgelwerke"; 50 Jahre Orgelbau Führer;
Pape Orgeldatenbank

ST. ANNEN-KIRCHE

Gemeinde:	Katholische Kirchengemeinde Ochsenzoll
Bezirk:	Nord
Straße:	Schmuggelstieg 22
Baujahr der Orgel:	1986
Orgelbauer:	G. Christian Lobback (Neuendeich b. Hamburg)

Disposition

Manual I		**Manual II**		**Pedal**		
Prinzipal	8'	Rohrflöte	8'	Subbaß	16'	
Spitzflöte	8'	Salicional	8'	Prinzipal	8'	
Oktave	4'	Blockflöte	4'	Spitzflöte	8'	(Transpos. v. I)
Oktave	2'	Quinte	2 2/3'	Oktave	4'	
Mixtur IV	1 1/3'	Prinzipal	2'	Fagott	16'	
Trompete	8'	Terz	1 3/5'	Trompete	8'	(Transpos. v. I)
		Quinte	1 1/3'			
		Oktave	1'			
		Dulzian	8'			
		– Tremulant –				

Koppeln:	I/P, II/P, II/I
Spieltraktur:	mechanisch
Registertraktur:	elektrisch
Spielhilfen:	2 freie Kombinationen
Ladensystem:	Schleifladen

Geschichte:
1952 Ankauf einer Orgel aus dem privaten Musiksalon
Behn (Harvestehude), gebaut v. Karl Kemper (Lübeck) 1903

ST. ANSGAR-KIRCHE (KLEINER MICHEL)

Gemeinde:	Katholische Kirchengemeinde St. Ansgar Neustadt
Bezirk:	Mitte
Straße:	Michaelisstraße 5
Baujahr der Orgel:	1957
Orgelbauer:	Gebr. Krell (Duderstadt)

Disposition

Manual I		**Manual II** (Schweller)		**Manual III**		**Pedal**	
Quintadena	16'	Gedackt	8'	Rohrflöte	8'	Prinzipal	16'
Prinzipal	8'	Salicional	8'	Blockflöte	4'	Subbaß	16'
Dolcan	8'	Prinzipal	4'	Prinzipal	2'	Zartbaß	16'
Oktave	4'	Rohrflöte	4'	Quinte	1 1/3'	Oktavbaß	8'
Gemshorn	4'	Waldflöte	2'	Terzzymbel III		Choralbaß	4'
Nasat	2 2/3'	Sifflöte	1'	Regal	8'	Rauschpfeife IV	
Oktave	2'	Sesquialtera II		– Tremulant –		Posaune	16'
Mixtur VI	1'	Scharff III	1/2'			Schalmey	4'
Fagott	16'	Dulcian	16'				
Trompete	8'	Krummhorn	8'				
		– Tremulant –					

Koppeln:	I/P, II/P, III/P, II/I, III/I, III/II Superkoppeln III/I, III/II, I
Spieltraktur:	elektropneumatisch
Registertraktur:	elektropneumatisch
Spielhilfen:	2 freie Kombinationen, 1 freie Pedalkombination, Crescendowalze, Zungeneinzelabsteller
Ladensystem:	Taschenladen
Geschichte:	1756/57 Neubau Joh. Jac. Lehnert, (Hamburg) 1891 Neubau Gebr. Rohlfing (Osnabrück) 1905 Umbau Paul Rother (Hamburg) 1943 Zerstörung im Zweiten Weltkrieg
Literatur:	Topp Acta 19; Fock „Orgelkartei“; v. d. Berg „Neue katholische Orgeln“; Werkverzeichnis Rother

ST. ANSGAR-KIRCHE (KLEINER MICHEL)

Gemeinde:	Katholische Kirchengemeinde St. Ansgar-Neustadt
Bezirk:	Mitte
Straße:	Michaelisstraße 5
Baujahr der Orgel:	1969
Orgelbauer:	Alfred Führer (Wilhelmshaven)

Disposition

Manual		**Pedal**
Gedeckt	8'	angehängt
Rohrflöte	4'	
Praestant	2'	

Zimbel II (Teilung Baß/Diskant bei h/c[1])

Spieltraktur:	mechanisch
Registertraktur:	mechanisch
Ladensystem:	Schleiflade
Geschichte:	1969 Neubau für die Kirchengemeinde Curslack Alfred Führer (Wilhelmshaven). 1972 Umsetzung in die St. Ansgarkirche
Literatur:	Werkverzeichnis Führer 1972, 50 Jahre Orgelbau Führer

ANSGAR-KIRCHE

Gemeinde: ev. luth. Ansgarkirchengemeinde Langenhorn
Bezirk: Nord
Straße: Langenhorner Chaussee 274
Baujahr der Orgel: 1931
Orgelbauer: P. Furtwängler & Hammer (Hann.), Beratung: Hans-Henny Jahnn

Disposition

Hauptwerk	**Schwellwerk**	**Kronpositiv**	**Pedal**
Prinzipal 16'	Gedackt 8'	Quintadena 8'	*Prinzipal 16'
Gedacktpommer 16'	Nachthorn 8'	Koppelflöte 4'	*Gedacktpomm. 16'
Prinzipal 8'	Hornaliquot 5 1/3'	Nasat 2 2/3'	*Prinzipal 8'
Rohrflöte 8'	Ital. Prinzipal 4'	Flûte octaviante 2'	*Rohrflöte 8'
Prinzipal 4'	Flûte octaviante 4'	Blockflöte 2'	Rohrquinte 5 1/3'
Glöckleinton 2' + 1'	Hornaliquot 3 1/5'	Kleinflöte 1'	Prinzipal 4'
Bauernpfeife 2 2/3' + 2'	Flachflöte 2	Terzian II	Nachthorn 2'
	Sesquialtera II		Rauschpfeife III 4'
Mixtur V	Scharff V		Dulzian 16'
Trompete 8'	Zimbel II		
	Dulzian 8'		

*Transmissionen aus HW

Koppeln: SW/P, SW/HW
Spieltraktur: mechanisch
Registertraktur: elektropneumatisch
Spielhilfen: 2 gleichberechtigte Registraturen; 1 Registratur geteilt, für jedes Werk einzeln wirkend. Einführungstritte für feminine und maskuline Registergruppen, wechselwirkend
Ladensystem: Schleifladen

Geschichte:
1964 Auswechselung einer Flûte octaviante 1' im HW gegen die heutige Trompete, Überholung der Spielmechanik durch Alfred Führer (Wilhelmshaven). Die Flûte octaviante wurde aufbewahrt.
1989 Neubau einer Zweitorgel vor der Hammer-Jahnn-Orgel, da diese nicht den Vorstellungen der Gemeinde entspricht. Sie ist 1994 voll spielbar.

Literatur: Elis „Dispositionen“; Seggermann „Jahnn-Orgel“; Seggermann „2 Jahnn-Orgeln“; Archiv Orgelbau Hammer (Arnum b. Hannover)

ANSGAR-KIRCHE

Gemeinde: ev. luth. Ansgarkirchengemeinde Langenhorn
Bezirk: Nord
Straße: Langenhorner Chaussee 274
Baujahr der Orgel: 1960
Orgelbauer: Eberhardt-Friedrich Walcker & Cie (Ludwigsburg)

Disposition

Manual	**Pedal**
Gedeckt 8'	Subbaß 16'
Prinzipal 4'	Pommer 4'
Rohrflöte 4'	
Waldflöte 2'	
Sifflöte 1 1/3'	
Mixtur III-IV	

Koppeln: Manual/Pedal
Spieltraktur: mechanisch
Registertraktur: mechanisch
Ladensystem: Schleifladen

Geschichte: 1982 Ankauf der Kleinorgel aus dem Mädchenheim Feuerbergstraße in Hamburg-Ohlsdorf.
(Auskunft durch die Organistin KMD Helga Krogmann)

A

ANSGAR-KIRCHE

(Bild siehe Jahnn-Orgel)

Gemeinde:	ev. luth. Ansgarkirchengemeinde Langenhorn
Bezirk:	Nord
Straße:	Langenhorner Chaussee 274
Baujahr der Orgel:	1989
Orgelbauer:	Heinz Hoffmann (Hamburg)

Disposition

Hauptwerk		**Schwellwerk**		**Pedal**	
Pommer	16'	Spitzflöte	8'	Prinzipal	16'
Prinzipal	8'	Holzgedackt	8'	Subbaß	16'
Rohrflöte	8'	Prinzipal	4'	Oktave	8'
Oktave	4'	Koppelflöte	4'	Bordun	8'
Blockflöte	4'	Quinte	2 2/3'	Choralbaß	4'
Nasat	2 2/3'	Oktave	2'	Nachthorn	2'
Flachflöte	2'	Terz	1 3/5'	Rauschpfeife III	
Mixtur IV-VI		*Quinte	1 1/3'	Mixtur IV	
Trompete	16'	Scharff IV-V		Posaune	16'
Horizontaltromp.	8'	Zimbel I		Trompete	8'
–Tremulant–		Dulzian	16'	Clarine	4'
		Oboe	8'		
		Schalmei	4'		
		– Tremulant –			
		*(Vorabzug aus Scharff)			

Das I. Manual ist Koppelmanual

Koppeln:	HW/P, SW/P, Koppelmanual
Spieltraktur:	mechanisch
Registertraktur:	elektrisch
Spielhilfen:	64-facher Setzer, Sequenzer, Tutti, Zungen ab, Auslöser, Zungeneinzelabsteller, Crescendowalze, Walze ab
Ladensystem:	Schleifladen
Geschichte:	Die Hoffmann-Orgel wurde auf der Empore der Kirche direkt vor der Jahnn-Kemper-Orgel aufgestellt.
Literatur:	Seggermann „Jahnn-Orgel“

ST. ANSGARKIRCHE

Gemeinde:	Katholische Kirchengemeinde Niendorf
Bezirk:	Eimsbüttel
Straße:	Niendorfer Kirchenweg 18
Baujahr der Orgel:	1958
Orgelbauer:	Franz Grollmann (Hamburg)

Disposition

Hauptwerk		**Oberwerk**		**Pedal**	
Prinzipal	8'	Gedackt	8'	Subbaß	16'
Rohrflöte	8'	Prinzipal	4'	Prinzipal	8'
Oktave	4'	Rohrflöte	4'	Oktave	4'
Nasat	2 2/3'	Oktave	2'	Nachthorn	2'
Waldflöte	2'	Quinte	1 1/3'	Mixtur V	2 2/3'
Mixtur IV-VI	1 1/3'	Sesquialtera II		Posaune	16'
Dulzian	16'	Scharff III	1 1/3'		
Trompete	8'	Krummhorn	8'		
		– Tremulant –			

Koppeln:	HW/P, OW/P, OW/HW
Spieltraktur:	mechanisch
Registertraktur:	mechanisch
Ladensystem:	Schleifladen
Geschichte:	1958 Bau der Orgel für die St. Andreaskirche Harvestehude 1971 Umsetzung in die St. Ansgarkirche Franz Grollmann (Hamburg)

ANSGAR-KIRCHE

Gemeinde: ev. luth. Ansgarkirchengemeinde Othmarschen
Bezirk: Altona
Straße: Griegstraße 19
Baujahr der Orgel: 1969
Orgelbauer: Friedrich Weigle (Echterdingen)

Disposition

Hauptwerk		**Brustwerk**		**Schwellwerk**		**Pedal**	
Quintade	16'	Holzgedackt	8'	Rohrflöte	8'	Subbaß	16'
Prinzipal	8'	Blockflöte	4'	Quintade	8'	Prinzipal	8'
Gemshorn	8'	Prinzipal	2'	Prinzipal	4'	Spitzflöte	8'
Oktave	4'	Terzian II		Violflöte	4'	Rohrpommer	4'
Spillpfeife	4'	Scharffzimbel IV	2/3'	Gemshorn	2'	Hohlflöte	2'
Quinte	2 2/3'			Sifflöte	1 1/3'	Rauschmixtur V	4'
Rauschpfeife II	2'	Regal	8'	Sesquialtera II		Fagott	16'
Mixtur IV-VI	1 1/3'	– Tremulant –		Obertöne III	1'	Trompete	8'
Trompete	8'			Scharff IV	1'	Schalmey	4'
				Rankett	16'		
				Krummhorn	8'		
				– Tremulant –			

Koppeln: HW/P, BW/P, SW/P, BW/HW, SW/HW
Spieltraktur: mechanisch
Registertraktur: elektrisch
Spielhilfen: 3 freie Kombinationen, 2 freie Pedalkombinationen, Crescendowalze frei einstellbar, Walze ab, Zungen ab, Organo Pleno
Ladensystem: Schleifladen

ST. ANTONIUS-KIRCHE

Gemeinde: Katholische Kirchengemeinde Winterhude
Bezirk: Nord
Straße: Alsterdorfer Straße 73-75
Baujahr der Orgel: 1975/76
Orgelbauer: Franz Grollmann (Hamburg)

Disposition

Manual I		**Manual II**		**Pedal**	
Rohrflöte	8'	Gedackt	8'	Subbaß	16'
Principal	4'	Koppelflöte	4'	Gemshorn	8'
Gedackt	4'	Principal	2'	Metallflöte	4'
Flachflöte	2'	Quinte	1 1/3'	Fagott	16'
Mixtur IV		Scharff II			
Trompete	8'	Krummhorn	8'		

Koppeln: I/P, II/P, II/I
Spieltraktur: mechanisch
Registertraktur: mechanisch
Ladensystem: Schleifladen

Geschichte: 1912 Umbau einer Orgel Paul Rother (Hamburg)
1931 Erweiterung Paul Rother (Hamburg)
1966 Abbau der Orgel Alfred Führer (Wilhelmshaven)

Literatur: 50 Jahre Orgelbau Führer; Werkverzeichnis Rother

APOSTELKIRCHE

Gemeinde:	ev. luth. Apostelkirchengemeinde Eimsbüttel
Bezirk:	Eimsbüttel
Straße:	Bei der Apostelkirche
Baujahr der Orgel:	1984
Orgelbauer:	Gebr. Jehmlich (Dresden)

Disposition

Hauptwerk		**Schwellwerk**		**Pedal**	
Prinzipal	8‘	Gedackt	8‘	Subbaß	16‘
Rohrflöte	8‘	Prinzipal	4‘	Prinzipalflöte	8‘
Oktave	4‘	Flöte	4‘	Gemshorn	4‘
Nasat	2 2/3‘	Waldflöte	2‘	Mixtur IV	
Oktave	2‘	Quinte	1 1/3‘	Fagott	16‘
Terz	1 3/5‘	Scharff III			
Mixtur	IV	Oboe	8‘		
– Tremulant –		– Tremulant –			

Koppeln:	HW/P, SW/P, SW/HW
Spieltraktur:	mechanisch
Registertraktur:	elektrisch
Spielhilfen:	8-facher Setzer
Ladensystem:	Schleifladen
Geschichte:	1898/99 Neubau Ernst Röver (Hausneindorf /Harz); 1927 Umbau Paul Rother (Hamburg); 1932 Umbau Paul Rother (Hamburg); 1943 Zerstörung im Zweiten Weltkrieg; 1966 Neubau Franz Grollmann (Hamburg); 1977 Zerstörung d. Kirchenbrand
Literatur:	Cortum „Orgeln“; Festschrift „Apostelkirche“; Werkverzeichnis Röver; Werkverzeichnis Rother

APOSTELKIRCHE

Gemeinde:	ev. luth. Apostelkirchengemeinde Eissendorf
Bezirk:	Harburg
Straße:	Hainholzweg 52
Baujahr der Orgel:	1970
Orgelbauer:	Klaus Becker (Kupfermühle/Tremsbüttel)

Disposition

Hauptwerk		**Rückpositiv**		**Pedal**	
Rohrflöte	8‘	Gedackt	8‘	Subbaß	16‘
Prinzipal	4‘	Flöte	4‘	Prinzipal	8‘
Gemshorn	2‘	Prinzipal	2‘	Oktave	4‘
Quinte	2 2/3‘	Nasat	1 1/3‘	Mixtur IV	2‘
Mixtur IV	1 1/3‘	Sesquialtera III		Posaune	16‘
Trompete	8‘	Scharff III	1‘		
		Vox humana	8‘		
		– Tremulant –			

Koppeln:	HW/P, RP/P, RP/HW
Spieltraktur:	mechanisch
Registertraktur:	mechanisch
Ladensystem:	Schleiflade
Literatur:	Pape Orgeldatenbank

APOSTELKIRCHE

Gemeinde: ev. luth. Apostelkirchengemeinde Eimsbüttel
Bezirk: Eimsbüttel
Straße: Bei der Apostelkirche
Baujahr der Orgel: 1967
Orgelbauer: Detlef Kleuker (Brackwede/Bielefeld)

Disposition

Manual	
Gedeckt	8'
Rohrflöte	4'
Prinzipal	2'
Mixtur III	

Spieltraktur: mechanisch
Registertraktur: mechanisch
Ladensystem: Schleiflade

Geschichte: Das Positiv wurde 1977 aus der Christophoruskirche Rahlstedt-Großlohe angekauft.

Literatur: Pape Orgeldatenbank

AUFERSTEHUNGSKIRCHE

Gemeinde: ev. luth. Kirchengemeinde Nord-Barmbek
Bezirk: Nord
Straße: Tieloh 22
Baujahr der Orgel: 1925
Orgelbauer: Eberhardt-Friedrich Walcker & Cie. (Ludwigsburg)

Disposition

Hauptwerk		**Positiv**		**Schwellwerk**		**Pedal**	
Quintade	16'	Hohlflöte	8'	Gedeckt	16'	Subbaß	16'
Prinzipal	8'	Quintade	8'	Gedeckt	8'	Untersatz	16'
Flöte	8'	Prinzipal	4'	Gemshorn	8'	Oktavbaß	8'
Oktave	4'	Gedeckt	4'	Blockflöte	4'	Gedecktbaß	8'
Rohrflöte	4'	Nachthorn	2'	Prinzipal	2'	Offenflöte	4'
Nasat	2 2/3'	Glöckleinton	1'	Schwiegel	1 1/3'	Prinzipal	2'
Oktave	2'	Terzian II		Sesquialtera II		Rauschpf. IV	2 2/3'
Waldflöte	2'	Scharff IV		Zimbel II		Posaune	16'
Quinte	1 1/3'	Zimbel	1/2'				
Mixtur VI		Dulcian	16'				
Trompete	8'	Regal	8'				
		– Tremulant –					

Koppeln: I/P, II/P, III/P, II/I, III/I, III/II
Spieltraktur: elektrisch
Registertraktur: elektrisch
Spielhilfen: 3 freie Kombinationen, 1 freie Pedalkombination
fahrbarer Spieltisch
Ladensystem: Taschenladen

Geschichte: 1954 Umbau Emanuel Kemper & Sohn (Lübeck)
1965 Umbau G. F. Steinmeyer & Co (Oettingen/Bayern)
dabei neuer Spieltisch, Umbau auf Dreimanualigkeit, Umrüstung von pneumatischer auf elektrische Traktur

Literatur: Cortum „Orgelwerke"

AUFERSTEHUNGSKIRCHE (Gemeindehaus)

Gemeinde: Evangelische Kirchengemeinde Nord-Barmbek
Bezirk: Nord
Straße: Tieloh 22
Baujahr der Orgel: 1958
Orgelbauer: Franz Grollmann (Hamburg)

Disposition

Manual	
Gedeckt	8'
Rohrflöte	4'
Prinzipal	2'
Quinte	1 1/3'
Scharff III	

Spieltraktur: mechanisch
Registertraktur: mechanisch
Ladensystem: Schleifladen

AUFERSTEHUNGSKIRCHE

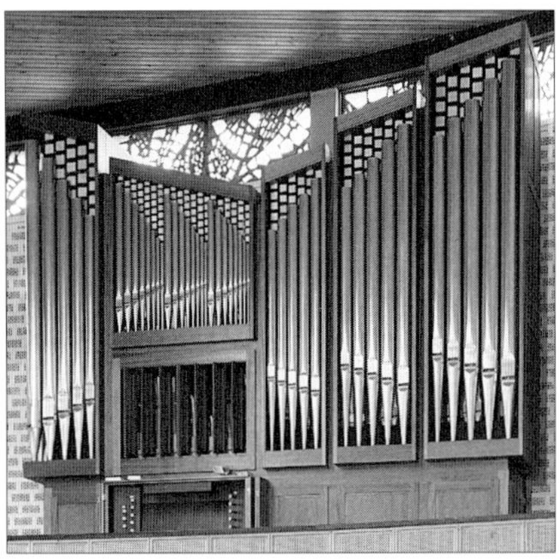

Gemeinde: ev. luth. Auferstehungskirchengemeinde Lohbrügge
Bezirk: Bergedorf
Straße: Kurt-Adams-Platz 9
Baujahr der Orgel: 1979
Orgelbauer: Alfred Führer (Wilhelmshaven)

Disposition

Hauptwerk		**Brustwerk**		**Pedal**	
Prinzipal	8'	Holzgedackt	8'	Subbaß	16'
Koppelflöte	8'	Rohrflöte	4'	Flötenprinzipal	8'
Oktave	4'	Prinzipal	2'	Choralbaß	4'
Blockflöte	4'	Sifflöte	1 1/3'	Nachthorn	2'
Nasard	2 2/3'	Sesquialtera II		Hintersatz IV	2 2/3'
Gemshorn	2'	Scharff III-IV	1'	Fagott	16'
Mixtur IV-V	2'	Oboe	8'		
Trompete	8'	– Tremulant –			

Koppeln: HW/P, BW/P, BW/HW
Spieltraktur: mechanisch
Registertraktur: mechanisch
Ladensystem: Schleifladen

Literatur: Werkkatalog Führer 1979/ 50 Jahre Orgelbau Führer

AUFERSTEHUNGSKIRCHE

Gemeinde: ev. luth. Auferstehungskirchengemeinde Marmstorf
Bezirk: Harburg
Straße: Elfenwiese 1
Baujahr der Orgel: 1964/65
Orgelbauer: Rudolf von Beckerath (Hamburg)

Disposition

Hauptwerk		**Brustwerk**		**Pedal**	
Prinzipal	8'	Gedeckt	8'	Subbaß	16'
Rohrflöte	8'	Rohrflöte	4'	Gedecktbaß	8'
Oktave	4'	Prinzipal	2'	Oktave	4'
Blockflöte	4'	Sesquialtera II		Rauschpfeife III	2'
Waldflöte	2'	Scharff IV	2/3'	Fagott	16'
Mixtur IV-VI	1'	Krummhorn	8'		
Trompete	8'	– Tremulant –			

Koppeln: HW/P, BW/P, BW/HW
Spieltraktur: mechanisch
Registertraktur: mechanisch
Ladensystem: Schleifladen
Literatur: Pape Orgeldatenbank,
Werkverzeichnis von Beckerath (Scharenberg)

AUFERSTEHUNGSKIRCHE

A

Gemeinde:	ev. luth. Auferstehungskirchengemeinde Lurup
Bezirk:	Altona
Straße:	Flurstraße 1
Baujahr der Orgel:	1970
Orgelbauer:	Eberhardt-Friedrich Walcker & Cie. (Ludwigsburg)

Disposition

Hauptwerk		**Schwellwerk**		**Pedal**	
Gedacktpommer	16'	Singend Gedackt	8'	Subbaß	16'
Prinzipal	8'	Viola da Gamba	8'	Zartflöte	16'
Spitzflöte	8'	Prinzipal	4'	Quintbaß	10 2/3'
Oktave	4'	Rohrflöte	4'	Oktave	8'
Koppelflöte	4'	Nasal	2 2/3'	Gemshorn	8'
Quinte	2 2/3'	Oktave	2'	Rohrflöte	4'
Flachflöte	2'	Traversflöte	2'	Blockflöte	2'
Quintflöte	1 1/3'	Terz	1 3/5'	Hintersatz V	
Mixtur V		Sifflöte	1'	Fagott	16'
Trompete	8'	Terzsept II		Trompete	8'
Krummhorn	8'	Scharff IV		Schalmei	4'
– Tremulant –		Rankett	16'		
		Oboe	8'		
		– Tremulant –			

Koppeln:	HW/P, SW/P, SW/HW
Spieltraktur:	elektrisch
Registertraktur:	elektrisch
Spielhilfen:	3 freie Kombinationen, 1 freie Pendelkombination, Zungeneinzelabsteller, Crescendowalze, Walze ab, Tutti
Ladensystem:	Schleifladen
Geschichte:	1955 Neubau Emanuel Kemper & Sohn (Lübeck) 1985 Umbau Claus Sebastian (Geesthacht)
Literatur:	Pape Orgeldatenbank Musik und Kirche 1955/Heft 6

AUFERSTEHUNGSKIRCHE

Gemeinde:	Ev. freikirchliche Gemeinde Ohlsdorf
Bezirk:	Nord
Straße:	Rübenkamp 310
Baujahr der Orgel:	1963
Orgelbauer:	Eberhardt-Friedrich Walcker & Cie (Ludwigsburg)

Disposition

Hauptwerk		**Schwellwerk**		**Pedal**	
Hohlflöte	8'	Gedackt	8'	Subbaß	16'
Prinzipal	4'	Spitzflöte	4'	Offenbaß	8'
Gemshorn	4'	Quintade	4'	Trichterflöte	4'
Flachflöte	2'	Prinzipal	2'	Regal	4'
Mixtur IV	1 1/3'	Terzian II			
Trompete	8'	Scharff IV	1'		
(1995 vacant)		– Tremulant –			

Koppeln:	HW/P, BW/P, SW/HW
Spieltraktur:	mechanisch
Registertraktur:	mechanisch
Ladensystem:	Schleifladen
Geschichte:	1982 Umbau Heinz Hoffmann (Hamburg). Mixtur VI-VIII wurde vierfach; der Einbau einer Trompete 8' im HW ist geplant

ST. AUGUSTINUS-KIRCHE

Gemeinde:	Kath. Kirchengemeinde Gr. Flottbek
Bezirk:	Altona
Straße:	Ebertallee 11
Baujahr der Orgel:	1955
Orgelbauer:	Gebr. Krell (Duderstadt)

Disposition

Manual I		**Manual II**		**Pedal**	
Prinzipal	8'	Salicional	8'	Subbaß	16'
Quintadena	8'	Gedeckt	8'	Zartbaß	16'
Dolce	8'	Prinzipal	4'	Oktavbaß	8'
Blockflöte	4'	Gedacktflöte	4'	Choralbaß	4'
Oktave	4'	Flageolett	2'	Rauschpfeife II	
Quinte	2 2/3'	Sifflöte	1'		
Oktave	2'	Zimbel III			
Mixtur III-IV		Krummhorn	8'		
		– Tremulant –			

Koppeln:	I/P, II/P, II/I, Superkoppel II/I
Spieltraktur:	elektropneumatisch
Registertraktur:	elektropneumatisch
Spielhilfen:	2 freie Kombinationen, Tutti, Crescendowalze mit Absteller
Ladensystem:	Taschenladen
Literatur:	v. d. Berg „Neue kath. Orgeln"

KIRCHE BERGSTEDT

Gemeinde:	ev. luth. Kirchengemeinde Bergstedt
Bezirk:	Wandsbek
Straße:	Bergstedter Kirchenstraße 7
Baujahr der Orgel:	1961
Orgelbauer:	Eberhardt-Friedrich Walcker & Cie (Ludwigsburg)

Disposition

Hauptwerk		**Rückpositiv**		**Pedal**	
Zartgedackt	16'	Gedackt	8'	Subbaß	16'
Prinzipal	8'	Quintatön	8'	Oktavbaß	8'
Rohrflöte	8'	Rohrflöte	4'	Gedackt	8'
Oktave	4'	Prinzipal	2'	Flöte	4'
Gedackt	4'	Quinte	1 1/3'	Nachthorn	2'
Waldflöte	2'	Sesquialtera II		Rauschpfeife V	
Rauschpfeife II		Scharff IV		Fagott	16'
Mixtur VI		Krummhorn	8'	Clarin	4'
Trompete	8'	– Tremulant –			
– Tremulant –					

Außer den hölzernen Prospektpfeifen steht das Rückpositiv in einem Schwellkasten.

Koppeln:	HW/P, RP/P, RP/HW
Spieltraktur:	mechanisch
Registertraktur:	elektrisch
Spielhilfen:	2 freie Kombinationen, Organo Pleno, Zungeneinzelabsteller, Handregister an freie Kombination
Ladensystem:	Schleifladen
Geschichte:	1685 Bau einer kleinen Orgel, vermutl. v. Arp Schnitger (Hamburg) 1875 Umbau Christian Heinrich Wolfsteller (Hamburg) 3 Register der Orgel von 1685 stehen heute in einem Chorpositiv von Franz Grollmann (siehe dort)
Literatur:	Pape Orgeldatenbank

KIRCHE BERGSTEDT

Gemeinde:	ev. luth. Kirchengemeinde Bergstedt
Bezirk:	Wandsbek
Straße:	Bergstedter Kirchenstraße 7
Baujahr der Orgel:	1961
Orgelbauer:	Franz Grollmann (Hamburg)

Disposition

Manual

Gedeckt	8'	Baß/Diskant-Teilung
Prinzipal	4'	Baß/Diskant-Teilung
Oktave	2'	
Waldflöte	2'	
Quinte	1 1/3	
Mixtur III		
Zimbel II		
Regal	8'	Baß/Diskant-Teilung

Spieltraktur:	mechanisch
Registertraktur:	mechanisch
Ladensystem:	Schleifladen
Geschichte:	Das Positiv wurde 1961 hinter dem alten Manualprospekt von 1685 aufgestellt. Drei Register stammen vermutlich aus dieser Orgel. Akten sind nicht auffindbar.
Literatur:	Pape Orgeldatenbank

ST. BERNARD-KIRCHE

Gemeinde:	Katholische Kirchengemeinde Poppenbüttel
Bezirk:	Wandsbek
Straße:	Langenstücken 40
Baujahr der Orgel:	1983
Orgelbauer:	Rudolf von Beckerath (Hamburg)

Disposition

Hauptwerk		**Schwellwerk**		**Pedal**	
Prinzipal	8'	Gedackt	8'	Subbaß	16'
Gemshorn	8'	Rohrflöte	8'	Prinzipal	8'
Oktave	4'	Gambe (ab G)	8'	Gedackt	8'
Spitzflöte	4'	Schwebung (ab c)	8'	Choralbaß	4'
Nasat	2 2/3'	Prinzipal	4'	Nachthorn	2'
Oktave	2'	Traversflöte	4'	Rauschpfeife II	
Mixtur IV-VI	1 1/3'	Waldflöte	2'	Fagott	16'
Trompete	8'	Sifflöte	1 1/3'		
– Tremulant –		Sesquialtera II			
		Mixtur V	2'		
		Oboe	8'		
		– Tremulant –			

Koppeln:	HW/P, SP/P, SW/HW
Spieltraktur:	mechanisch
Registertraktur:	elektrisch
Spielhilfen:	4 Setzer
Ladensystem:	Schleifladen
Geschichte:	1956 Neubau Klaus Becker (Kupfermühle/Tremsbüttel)
Literatur:	v. d. Berg „Neue katholische Orgeln" Werkverzeichnis von Beckerath (Scharenberg)

BETHANIENSCHWESTERNHAUS

Bezirk:	Nord
Straße:	Martinistraße 44
Baujahr der Orgel:	1961
Orgelbauer:	Alfred Führer (Wilhelmshaven)

Disposition

Hauptwerk		**Brustwerk**		**Pedal**	
Rohrflöte	8'	Gedackt	8'	Subbaß	16'
Prinzipal	4'	Rohrflöte	4'	Quintade	4'
Mixtur III	1 1/3'	Prinzipal	2'		
		Quinte	1 1/3'		
		Scharff III	1/2'		

Koppeln:	HW/P, BW/P, BW/HW
Spieltraktur:	mechanisch
Registertraktur:	mechanisch
Ladensystem:	Schleifladen

Geschichte:
1959 bis 1961 Lieferung eines Leihpositivs durch Alfred Führer (Wilhelmshaven) aus der Gemeinde Hagen-Eppenhausen
1980 Reinigung durch Alfred Führer (Wilhelmshaven)

Literatur:
Werkkatalog Führer 1960/61, Pape „Orgeldatenbank"
50 Jahre Orgelbau Führer

BETHLEHEMKIRCHE

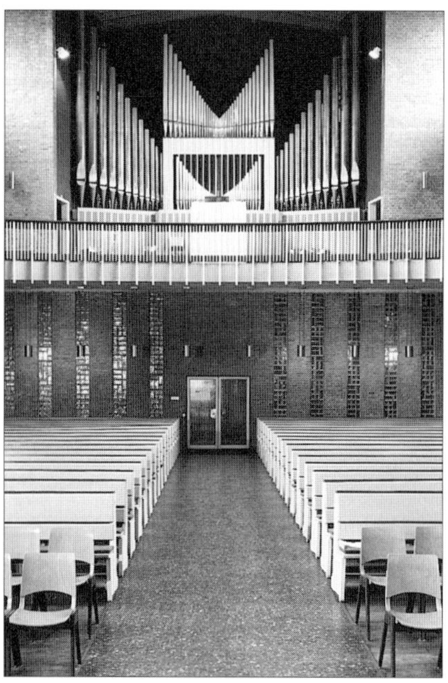

Gemeinde:	ev. luth. Bethlehemgemeinde Eimsbüttel
Bezirk:	Eimsbüttel
Straße:	Eppendorfer Weg 131
Baujahr der Orgel:	1961
Orgelbauer:	Eberhardt-Friedrich Walcker & Cie (Ludwigsburg)

Disposition

Hauptwerk		**Schwellwerk**		**Pedal**	
Pommer	16'	Koppelflöte	8'	Prinzipal	16'
Prinzipal	8'	Gemshorn	8'	Subbaß	16'
Rohrflöte	8'	Prinzipal	4'	Oktavbaß	8'
Oktave	4'	Nachthorn	4'	Gedacktpommer	8'
Blockflöte	4'	Kleinoktav	2'	Choralbaß	4'
Nasat	2 2/3'	Terz	1 3/5'	Rauschpfeife IV	
Schweizerpfeife	2'	Superquinte	1 1/3'	Posaune	16'
Mixtur V	2'	Flöte	1'	Trompete	8'
Trompete	8'	Scharff IV			
		Rohrschalmei	8'		
		– Tremulant –			

Koppeln:	HW/P, SW/P, SW/HW
Spieltraktur:	mechanisch
Registertraktur:	elektrisch
Spielhilfen:	3 freie Kombinationen, Handregister zu freier Kombination.
Ladensystem:	Schleifladen

Geschichte:
1913 Neubau im Bethlehem-Kirchsaal Paul Rother (Hamburg)
1949 Umsetzung dieser Orgel nach St. Markus (Eppendorf) durch Paul Rother (Hamburg). Der Choralbaß der Walcker-Orgel war ursprünglich zweifach, die Flöte 1' war ursprünglich Sextan 1 1/7' + 8/9'

Literatur:
Cortum „Orgeln"; Werkverzeichnis Rother

BETHESDA-KRANKENHAUS

Bezirk: Bergedorf
Straße: Glindersweg 80
Baujahr der Orgel: 1954
Orgelbauer: Eberhardt-Friedrich Walcker & Cie (Ludwigsburg)

Disposition

Manual	
Gedackt	8‘
Prinzipal	4‘
Rohrflöte	4‘
Oktave	2‘
Mixtur	

Spieltraktur: mechanisch
Registertraktur: mechanisch
Ladensystem: Schleifladen
Literatur: Walcker-Hausmitteilungen Nr. 26/1961

BLANKENESER KIRCHE

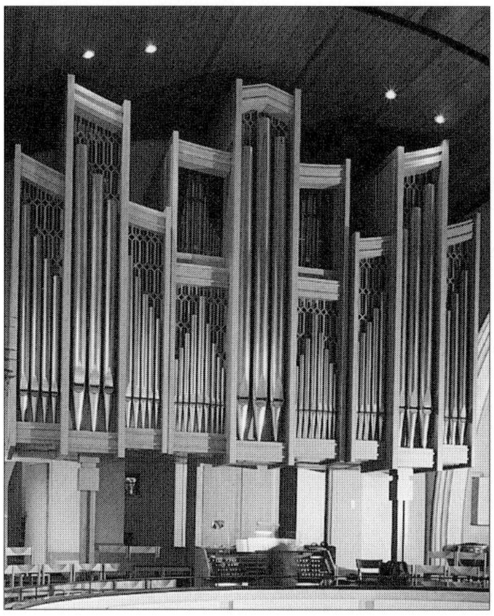

Gemeinde: ev. luth. Kirchengemeinde Blankenese
Bezirk: Altona
Straße: Mühlenberger Weg 60
Baujahr der Orgel: 1991
Orgelbauer: Rudolf von Beckerath (Hamburg)

Disposition

Hauptwerk		**Schwellwerk**		**Positiv** (Schweller)		**Pedal**	
Lieblich Gedackt	16‘	Violprinzipal	8‘	Gedackt	8‘	Prinzipal	16‘
Prinzipal	8‘	Rohrflöte	8‘	Dolce	8‘	Subbaß	16‘
Spielflöte	8‘	Gambe	8‘	Prinzipal	4‘	Oktave	8‘
Oktave	4‘	Schwebung II	8‘	Koppelflöte	4‘	Gemshorn	8‘
Spitzflöte	4‘	(ab c)		Offenflöte	2‘	Choralbaß	4‘
Oktave	2‘	Prinzipal	4‘	Quinte	1 1/3‘	Nachthorn	2‘
Cornett V (ab c)		Traversflöte	4‘	Sifflöte	1‘	Rauschpf. III	2 2/3‘
Mixtur V	2‘	Nasat	2 2/3‘	Sesquialtera II		Posaune	16‘
Fagott	16‘	Schweitzerpfeife	2‘	Scharff III	2/3‘	Trompete	8‘
Trompete	8‘	Terz	1 3/5‘	Cromorne	8‘		
– Tremulant –		Septime	1 1/7‘	– Tremulant –		*Oktavtransmissionen*	
		Mixtur V	2‘			*aus SW:*	
		Basson	16‘			Dulzian	8‘
		Oboe	8‘			Schalmei	4‘
		Vox humana	8‘			Angelique	4‘
		– Tremulant –					

Koppeln: HW/P, SW/P, Po/P, SW/HW, Po/HW, SW/Po, SW/P 4‘, SW/Po 16‘, SW/HW 16‘
Spieltraktur: mechanisch
Registertraktur: elektrisch
Spielhilfen: 64-facher Setzer, 3 Schweller (Positiv, SW nach vorn, SW zur Seite), Crescendowalze, Tastenfessel SW, Schwelltritt für Windregulierung
Ladensystem: Schleifladen

Geschichte:
1896 Neubau Gebr. Rohlfing (Osnabrück) op. 94
1928 Neubau G. F. Steinmeyer & Co. (Oettingen/Bayern)
1956 Umbau Emanuel Kemper & Sohn (Lübeck)
1969/70 Umbau Emanuel Kemper & Sohn (Lübeck)
1991 Auf Wunsch des Organisten Hans Darmstadt wurden Schwellwerk und Positiv midifähig gemacht.

Literatur:
Festschrift 1991, Pape Orgeldatenbank, Acta 19
Musik und Kirche 1992 Heft 4
Werkverzeichnis von Beckerath (Scharenberg)

BLANKENESER KIRCHE

Gemeinde:	ev. luth. Kirchengemeinde Blankenese
Bezirk:	Altona
Straße:	Mühlenberger Weg 60
Baujahr der Orgel:	1979
Orgelbauer:	Rudolf von Beckerath (Hamburg)

Disposition

Manual

Gedeckt	8'
Rohrflöte	4'
Prinzipal	2'
Quinte	1 1/3'
Scharff II-III	

Spieltraktur:	mechanisch
Registertraktur:	mechanisch
Ladensystem:	Schleiflade
Literatur:	Werkverzeichnis von Beckerath (Scharenberg)

BODELSCHWINGH-KIRCHE

Gemeinde:	ev. luth. Bodelschwinghgemeinde Winterhude
Bezirk:	Nord
Straße:	Forsmannstraße 19
Baujahr der Orgel:	1968
Orgelbauer:	Franz Grollmann (Hamburg)

Disposition

Hauptwerk		**Brustwerk**		**Pedal**	
Rohrflöte	8'	Gedeckt	8'	Subbaß	16'
Prinzipal	4'	Blockflöte	4'	Prinzipal	8'
Waldflöte	2'	Prinzipal	2'	Quintadena	4'
Nasat	1 1/3'	Scharff II		Nachthorn	2'
Mixtur IV		Dulzian	8'	Rauschpfeife II	
Trompete	8'	– Tremulant –		Fagott	16'

Koppeln:	HW/P, BW/P, BW/HW
Spieltraktur:	mechanisch
Registertraktur:	mechanisch
Ladensystem:	Schleifladen
Literatur:	Kirchenchronik der Gemeinde

ST. BONIFATIUS-KIRCHE

Gemeinde:	ev. luth. Kirchengemeinde St. Bonifatius
Bezirk:	Nord
Straße:	Lämmersieth 65
Baujahr der Orgel:	1970
Orgelbauer:	Alfred Führer (Wilhelmshaven)

Disposition

Manual		**Pedal**	
Gedeckt	8'	Subbaß	16'
Prinzipal	4'		
Gemshorn	2'	(Baß/Diskantteilung)	
Mixtur III		(Baß/Diskantteilung)	

Koppeln:	I/P
Spieltraktur:	mechanisch
Registertraktur:	mechanisch
Ladensystem:	Schleifladen
Literatur:	Werkverzeichnis Führer 1970; Fünfzig Jahre Orgelbau Führer

ST. BONIFATIUS-KIRCHE

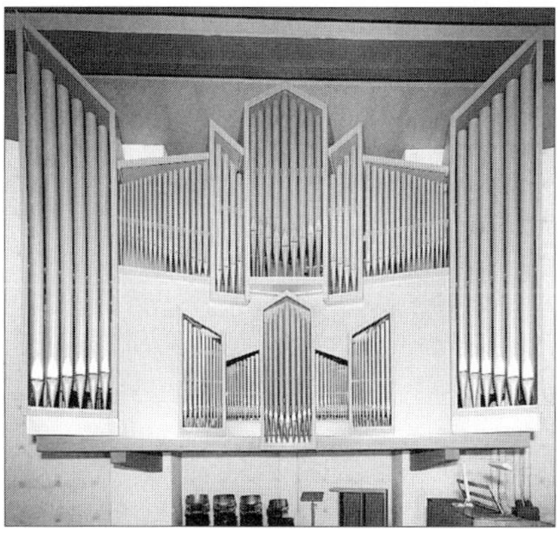

Gemeinde: Katholische Kirchengemeinde Wilhelmsburg
Bezirk: Harburg
Straße: Bonifatiusstraße 1
Baujahr der Orgel: 1961
Orgelbauer: Emanuel Kemper & Sohn (Lübeck)

Disposition

Hauptwerk		**Unterwerk**		**Pedal**	
Prinzipal	8'	Gedeckt	8'	Subbaß	16'
Holzflöte	8'	Quintadena	8'	Oktavbaß	8'
Spitzgamba	8'	Strichflöte	8'	Choralbaß	4'
Oktave	4'	Rohrflöte	4'	Bauernpfeife IV	2 2/3'
Gedackt	4'	Salicional	4'	Posaune	16'
Waldflöte	2'	Prinzipal	2'		
Mixtur VI	2 2/3'	Scharff IV	1'		
Trompete	8'	Nonensesquialtera III			
		Oboe	8'		
		– Tremulant –			

Koppeln: HW/P, UW/P, UW/HW
Spieltraktur: mechanisch
Registertraktur: elektrisch
Spielhilfen: 2 freie Kombinationen, Handregister an, Tutti, Auslöser
Ladensystem: Schleifladen

Geschichte: 1944 Neubau Emil Hammer (Hannover);
1947 Reparatur Paul Rother (Hamburg);
1966 Wiedereinbau Emanuel Kemper & Sohn (Lübeck) nach Kirchenrenovierung, dabei Umbau des Rückpositivs in ein Unterwerk

Literatur: Werkverzeichnis Paul Rother

BRODER-HINRICK-KIRCHE

Gemeinde: ev. luth. Broder-Hinrick-Kirchengemeinde Langenhorn
Bezirk: Nord
Straße: Tangstedter Landstraße 220
Baujahr der Orgel: 1959
Orgelbauer: Emanuel Kemper & Sohn (Lübeck)

Disposition

Hauptwerk		**Rückpositiv**		**Pedal**	
Prinzipal	8'	Gedackt	8'	Subbaß	16'
Spitzflöte	8'	Rohrflöte	4'	Prinzipal	8'
Oktave	4'	Prinzipal	2'	Choralbaß	4'
Blockflöte	4'	Terz	1 3/5'	Mixtur IV	
Waldflöte	2'	Quinte	1 1/3'	Posaune	16'
Mixtur VI		Scharff III			
Trompete	8'	Krummhorn	16'		
		– Tremulant –			

Koppeln: HW/P, RP/P, RP/HW
Spieltraktur: mechanisch
Registertraktur: mechanisch
Ladensystem: Schleifladen

B

ST. BONIFATIUS-KIRCHE

Gemeinde:	katholische Kirchengemeinde Eimsbüttel
Bezirk:	Eimsbüttel
Straße:	Am Weiher 29
Baujahr der Orgel:	1875
Orgelbauer:	Christian Heinrich Wolfsteller (Hamburg)

Disposition

Manual I		**Manual II**		**Manual III** (Schweller)		**Pedal**	
Prinzipal	16'	Bordun	16'	Gedeckt	16'	Prinzipal	16'
Prinzipal	8'	Prinzipal	8'	Geigenprinzipal	8'	Subbaß	16'
Rohrflöte	8'	Gedeckt	8'	Concertflöte	8'	Quinte	10 2/3'
Seraphonflöte	8'	Holzflöte	8'	Quintatön	8'	Oktavbaß	8'
Gamba	8'	Oktave	4'	Aeoline	8'	Cello	8'
Dolce	8'	Flöte	4'	Vox coelestis	8'	Gedeckt	8'
Oktave	4'	Quinte	2 2/3'	Fugara	4'	Oktave	4'
Gemshorn	4'	Oktave	2'	Flauto traverso	4'	Rauschpfeife IV	
Quinte	2 2/3'	Waldflöte	2'	Piccolo	2'	Posaune	16'
Oktave	2'	Scharff IV		Sesquialtera II		Trompete	8'
Mixtur V		Vox humana	8'	Oboe	8'		
Trompete	8'						

Koppeln:	I/P, II/P, III/P, II/I, III/I, III/II
Spieltraktur:	elektropneumatisch
Registertraktur:	elektropneumatisch
Spielhilfen:	2 freie Kombinationen, Zungeneinzelabsteller, Crescendowalze mit Absteller.
Ladensystem:	Kegelladen

Geschichte:

1875 Neubau Christian Heinrich Wolfsteller (Hamburg) für das Konzerthaus Ludwig auf der Reeperbahn ; mech. Traktur
1890 Umbau durch Gebr. Rohlfing (Osnabrück); pneum. Traktur
1906 Aufstellung durch Paul Rother in der St. Bonifatiuskirche
1910 Umbau durch Paul Rother (Hamburg)
1927 Erweiterung durch Paul Rother (Hamburg)
1983 Umbau durch Heinz Hoffmann (Hamburg), dabei Umstellung auf elektropneumatische Traktur mit neuem Spieltisch, 3 neuen Zungen und 3 neuen Streichern zur Herstellung der originalen Disposition

Literatur: Werkverzeichnis Rother; Topp in Acta 19

B

ST. BRUDER-KONRAD-KIRCHE

Gemeinde:	Katholische Kirchengemeinde Osdorf
Bezirk:	Altona
Straße:	Am Barls 238
Baujahr der Orgel:	1977
Orgelbauer:	Eberhardt-Friedrich Walcker & Cie. (Murrhardt)

Disposition

Manual I		**Manual II**		**Pedal**	
Metallgedackt	8'	Gemshorn	8'	Subbaß	16'
Prinzipal	4'	Rohrflöte	4'	Gedackt	8'
Metallflöte	2'	Prinzipal	2'	Choralbaß	4'
Sesquialtera II		Quinte	1 1/3'		
Mixtur III		Rohrschalmey	8'		

Koppeln:	I/P, II/P, II/I
Spieltraktur:	mechanisch
Registertraktur:	mechanisch
Ladensystem:	Schleifladen

Geschichte:
1951 Neubau Rudolf von Beckerath (Hamburg);
1971 Umsetzung in die St. Jacobuskirche Lurup durch Rudolf von Beckerath (Hamburg);
1993 Generalüberholung Rudolf von Beckerath (Hamburg)

Literatur: Werkverzeichnis von Beckerath (Scharenberg)

BUGENHAGEN-KIRCHE

Gemeinde:	ev. luth. Kirchengemeinde West-Barmbek
Bezirk:	Nord
Straße:	Biedermannplatz 17
Baujahr der Orgel:	1929
Orgelbauer:	P. Furtwängler & Hammer (Hannover)

Disposition

Manual I		**Manual II**		**Manual III** (Schweller)		**Pedal**	
Bordun	16'	Vacat		Gedackt	16'	Prinzipal	16'
Prinzipal	8'	Quintade	8'	Hornprinzipal	8'	Subbaß	16'
Rohrflöte	8'	Gedackt	8'	Gedackt	8'	Oktavbaß	8'
Salicional	8'	Prinzipal	4'	Violflöte	8'	*Gedacktbaß	8'
Oktave	4'	Nachthorn	4'	Rohrflöte	4'	*Oktave	4'
Schweizerpfeife	4'	Gemshorn	2'	Rohrflöte	2'	Nachthorn	2'
Nasard	2 2/3'	Sifflöte	1'	Quinte	1 1/3'	Mixtur IV	
Oktave	2'	Sesquialtera II		Terz	1 3/5'	Posaune	16'
Mixtur IV-V		Scharff III-IV		Zimbel III		Trompete	8'
Kornett V		Krummhorn	8'	Regal	8'		
Trompete	8'	– Tremulant –		– Tremulant –			
		Zimbelstern				*Transmission	

Die Orgel hat Mensuren von Hans-Henny Jahnn

Koppeln:	I/P, II/P, III/P, II/I, III/I, III/II
Spieltraktur:	elektrisch
Registertraktur:	elektrisch
Spielhilfen:	Crescendowalze frei einstellbar, Walze ab, 3 Walzengruppen (I = Labiale, Zungen/II = Labiale, Zungen/III = Koppeln, Manual, Pedal), Rohrwerkeinzelabsteller, 2 freie Kombinationen, 2 freie Pedalkombinationen
Ladensystem:	Taschenladen

Geschichte:
1929 Die Orgel bekommt keinen Pfeifenprospekt, sondern nur ein gestaltetes Holzgitter;
1960 Umbau Eberhardt-Friedrich Walcker & Cie (Ludwigsburg) dabei Vorbau eines neuen Pfeifenprospekts und Stillegung der Superkoppeln III/II und III;
198.. Renovierung Rudolf von Beckerath (Hamburg)

Literatur: Elis „Neue Orgeldispositionen“;
Werkverzeichnis von Beckerath (Scharenberg)

BUGENHAGEN-KIRCHE

Gemeinde: ev. luth. Bugenhagengemeinde Groß Flottbek
Bezirk: Altona
Straße: Bei der Flottbeker Mühle 28
Baujahr der Orgel: 1968
Orgelbauer: Rudolf von Beckerath (Hamburg)

Disposition

Hauptwerk		**Schwellwerk**		**Brustwerk**		**Pedal**	
Quintadena	16‘	Gemshorn	8‘	Holzgedackt	8‘	Prinzipal	16‘
Prinzipal	8‘	Gedackt	8‘	Rohrflöte	4‘	Gedecktbaß	16‘
Rohrflöte	8‘	Prinzipal	4‘	Prinzipal	2‘	Oktave	8‘
Oktave	4‘	Koppelflöte	4‘	Terz	1 3/5‘	Pommer	8‘
Offenflöte	4‘	Oktave	2‘	Sifflöte	1 1/3‘	Oktave	4‘
Nasat	2 2/3‘	Flachflöte	2‘	Scharff IV		Gemshorn	4‘
Oktave	2‘	Sesquialtera II		Regal	8‘	Nachthorn	2‘
Mixtur IV		Obertöne III		– Tremulant –		Baßzink III	
Zimbel III		Scharff V				Mixtur VI	
Trompete	8‘	Rankett	16‘			Posaune	16‘
		Dulcian	8‘			Trompete	8‘
		– Tremulant –				Schalmei	4‘

Koppeln: HW/P, SW/P, SW/HW, BW/HW
Spieltraktur: mechanisch
Registertraktur: elektrisch
Spielhilfen: 5-facher Setzer, 2 freie Pedalkombinationen
Ladensystem: Schleifladen

Literatur: Werkverzeichnis von Beckerath (Scharenberg)

BUGENHAGEN-KIRCHE

Gemeinde: ev. luth. Bugenhagenkirchengemeinde Nettelnburg
Bezirk: Bergedorf
Straße: Nettelnburger Kirchenweg 7
Baujahr der Orgel: 1959
Orgelbauer: Emanuel Kemper & Sohn (Lübeck)

Disposition

Hauptwerk		**Oberwerk**		**Pedal**	
Rohrflöte	8‘	Gedackt	8‘	Subbaß	16‘
Prinzipal	4‘	Blockflöte	4‘	Prinzipalbaß	8‘
Gemshorn	2‘	Prinzipal	2‘	Quintade	4‘
Mixtur IV		Quinte	1 1/3‘		
		Scharff III			
		Doppelregal	8‘		
		– Tremulant –			

Koppeln: HW/P, OW/P, OW/HW
Spieltraktur: mechanisch
Registertraktur: mechanisch
Ladensystem: Schleifladen

Geschichte: Die Orgel wurde
1959 als Interimsorgel an die wieder aufgebaute Hauptkirche St. Jacobi geliefert. Nach Wiederaufstellung der großen Schnitger-Orgel dort wurde diese Kemper-Orgel an die Bugenhagenkirche Nettelnburg gegeben. Vorher stand hier nach dem Kirchenneubau
1958 eine Multiplexorgel (Walcker?), die der Nikolaikirche Moorfleet weitergegeben wurde. Dort ist sie nach dem Orgelneubau verschwunden.

BUGENHAGEN-KIRCHE

Gemeinde: ev. luth. Kirchengemeinde Rönneburg
Bezirk: Harburg
Straße: Rönneburger Straße 45
Baujahr der Orgel: 1984/85
Orgelbauer: Alfred Führer (Wilhelmshaven

Disposition

Hauptwerk		**Brustwerk** (Schweller)		**Pedal**	
Prinzipal	8'	Gedackt	8'	Subbaß	16'
Rohrflöte	8'	Flöte	4'	Gemshorn	8'
Oktave	4'	Prinzipal	2'	Oktave	4'
Waldflöte	2'	Quinte	1 1/3'		
Mixtur III-IV		Krummhorn	8'		
		– Tremulant –			

Koppeln: HW/P, BW/P, BW/HW
Spieltraktur: mechanisch
Registertraktur: mechanisch
Ladensystem: Schleifladen

Geschichte: 1955 Neubau Paul Ott (Göttingen)
Literatur: Werkkatalog Führer 1985

CANTATEKIRCHE

Gemeinde: ev. luth. Kirchengemeinde Duvenstedt
Bezirk: Wandsbek
Straße: Duvenstedter Markt 4
Baujahr der Orgel: 1967/68
Orgelbauer: Emanuel Kemper & Sohn (Lübeck)

Disposition

Hauptwerk		**Brustwerk** (Schweller)		**Pedal**	
Prinzipal	8'	Gedeckt	8'	Subbaß	16'
Gemshorn	8'	Rohrflöte	4'	Oktavbaß	8'
Oktave	4'	Prinzipal	2'	Flöte	4'
Waldflöte	2'	Quinte	1 1/3'	Rauschwerk IV	
Mixtur III/VI		Sesquialtera II		Fagott	16'
		Scharff III			
		– Tremulant –			

Koppeln: HW/P, BW/P, BW/HW
Spieltraktur: mechanisch
Registertraktur: elektrisch
Spielhilfen: 2 freie Komsbinationen, Tutti
Ladensystem: Schleifladen

CHRISTENGEMEINSCHAFT

Gemeinde: Christengemeinschaft Bergedorf – Gemeindehaus
Bezirk: Bergedorf
Straße: Duvockskamp 15
Baujahr der Orgel: 1955
Orgelbauer: Klaus Becker (Kupfermühle/Tremsbüttel)

Disposition

Manual	
Gedackt	8'
Rohrflöte	4'
Prinzipal	2'

Spieltraktur: mechanisch
Registertraktur: mechanisch
Ladensystem: Schleifladen

Geschichte: Die Orgel wurde für die Johanneskirche in der Johnsallee gebaut.
1956 Umsetzung in die Michaelsnotkirche Blankenese
1992 Umsetzung in das Gemeindehaus Bergedorf

CHRISTENGEMEINSCHAFT

Gemeinde:	Christengemeinschaft Harburg
Bezirk:	Harburg
Straße:	Heimfelder Straße 67
Baujahr der Orgel:	1986
Orgelbauer:	Alfred Führer Wilhelmshaven

Disposition

Manual

Holzgedackt	8'
Holzblockflöte	4'
Holzflöte	2'

Spieltraktur:	mechanisch
Registertraktur:	mechanisch
Ladensystem:	Schleifladen
Literatur:	Werkkatalog Führer 1986

CHRISTIANEUM (GYMNASIUM)

Bezirk:	Altona
Straße:	Otto-Ernst-Straße 34
Baujahr der Orgel:	1962
Orgelbauer:	Eberhardt-Friedrich Walcker & Cie (Ludwigsburg)

Disposition

Hauptwerk		**Brustwerk**		**Pedal**	
Prinzipalflöte	8'	Holzgedackt	8'	Subbaß	16'
Gemshorn	8'	Nachthorn	4'	Oktave	8'
Prinzipal	4'	Prinzipal	2'	Gedacktpommer	4'
Waldflöte	2'	Sifflöte	1'		
Mixtur IV-VI	1 1/3'	Sesquialtera II			
		Krummhorn	8'		
		– Tremulant –			

Koppeln:	HW/P, BW/P, BW/HW
Spieltraktur:	mechanisch
Registertraktur:	elektrisch
Spielhilfen:	2 freie Kombinationen, Tutti, Handregister an Kombination, Auslöser
Ladensystem:	Schleifladen

Geschichte:

1884 Neubau einer Orgel durch Marcussen (Abenrå) im alten Schulgebäude;
1935 Neubau einer Orgel durch Paul Rother (Hamburg) im alten Schulgebäude. Diese Orgel hatte für die Register des 2. Manuals Einzelspielkästen mit Tasten in Form von Notenköpfen auf Sperrholzlinien nach dem System Oscalyth zum Notenlernen.
1975 Abbau der Orgel durch Franz Grollmann (Hamburg) wegen Abbruch des alten Schulgebäudes im Verlauf des Elbtunnelbaus.
1984 Überführung der Walcker-Orgel, die
1962 für das Kirchenpauer-Gymnasium gebaut wurde, in das neue Gebäude des Christianeums durch Marcussen (Abenrå)

Literatur: Werkverzeichnis Rother; Pape „Orgeldatenbank"

C

CHRISTIANS-KIRCHE

Gemeinde:	ev. luth. Christianskirchengemeinde Ottensen
Bezirk:	Altona
Straße:	Elbchaussee 68
Baujahr der Orgel:	1744
Orgelbauer:	Johann Dietrich Busch (Itzehoe)

Disposition

Hauptwerk		**Oberwerk**		**Brustwerk**		**Pedal**	
Quintadena	16'	Gemshorn	8'	Quintadena	8'	Subbaß	16'
Prinzipal	8'	Gedackt	8'	Gemshorn	4'	Oktave	8'
Rohrflöte	8'	Prinzipal	4'	Blockflöte	2'	Gedackt	8'
Oktave	4'	Rohrflöte	4'	Sifflöte	1'	Oktave	4'
Blockflöte	4'	Oktave	2'	Terzian II		Quintadena	4'
Nasat	2 2/3'	Sesquialtera II		Zimbel III		Nachthorn	2'
Italien. Prinzipal	2'	Scharff V		Krummhorn	8'	Mixtur VI	
Glöckleinton	2'+1'	Dulcian	16'			Stille Posaune	16'
Mixtur V		Schalmei	8'			Trompete	8'
Trompete	8'	– Tremulant –				Trompete	4'

Koppeln:	HW/P, OW/HW
Spieltraktur:	mechanisch
Registertraktur:	mechanisch
Ladensystem:	Schleifladen

Geschichte:
1630 Erweiterung einer älteren Orgel durch Gottfried Fritzsche (Hamburg);
1840 Umbau Johann Heinrich Wohlien (Hamburg)
1883 Umbau Marcussen (Abenrå)
1903 Reparatur Paul Rother (Hamburg)
1925/29 Renovierung Karl Kemper (Lübeck), Sachberatung: Hans-Henny Jahnn
1955/56 Umbau Rudolf von Beckerath (Hamburg)
1984 Umbau Rudolf von Beckerath (Hamburg)

Literatur:
Fock „Arp Schnitger"; Jaacks „Orgeln";
Pape Orgeldatenbank;
Seggermann „Jahnn-Orgel";
Werkverzeichnis von Beckerath (Scharenberg)
Acta 23

CHRISTIANS-KIRCHE (TAUFKAPELLE)

Gemeinde:	ev. luth. Christianskirchengemeinde Ottensen
Bezirk:	Altona
Straße:	Elbchaussee 68
Baujahr der Orgel:	1958
Orgelbauer:	Rudolf von Beckerath (Hamburg)

Disposition

Hauptwerk		**Brustwerk**		**Pedal**	
Rohrflöte	8'	Gedackt	8'	Fagott	16'
Prinzipal	4'	Rohrflöte	4'		
Mixtur III-IV		Prinzipal	2'		

Koppeln:	HW/P, BW/P, BW/HW
Spieltraktur:	mechanisch
Registertraktur:	mechanisch
Ladensystem:	Schleifladen

Geschichte:
1951 Neubau einer kleinen zweimanualigen Orgel von Paul Ott (Göttingen). Es handelte sich um sein Meisterstück. Diese Orgel ist verschwunden (Angabe Pastor Hammer von der Christianskirche)

Literatur:
Pape Orgeldatenbank;
Werkverzeichnis von Beckerath (Scharenberg)

C

CHRIST-KÖNIGS-KIRCHE

Gemeinde:	ev. luth. Christ-Königs-Kirchengemeinde Lokstedt
Bezirk:	Eimsbüttel
Straße:	Bei der Lutherbuche 36
Baujahr der Orgel:	1958
Orgelbauer:	Rudolf von Beckerath (Hamburg)

Disposition

Hauptwerk		**Brustwerk**		**Pedal**	
Quintade	16‘	Gedackt	8‘	Subbaß	16‘
Prinzipal	8‘	Rohrflöte	4‘	Oktave	8‘
Rohrflöte	8‘	Prinzipal	2‘	Metallflöte	4‘
Oktave	4‘	Quinte	1 1/3‘	Nachthorn	2‘
Spitzflöte	4‘	Sesquialtera II		Mixtur V	
Nasat	2 2/3‘	Quintzimbel III-IV		Fagott	16‘
Oktave	2‘	Dulzian	8‘	Trompete	8‘
Hohlflöte	2‘	– Tremulant –		Cornett	2‘
Mixtur IV-VI				– Tremulant –	
Trompete	8‘				

Koppeln:	HW/P, BW/P, BW/HW
Spieltraktur:	mechanisch
Registertraktur:	mechanisch
Ladensystem:	Schleifladen
Literatur:	Pape Orgeldatenbank; Werkverzeichnis von Beckerath (Scharenberg)

CHRISTOPHORUS-KIRCHE

Gemeinde:	ev. luth. Christophorusgemeinde
Bezirk:	Altona
Straße:	Helenenstraße 14
Baujahr der Orgel:	1894
Orgelbauer:	Christian Heinrich Wolfsteller (Hamburg)

Disposition

Manual I		**Manual II**		**Pedal**	
Prinzipal	8‘	Gemshorn	8‘	Subbaß	16‘
Gedackt	8‘	Prinzipal	4‘	Gedackt	8‘
Oktave	4‘	Waldflöte	2‘	Quintade	4‘
Flöte	4‘	Scharff III		Nachthorn	2‘
Superoktave	2‘	Krummhorn	8‘		
Sesquialtera II					
Mixtur III					

Koppeln:	I/P, II/P, II/I
Spieltraktur:	mechanisch
Registertraktur:	mechanisch
Ladensystem:	Schleifladen
Geschichte:	Bei dieser Kirche handelt es sich um die frühere Helenenkapelle 1902 Reparatur Paul Rother (Hamburg); 1947 Reparatur Paul Rother (Hamburg)
Literatur:	Werkverzeichnis Wolfsteller; Werkverzeichnis Rother

CHRISTOPHORUS-KIRCHE

Gemeinde:	ev. luth. Kirchengemeinde Großlohe
Bezirk:	Wandsbek
Straße:	Großlohering 49
Baujahr der Orgel:	1977
Orgelbauer:	Rudolf von Beckerath (Hamburg)

Disposition

Hauptwerk		**Oberwerk**		**Pedal**	
Rohrflöte	8‘	Holzgedackt	8‘	Subbaß	16‘
Prinzipal	4‘	Rohrflöte	4‘	Gedackt	8‘
Waldflöte	2‘	Quintflöte	2 2/3‘	Flöte	4‘
Mixtur III-IV	1‘	Prinzipal	2‘		
Krummhorn	8‘	Terz	1 3/5‘		
		Quinte	1 1/3‘		
		- Tremulant -			

Koppeln:	HW/P, OW/P, OW/HW
Spieltraktur:	mechanisch
Registertraktur:	mechanisch
Ladensystem:	Schleifladen
Geschichte:	1969 Neubau eines Positivs der Orgelbauwerkstatt Detlef Kleuker (Brackwede/Bielefeld). Dieses wurde 1977 an die Apostelkirche in Hamburg-Eimsbüttel verkauft.
Literatur:	Werkverzeichnis von Beckerath; (Scharenberg) Pape „Orgeldatenbank“

CHRISTOPHORUS-KIRCHE

Gemeinde:	ev. luth. Kirchengemeinde Hummelsbüttel
Bezirk:	Wandsbek
Straße:	Poppenbütteler Stieg 25
Baujahr der Orgel:	1955/56
Orgelbauer:	Ernst Brandt (Quickborn)

Disposition

Hauptwerk		**Rückpositiv**		**Pedal**	
Rohrflöte	8‘	Gedackt	8‘	Untersatz	16‘
Prinzipal	4‘	Rohrflöte	4‘	Prinzipal	8‘
Spitzflöte	4‘	Prinzipal	2‘	Oktav	4‘
Nasat	2 2/3‘	Quinte	1 1/3‘	Nachthorn	2‘
Oktav	2‘	Sesquialtera II		Mixtur IV-V	1 1/3‘
Mixtur IV-VI	1‘	Scharff III	1/3‘	Posaune	16‘
Trichterregal	8‘	Krummhorn	8‘		
- Zimbelstern -					

Spieltraktur:	mechanisch
Registertraktur:	mechanisch
Ladensystem:	Schleifladen
Literatur:	Pape Orgeldatenbank

ST. CHRISTOPHORUS-KIRCHE

Gemeinde:	Katholische Kirchengemeinde Lohbrügge
Bezirk:	Bergedorf
Straße:	Riehlstraße 64
Baujahr der Orgel:	1906
Orgelbauer:	Paul Rother

Disposition

Manual I		**Manual II**		**Pedal**	
Prinzipal	8‘	Gedackt	8‘	Subbaß	16‘
Rohrflöte	8‘	Gemshorn	8‘	Oktavbaß	8‘
Oktave	4‘	Prinzipal	4‘	Choralbaß	4‘
Quinte	2 2/3‘	Flöte	4‘		
Oktave	2‘	Waldflöte	2‘		
Mixtur III-IV		Sifflöte	1‘		
		Sesquialtera II			

Koppeln:	I/P, II/P, II/I
Spieltraktur:	elektrisch
Registertraktur:	elektrisch
Spielhilfen:	2 freie Kombinationen, Tutti, Handregister, Auslöser
Ladensystem:	Kegelladen

Geschichte:
1906 Neubau der Orgel für das Gymnasium Allee in Hamburg-Altona Paul Rother (Hamburg);
1928 Umbau Paul Rother (Hamburg);
1956 Umsetzung in die St. Christophoruskirche und Umbau der Disposition Franz Grollmann (Hamburg)
1980/81 Umbau und Elektrifizierung Heinz Hoffmann (Hamburg)

Literatur: Werkverzeichnis Rother

CHRISTOPHORUS-KIRCHE

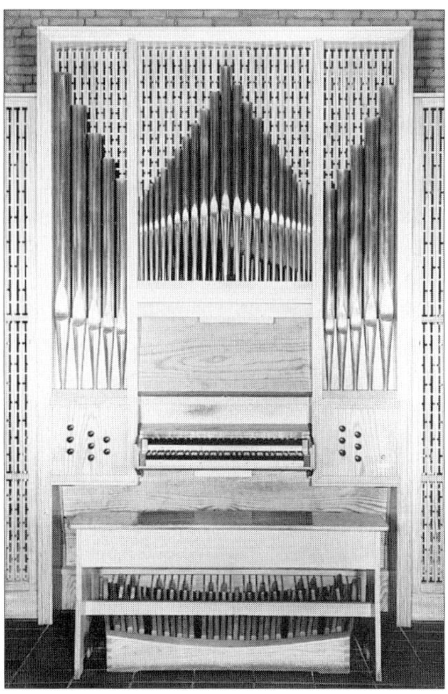

Gemeinde:	ev. luth. Christophoruskirchengemeinde Nettelnburg
Bezirk:	Bergedorf
Straße:	Friedrich-Franck-Bogen 31
Baujahr der Orgel:	1975
Orgelbauer:	Rudolf von Beckerath (Hamburg)

Disposition

Hauptwerk		**Brustwerk**		**Pedal**	
Rohrflöte	8‘	Holzgedackt	8‘	Subbaß	16‘
Prinzipal	4‘	Rohrflöte	4‘	Gedackt	8‘
Waldflöte	2‘	Quintflöte	2 2/3‘	Flöte	4‘
Mixtur III-IV		Prinzipal	2‘		
Musette	8‘	Terz	1 3/5‘		
		Quinte	1 1/3‘		
		– Tremulant –			

Koppeln:	HW/P, BW/P, BW/HW
Spieltraktur:	mechanisch
Registertraktur:	mechanisch
Ladensystem:	Schleifladen

Literatur: Werkverzeichnis von Beckerath (Scharenberg)

CHRISTUS-KIRCHE

Gemeinde:	Baptistengemeinde Altona
Bezirk:	Altona
Straße:	Suttnerstraße 18
Baujahr der Orgel:	1959
Orgelbauer:	G. F. Steinmeyer & Co. (Oettingen/Bayern)

Disposition

Manual I		**Manual II**		**Pedal**	
Quintade	16'	Singend Gedackt	8'	Subbaß	16'
Prinzipal	8'	Quintade	8'	Oktave	8'
Spillflöte	8'	Prinzipal	4'	Rohrflöte	4'
Oktave	4'	Rohrflöte	4'	Oktave	2'
Gedackt	4'	Oktave	2'	Rauschpfeife III	
Waldflöte	2'	Quinte	1 1/3'	Posaune	16'
Doublette	2'	Sesquialtera II		Trompete	8'
Mixtur II		Zimbel II	1'		
Trompete	8'	Krummhorn	8'		
		– Tremulant –			

Koppeln:	I/P, II/P, II/I
Spieltraktur:	elektrisch
Registertraktur:	elektrisch
Spielhilfen:	2 freie Kombinationen, Tutti, Auslöser
Ladensystem:	Schleifladen
Geschichte:	1914 Neubau Paul Rother (Hamburg) 1943 Zerstörung durch Kriegseinwirkung
Literatur:	Werkverzeichnis Rother

CHRISTUS-KIRCHE

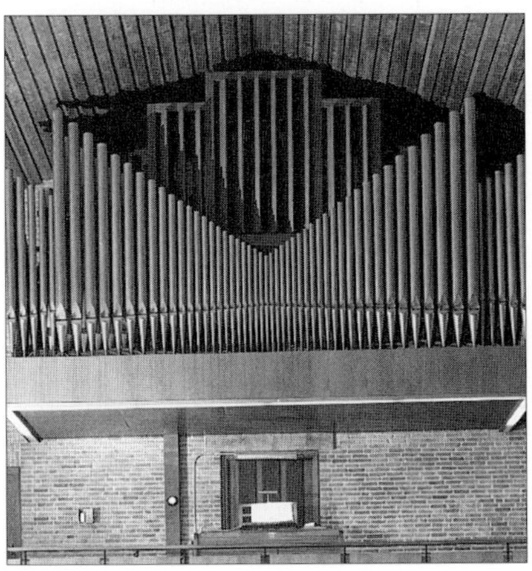

Gemeinde:	ev. luth. Kirchengemeinde Eidelstedt-Nord
Bezirk:	Eimsbüttel
Straße:	Halstenbeker Weg 22
Baujahr der Orgel:	1963
Orgelbauer:	Eberhardt-Friedrich Walcker & Cie (Ludwigsburg

Disposition

Manual I		**Manual II** (Schweller)		**Pedal**	
Quintade	16'	Singend Gedackt	8'	Subbaß	16'
Prinzipal	8'	Nachthorn	4'	Baßflöte	8'
Rohrflöte	8'	Prinzipal	4'	Oktavbaß	8'
Oktave	4'	Quinte	2 2/3'	Pommer	4'
Spitzflöte	4'	Engprinzipal	2'	Koppelflöte	2'
Flachflöte	2'	Terz	1 3/5'	Stillposaune	16'
Mixtur VI	1 1/3'	Sifflöte	1'	Musette	4'
Musette	8'	Zimbel IV	2/3'	Oboe	2'
Trompete	8'	Oboe	8'		
– Tremulant –		– Tremulant –			

Koppeln:	I/P, II/P, II/I
Spieltraktur:	elektrisch
Registertraktur:	elektrisch
Spielhilfen:	3 freie Kombinationen, Crescendowalze, Walze ab, Generalkoppel, Tutti, Handregister ab, Koppeln aus Walze, Zungeneinzelabsteller
Ladensystem:	Schleifladen
Geschichte:	1997 Neubau geplant
Literatur:	Pape Orgeldatenbank

C

CHRISTUS-KIRCHE

Gemeinde:	ev. luth. Christuskirchengemeinde Eimsbüttel
Bezirk:	Eimsbüttel
Straße:	Bei der Christuskirche
Baujahr der Orgel:	1956/57
Orgelbauer:	Rudolf von Beckerath (Hamburg)

Disposition

Hauptwerk		**Brustwerk**		**Pedal**	
Quintadena	16‘	Holzgedackt	8‘	Prinzipal	16‘
Prinzipal	8‘	Prinzipal	4‘	Oktavbaß	8‘
Spitzflöte	8‘	Rohrflöte	4‘	Oktavbaß	4‘
Oktave	4‘	Waldflöte	2‘	Nachthorn	2‘
Quinte	2 2/3‘	Nasat	1 1/3‘	Mixtur VI	
Oktave	2‘	Sesquialtera II		Stille Posaune	16‘
Mixtur IV-VI		Scharff III-IV		Trompete	8‘
Trompete	8‘	Krummhorn	8‘	Cornett	2‘
		– Tremulant –			

Koppeln:	HW/P, BW/P, BW/HW
Spieltraktur:	mechanisch
Registertraktur:	mechanisch
Ladensystem:	Schleifladen

Geschichte:
1886 Neubau Johannes Weigle (Echterdingen)
1943 Zerstört im Zweiten Weltkrieg

Literatur:
Cortum „Orgeln“; Pape Orgeldatenbank
Werkverzeichnis von Beckerath (Scharenberg)

CHRISTUS-KIRCHE

Gemeinde:	Ev. methodistische Gemeinde Harburg
Bezirk:	Harburg
Straße:	Maretstraße 24
Baujahr der Orgel:	1914
Orgelbauer:	Paul Rother (Hamburg) Op. 163

Disposition

Manual I		**Manual II**		**Pedal**	
Prinzipal	8‘	Gedackt	8‘	Subbaß	16‘
Gemshorn	8‘	Rohrflöte	4‘	Oktavbaß	8‘
Oktave	4‘	Waldflöte	2‘	Oktave	4‘
Holzflöte	4‘	Quinte	1 1/3‘	Oktave	2‘
Oktave	2‘	Scharff III			
Mixtur IV					
Trompete	8‘				

Koppeln:	I/P, II/P, II/I
Spieltraktur:	elektrisch
Registertraktur:	elektrisch
Spielhilfen:	2 freie Kombinationen
Ladensystem:	Kegelladen

Geschichte:
1914 Neubau der Orgel für das Johanneum in Hamburg-Winterhude (Maria-Luisen-Straße);
1956 Kauf der Orgel durch diese Gemeinde; Umsetzung Emanuel Kemper & Sohn (Lübeck). Dabei fand ein leichter Umbau statt.
1981 Umbau Heinz Hoffmann (Hamburg). Die pneumatische wurde in elektrische Traktur geändert. Die Crescendowalze wurde ausgebaut und 2 freie Kombinationen neu installiert.
1994 Umsetzung der Orgel in die neu erbaute Christuskirche Heinz Hoffmann (Hamburg) mit neuem Gehäuse und neuen Prinzipal 8‘-Pfeifen für den Prospekt.

Literatur:
Werkverzeichnis Rother

CHRISTUS-KIRCHE

Gemeinde: Ev. methodistische Gemeinde Hamm
Bezirk: Mitte
Straße: Carl-Petersen-Straße 59
Baujahr der Orgel: 1967
Orgelbauer: H. Ebner (Hannover)

Disposition

Hauptwerk		**Unterwerk**		**Pedal**	
Gedackt	8'	Quintade	8'	Subbaß	16'
Prästant	4'	Rohrflöte	4'	Dolkan	8'
Blockflöte	2'	Prinzipal	2'	Rauschpfeife II	
Scharff III		Quinte	1 1/3'		
		Sesquialtera II			

Koppeln: HW/P, UW/P, UW/HW
Spieltraktur: mechanisch
Registertraktur: mechanisch
Ladensystem: Schleifladen

Geschichte: Die Orgel wurde ursprünglich für die ev. methodistische Gemeinde Eilbek gebaut (Eilbeker Weg 86). Sie wurde 1975 in die Christuskirche umgesetzt.

CHRISTUS-KIRCHE

Gemeinde: ev. luth. Kirchengemeinde Othmarschen
Bezirk: Altona
Straße: Walderseestraße/Roosens Weg
Baujahr der Orgel: 1936
Orgelbauer: Wilhelm Sauer/Inh. Dr. hc. Oscar Walcker (Frankfurt/Oder)
Disposition und Sachberatung Rudolf von Beckerath

Disposition

Hauptwerk		**Oberwerk**		**Rückpositiv**		**Pedal**	
Quintadena	16'	Rohrflöte	8'	Gedackt	8'	Subbaß	16'
Prinzipal	8'	Gemshorn	4'	Rohrflöte	4'	Prinzipal	8'
Spitzflöte	8'	Nasat	2 2/3'	Italien. Prinzipal	2'	Oktave	4'
Oktave	4'	Blockflöte	2'	Quinte	1 1/3'	Nachthorn	2'
Oktave	2'	Terz	1 3/5'	Sesquialtera II		Rauschpfeife II	
Mixtur IV-V	1 1/3'	Zimbel III		Scharff IV		Mixtur IV	
Trompete	8'	Dulcian	16'	Krummhorn	8'	Posaune	16'
		Bärpfeife	8'	– Tremulant –		Zink	4'
		– Tremulant –					

Koppeln: HW/P, OW/P, RP/P, OW/HW, RP/HW
Spieltraktur: mechanisch
Registertraktur: elektropneumatisch
Spielhilfen: 5-facher Setzer, 2 separate Pedalsetzer
Ladensystem: Schleifladen

Geschichte:
1900 Neubau Ernst Röver (Hausneindorf am Harz), nach Werkverzeichnis Behrens 1910, op.87
1936 Verkauf der Röver-Orgel nach Eberswalde-Westend. Nach Auskunft des OBM Fahlberg verändert erhalten (Umbaumaßnahmen durch Orgelbau Eule-Bautzen)
1969 Umbau Rudolf von Beckerath (Hamburg) nach Kirchen-umbau, Umsetzung auf die neue Westempore
1995 Umbau Rudolf von Beckerath (Hamburg)

Literatur:
Die Beckerath-Orgel (abschließ. Bericht), Hamburg-Altona 1936;
75 Jahre Christus-Kirche Othmarschen (Hamburg 1975)
Werkverzeichnis von Beckerath (Scharenberg)

CHRISTUS-KIRCHE

Gemeinde: ev. luth. Christuskirchengemeinde Othmarschen
Bezirk: Altona
Straße: Walderseestraße/Roosens Weg
Baujahr der Orgel: 1988
Orgelbauer: Klaus Becker (Kupfermühle/Tremsbüttel)

Disposition

Manual

Gedackt	8‘
Rohrflöte	4‘
Prinzipal	2‘
Quinte	1 1/3‘

Spieltraktur: mechanisch
Registertraktur: mechanisch
Ladensystem: Schleifladen

Geschichte: 1959 Ankauf eines Positivs von der Orgelbauanstalt Eberhardt-Friedrich Walcker (Ludwigsburg). Verbleib unklar.
Literatur: Walcker-Hausmitteilungen 1961/26 S. 44

CHRISTUS-KIRCHE

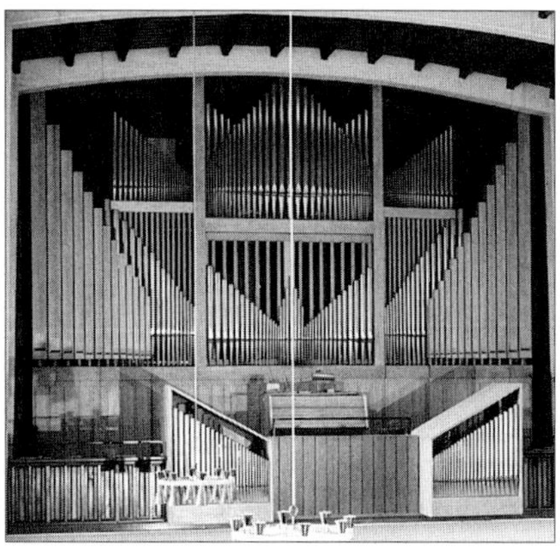

Gemeinde: ev. luth. Christuskirchengemeinde Wandsbek
Bezirk: Wandsbek
Straße: Schloßstraße 78
Baujahr der Orgel: 1967
Orgelbauer: Eberhard Friedrich Walcker & Cie (Ludwigsburg)

Disposition

Hauptwerk		**Schwellwerk**		**Rückpositiv**		**Pedal**	
Pommer	16‘	Bordun	16‘	Holzgedeckt	8‘	Prinzipal	16‘
Prinzipal	8‘	Holzprinzipal	8‘	Quintadena	8‘	Subbaß	16‘
Gemshorn	8‘	Rohrflöte	8‘	Praestant	4‘	Abschwächung	16‘
Oktave	4‘	Spitzgambe	8‘	Nachthorn	4‘	Gedecktquinte	10 2/3‘
Koppelflöte	4‘	Engprinzipal	4‘	Singend Oktav	2‘	Oktavbaß	8‘
Nasat	2 2/3‘	Blockflöte	4‘	Terzflöte	1 3/5‘	Baßflöte	8‘
Oktave	2‘	Waldflöte	2‘	Quinte	1 1/3‘	Quinte	5 1/3‘
Mixtur VI	1 1/3‘	Septime	1 1/7‘	Zimbel IV	1/2‘	Choralbaß	4‘
Scharff III	1‘	Schwegel	1‘	Knopfregal	8‘	Hohlflöte	4‘
Fagott	16‘	Sesquialtera II		– Tremulant –		Portunal	2‘
Trompete	8‘	Oberton III	8/9‘			Hintersatz V	4‘
		Mixtur V	2‘			Sordun	32‘
		Dulzian	16‘			Posaune	16‘
		Oboe	8‘			Trompete	8‘
		Rohrschalmey	4‘			Clairon	4‘
		Kornett (Gruppenzug der Register Rohrflöte 8‘, Blockflöte 4‘, Sesquialtera, Waldflöte 2‘, Septime 1 1/7‘)					

Koppeln: HW/P, RP/P, SW/P, SW/HW, RP/HW, RP/SW
Spieltraktur: mechanisch
Registertraktur: elektrisch
Spielhilfen: 4 freie Kombinationen, 2 freie Pedalkombinationen, Tutti, Zungen ab, Zungeneinzelabsteller, Crescendowalze, Walze ab
Ladensystem: Schleifladen

Geschichte: 1895 Neubau Ernst Röver (Hausneindorf am Harz)
1898 Zerstörung durch Kirchenbrand;
1901 Kirchenneubau;
1943 Im Zweiten Weltkrieg zerstört mit allen Akten
Literatur: Schmahl „Orgel Wandsbek“
Walcker-Hausmitteilungen 1969

CHRISTUS-KIRCHE

Gemeinde: ev. luth. Christuskirchengemeinde Wandsbek
Bezirk: Wandsbek
Straße: Schloßstraße 78
Baujahr der Orgel: 1956
Orgelbauer: Eberhard Friedrich Walcker & Cie (Ludwigsburg)

Disposition

Hauptwerk		**Brustwerk** (Schw.)		**Pedal**	
Quintatön	16'	Holzgedackt	8'	Subbaß	16'
Offenflöte	8'	Rohrflöte	4'	Gemshorn	8'
Prinzipal	4'	Prinzipal	2'	Rauschpfeife IV	
Flachflöte	2'	Terzianscharff III		Schalmey	4'
Mixtur IV		Holzkrummhorn	8'		
		– Tremulant –			

Koppeln: HW/P, BW/P, BW/HW
Spieltraktur: mechanisch
Registertraktur: pneumatisch
Spielhilfen: 2 freie Kombinationen
Ladensystem: Schleifladen

Literatur: Walcker-Hausmitteilungen Nr. 17

CHRISTUS-KIRCHE

Gemeinde: Ev. luth. Christuskirchengemeinde Wandsbek
Bezirk: Wandsbek
Straße: Schloßstraße 78
Baujahr der Orgel: 1971
Orgelbauer: Eberhard Friedrich Walcker & Cie (Ludwigsburg)

Disposition

Manual	
Gedeckt	8'
Rohrflöte	4'
Prinzipal	2'
Quinte	1 1/3'

Spieltraktur: mechanisch
Registertraktur: mechanisch
Ladensystem: Schleifladen

CORNELIUS-KIRCHE

Gemeinde: Ev. luth. Kirchengemeinde Fischbek
Bezirk: Harburg
Straße: Dritte Meile 19
Baujahr der Orgel: 1968
Orgelbauer: Gebr. Hillebrandt (Altwarmbüchen bei Hannover)

Disposition

Hauptwerk		**Brustwerk**		**Pedal**	
Prinzipal	8'	Gedackt	8'	Subbaß	16'
Rohrflöte	8'	Gedacktflöte	4'	Oktave	8'
Oktave	4'	Prinzipal	2'	Oktave	4'
Nasat	2 2/3'	Sesquialtera II		Rauschpfeife II	
Spitzflöte	2'	Scharff III-IV		Trompete	8'
Mixtur V-VI		Krummhorn	8'		
		– Tremulant –			

Koppeln: HW/P, BW/P, BW/HW
Spieltraktur: mechanisch
Registertraktur: mechanisch
Ladensystem: Schleifladen

DÄNISCHE SEEMANNSKIRCHE

Gemeinde: Dänische Seemannsgemeinde Hamburg
Bezirk: Mitte
Straße: Ditmar-Koel-Straße 2
Baujahr der Orgel: 1972
Orgelbauer: Jensen und Thomsen (Hillerød/Dänemark)

Disposition

Manual		**Pedal**
Gedeckt	8‘	angehängt
Rohrflöte	4‘	
Prinzipal	2‘	
Gemshorn	2‘	

Koppeln: M/P
Spieltraktur: mechanisch
Registertraktur: mechanisch
Ladensystem: Schleifladen

DANKESKIRCHE

Gemeinde: Ev. luth. Kirchengemeinde Rahlstedt-Ost
Bezirk: Wandsbek
Straße: Hegeneck 2
Baujahr der Orgel: 1971
Orgelbauer: Eberhardt-Friedrich Walcker & Cie. (Ludwigsburg)

Disposition

Hauptwerk		**Schwellwerk**		**Pedal**	
Prinzipal	8‘	Gedackt	8‘	Subbaß	16‘
Rohrflöte	8‘	Blockflöte	4‘	Offenbaß	8‘
Oktave	4‘	Prinzipal	2‘	Gedackt	8‘
Gemshorn	2‘	Sifflöte	1 1/3‘	Choralflöte	4‘
Mixtur IV		Scharff III-IV		Fagott	16‘
		Krummhorn	8‘		
		– Tremulant –			

Koppeln: HW/P, SW/P, SW/HW
Spieltraktur: mechanisch
Registertraktur: mechanisch
Ladensystem: Schleifladen
Literatur: Pape Orgeldatenbank

DANKESKIRCHE SÜD-HAMM

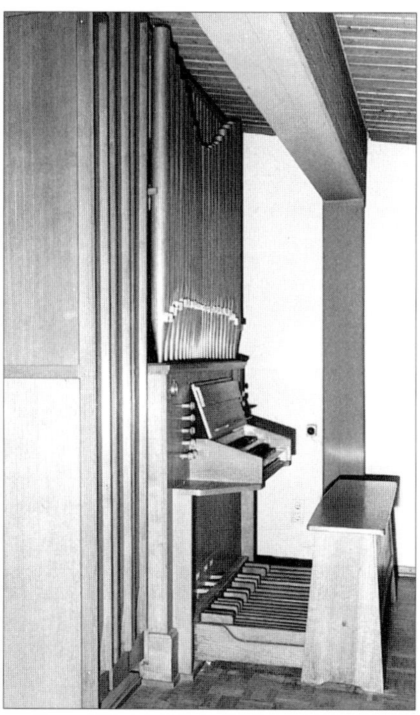

Gemeinde: ev. luth. Kirchengemeinde Süd-Hamm
Bezirk: Mitte
Strafle: Süderstrafle 312
Baujahr der Orgel : 1956
Orgelbauer: Eberhardt-Friedrich Walcker (Ludwigsburg)

Disposition

Manual I		**Manual II**		**Pedal**	
Holzgedackt	8‘	Rohrflöte	8‘	Subbafl	16‘
Prinzipal	4‘	Gemshorn	4‘	Geigend Regal	4‘
Waldflöte	2‘	Quinte	1 1/3‘		
Mixtur III	1‘	Schwiegel	1‘		

Koppeln: I/P, II/P, II/I
Spieltraktur: mechanisch
Registertraktur: mechanisch
Ladensystem: Schleifladen

Gechichte:
1895 Neubau Ernst Röver (Hausneindorf am Harz)
1924 Ausbau der Orgel wegen Turmreparaturen Albert Stallmann (Hamburg)
1925 Wiedereinbau Albert Stallmann (Hamburg) mit Veränderungen (Umsetzung des Spieltisches an die Brüstung, Einbau einer Trompete und neuer Prospektpfeifen)
1943 Zerstörung im 2. Weltkrieg

Literatur: Cortum „Orgelwerke“; Pape Orgeldatenbank

DER GUTE HIRTE

Gemeinde:	Ev. luth. Kirchengemeinde „Der Gute Hirte“ Jenfeld
Bezirk:	Wandsbek
Straße:	Rodigallee 205
Baujahr der Orgel:	1980
Orgelbauer:	Hermann Eule Orgelbau (Bautzen)

Disposition

Hauptwerk		**Schwellwerk**		**Pedal**	
Prinzipal	8‘	Holzgedackt	8‘	Subbaß	16‘
Koppelflöte	8‘	Rohrflöte	4‘	Flötenprinzipal	8‘
Oktave	4‘	Prinzipal	2‘	Holzflöte	4‘
Spitzflöte	4‘	Sifflöte	1 1/3‘	Hintersatz IV (1994 vacant)	
Quintflöte	2 2/3‘	Sept	1 1/7‘	Fagott 16‘ (1994 vacant)	
Gemshorn	2‘	Sesquialtera II			
Mixtur IV-V	2‘	Scharff IV			
Trompete	8‘	Rohrschalmey	8‘		
(1994 vacant)		– Tremulant –			

Koppeln:	HW/P, SW/P, SW/HW
Spieltraktur:	mechanisch
Registertraktur:	mechanisch
Ladensystem:	Schleifladen

DER GUTE HIRTE

Gemeinde:	Ev. luth. Kirchengemeinde „Der Gute Hirte“ Jenfeld
Bezirk:	Wandsbek
Straße:	Rodigallee 205
Baujahr der Orgel:	1962
Orgelbauer:	Emanuel Kemper & Sohn (Lübeck)

Disposition

Manual	
Gedeckt	8‘
Rohrflöte	4‘
Prinzipal	2‘
Mixtur III	

Spieltraktur:	mechanisch
Registertraktur:	mechanisch
Ladensystem:	Schleifladen

Geschichte:

Das Positiv wurde für den Gottesdienst im Gemeindesaal gebaut. Nach Fertigstellung der Kirche im Jahr 1970 diente das Positiv bis zum Bau der Eule-Orgel als Interimsinstrument. Danach wird es als Continuopositiv oder bei Taufhandlungen gebraucht.

DIETRICH-BONHOEFFER-KIRCHE

Gemeinde:	Ev. luth. Dietrich-Bonhoeffer-Gemeinde Dulsberg
Bezirk:	Nord
Straße:	Dulsberg-Süd 16
Baujahr der Orgel:	1973
Orgelbauer:	Hinrich Otto Paschen (Kiel)

Disposition

Manual I		**Manual II**		**Pedal**	
Prinzipal	8'	Holzgedeckt	8'	Subbaß	16'
Rohrflöte	8'	Blockflöte	4'	Prinzipal	8'
Oktave	4'	Prinzipal	2'	Metallflöte	4'
Flachflöte	2'	Sesquialtera II		Rauschpfeife III	
Mixtur IV-V		Scharff III		Fagott	16'
Trompete	8'	Dulcian	8'	– Tremulant –	
– Tremulant –		– Tremulant –			

Koppeln:	I/P, II/P, II/I
Spieltraktur:	mechanisch
Registertraktur:	elektrisch
Spielhilfen:	2-facher Setzer, Tutti, Zungen ab.
Ladensystem:	Schleifladen
Geschichte:	1969 Ankauf eines Positivs aus Bergedorf
Literatur:	Pape Orgeldatenbank

DIETRICH-BONHOEFFER-KIRCHE

Gemeinde:	Ev. luth. Dietrich-Bonhoeffer-Kirchengemeinde Rahlstedt
Bezirk:	Wandsbek
Straße:	Greifenberger Straße 56
Baujahr der Orgel:	1973
Orgelbauer:	Karl Schuke Berliner Orgelbau

Disposition

Hauptwerk		**Schwellwerk**		**Pedal**	
Hohlflöte	8'	Gedackt	8'	Subbaß	16'
Prinzipal	4'	Blockflöte	4'	Oktave	8'
Waldflöte	2'	Prinzipal	2'	Nachthorn	4'
Quinte	1 1/3'	Sesquialtera II		Rauschpfeife III	
Mixtur III-IV		Scharff II-III		Fagott	16'
Trompete	8'	Dulcian	8'		
		– Tremulant –			

Koppeln:	HW/P, SW/P, SW/HW
Spieltraktur:	mechanisch
Registertraktur:	mechanisch
Ladensystem:	Schleifladen
Literatur:	Pape Orgeldatenbank

DREIEINIGKEITSKIRCHE

Gemeinde:	Allermöhe
Bezirk:	Bergedorf
Straße:	Allermöher Deich 99
Baujahr der Orgel:	1972
Orgelbauer:	Alfred Führer (Wilhelmshaven)

Disposition

Hauptwerk		**Oberwerk**		**Pedal**	
Prinzipal	8'	Gedackt	8'	Subbaß	16'
Rohrflöte	8'	Blockflöte	4'	Prinzipal	8'
Oktave	4'	Prinzipal	2'	Oktave	4'
Gedacktflöte	4'	Quinte	1 1/3'	Rauschpfeife III	2'
Oktave	2'	Scharff III	2/3'	Fagott	16'
Mixter IV-V	1 1/3'	Dulcian	8'		
Trompete	8'	– Tremulant –			

Koppeln:	HW/P, OW/P, OW/HW
Spieltraktur:	mechanisch
Registertraktur:	mechanisch
Ladensystem:	Schleifladen

Geschichte:
1637 Neubau Gottfried Fritzsche (Hamburg)
1710 Umbau Christoph Treutmann (Magdeburg)
1745 Renovierung Joh. Dietrich Busch (Itzehoe)
1778 Renovierung Joh. Paul Geycke (Hamburg)
1886 Umbau Christian Heinrich Wolfsteller (Hamburg)
1900 Auslagerung ins Pfarrhaus wegen Kirchenrenovierung. Mit dem Pfarrhaus anschließend verbrannt.
1906 Neubau Paul Rother (Hamburg). Altes Gehäuse erhalten.
1935 Reinigung Karl Schwenger (Hamburg)

Literatur: Cortum „Die Orgelwerke“; Fock „Arp Schnitger“; Fock „Hamburgs Anteil“; Werkkatalog Führer 1972; 50 Jahre Orgelbau Führer

DREIEINIGKEITSKIRCHE

Gemeinde:	Selbständige ev. luth. Kirchengemeinde Borgfelde
Bezirk:	Mitte
Straße:	Burgstraße 10
Baujahr der Orgel:	1960
Orgelbauer:	Friedrich Weißenborn (Braunschweig)

Disposition

Hauptwerk		**Rückpositiv**		**Pedal**	
Rohrflöte	8'	Gedackt	8'	Subbaß	16'
Prinzipal	4'	Rohrflöte	4'	Prinzipal	8'
Spitzflöte	4'	Prinzipal	2'	Oktave	4'
Nachthorn	2'	Terz	1 3/5'	Trompete	8'
Mixtur IV		Quinte	1 1/3'		
Dulzian	8'	Scharff IV			
		Regal	8'		
		– Tremulant –			

Koppeln:	HW/P, RP/P, RP/HW
Spieltraktur:	mechanisch
Registertraktur:	mechanisch
Ladensystem:	Schleifladen

D

DREIEINIGKEITSKIRCHE

Gemeinde:	Ev. luth. Kirchengemeinde St. Georg
Bezirk:	Mitte
Straße:	St. Georgskirchhof 19
Baujahr der Orgel:	1959
Orgelbauer:	Eberhardt-Friedrich Walcker & Cie. (Ludwigsburg)

Disposition

Hauptwerk		**Brustwerk** (Schweller)		**Oberwerk**		**Pedal**	
Quintadena	16‘	Quintatön	8‘	Gemshorn	8‘	Prinzipal	16‘
Prinzipal	8‘	Zartflöte	8‘	Gedackt	8‘	Subbaß	16‘
Rohrflöte	8‘	Blockflöte	4‘	Prinzipal	4‘	Oktave	8‘
Oktave	4‘	Nasat	2 2/3‘	Rohrflöte	4‘	Oktave	4‘
Spitzflöte	4‘	Waldflöte	2‘	Koppelflöte	2‘	Nachthorn	2‘
Quinte	2 2/3‘	Terz	1 3/5‘	Quinte	1 1/3‘	Rauschpfeife III	
Oktave	2‘	Oktave	1‘	Scharff IV-V	1‘	Posaune	16‘
Mixtur VI		Zimbel III		Dulcian	16‘	Trompete	8‘
Trompete	8‘	Krummhorn	8‘	Feldtrompete	8‘		
Trompete	4‘	– Tremulant –		– Tremulant –			

Koppeln:	HW/P, OW/P, OW/HW, BW/HW
Spieltraktur:	elektrisch
Registertraktur:	elektrisch
Spielhilfen:	3 freie Kombinationen
Ladensystem:	Schleifladen

Geschichte:
1450 Orgel vorhanden;
1502 Neubau einer Orgel;
1708 Neubau Arp Schnitger;
1744/47 Neubau Johann Dietrich Busch (Itzehoe)
Verkauf der Schnitger-Orgel nach Lenzen (Elbe);
1888/89 Neubau Ernst Röver (Hausneindorf am Harz);
im alten Gehäuse
1911 Erweiterung Ernst Röver (Hausneindorf am Harz);
1931 Umbau und Erweiterung Eberhardt-Friedrich Walcker u. Cie. (Ludwigsburg);
1943 Zerstörung im Zweiten Weltkrieg;
1970/71 Umbau von mechanischer auf elektrische Spieltraktur Eberhardt-Friedrich Walcker u. Cie. (Ludwigsburg)

Literatur:
Fock „Hamburgs Anteil“; Fock „Arp Schnitger“;
Jaacks „Orgeln“; Kaufmann „Prospekt“; Kirchner „Beiträge“;
Schumann „Schleswig“;
Seggermann „Unbekannte Schnitgerorgel“

DREIEINIGKEITSKIRCHE

Gemeinde:	Ev. luth. Kirchengemeinde St. Georg
Bezirk:	Mitte
Straße:	St. Georgskirchhof 19
Baujahr der Orgel:	1965
Orgelbauer:	Alfred Führer (Wilhelmshaven)

Disposition

Manual I		**Manual II**		**Pedal**	
Quintade	8‘	Gedackt	8‘	Subbaß	16‘
Blockflöte	4‘	Prinzipal	2‘	Koppelflöte	4‘

Koppeln:	I/P, II/P, II/I
Spieltraktur:	mechanisch
Registertraktur:	mechanisch
Ladensystem:	Schleifladen

Geschichte:
Die Orgel wurde für das Altenheim Alsterberg gebaut
1992 Umsetzung in die Dreieinigkeitskirche St. Georg

DREIFALTIGKEITSKIRCHE (HAMMER KIRCHE)

Gemeinde: Ev. luth. Dreifaltigkeitskirchengemeinde Hamm
Bezirk: Mitte
Straße: Horner Weg 15
Baujahr der Orgel: 1987
Orgelbauer: Karl Lötzerich (Ippinghausen b. Kassel)

Disposition

Hauptwerk		**Rückpositiv**		**Brustwerk**		**Pedal**	
Gedackt	16'	Spitzgedackt	8'	Holzgedackt	8'	Subbaß	16'
Prinzipal	8'	Prinzipal	4'	Spitzgedackt	4'	Oktavbaß	8'
Rohrflöte	8'	Rohrflöte	4'	Prinzipal	2'	Gedackt	8'
Oktave	4'	Blockflöte	2'	Quinte	1 1/3'	Oktave	4'
Waldflöte	2'	Sesquialtera II		Regal	8'	Nachthorn	2'
Mixtur IV-V		Scharff IV		– Tremulant –		Posaune	16'
Trompete	8'	Krummhorn	8'			Trompete	8'
– Tremulant –		– Tremulant –					

Koppeln: HW/P, RP/P, BW/P, RP/HW, BW/HW
Spieltraktur: mechanisch
Registertraktur: elektrisch
Spielhilfen: 16-facher Setzer
Ladensystem: Schleifladen

Geschichte:
1694 Neubau Arp Schnitger (Hamburg)
1749 Erweiterung Johann Dietrich Busch (Itzehoe)
1834 Neubau Hinrich Rasch(k)e (Hamburg)
1896 Neubau Ernst Röver (Hausneindorf)
1943 Zerstörung im Zweiten Weltkrieg
1960 Neubau Emanuel Kemper & Sohn (Lübeck)
1975 Reinigung Alfred Führer (Wilhelmshaven)
1987 Der Umbau durch Karl Lötzerich kommt einem Neubau unter Verwendung des alten Materials gleich.

Literatur: Cortum „Orgelwerke"; Fock „Arp Schnitger"; Fock „Orgelkartei"

DREIFALTIGKEITSKIRCHE (HAMMER KIRCHE)

Gemeinde: Ev. luth. Dreifaltigkeitskirchengemeinde Hamm
Bezirk: Mitte
Straße: Horner Weg 15
Baujahr der Orgel: 1957
Orgelbauer: Emanuel Kemper & Sohn (Lübeck)

Disposition

Manual	
Gedackt	8'
Rohrflöte	4'
Prinzipal	2'
Scharff III	

Spieltraktur: mechanisch
Registertraktur: mechanisch
Ladensystem: Schleifladen

D

DREIFALTIGKEITSKIRCHE

Gemeinde:	Ev. luth. Dreifaltigkeitskirchengemeinde Harburg
Bezirk:	Harburg
Straße:	Am Tie 9
Baujahr der Orgel:	1967
Orgelbauer:	Gebr. Hillebrandt (Altwarmbüchen b. Hannover)

Disposition

Hauptwerk		**Brustwerk**		**Pedal**	
Quintadena	16'	Gedackt	8'	Subbaß	16'
Prinzipal	8'	Blockflöte	4'	Prinzipal	8'
Hohlflöte	8'	Octav	2'	Oktav	4'
Octav	4'	Spillflöte	2'	Rauschpfeife II	
Rohrflöte	4'	Quinte	1 1/3'	Mixtur IV	
Nasat	3'	Sesquialtera II		Posaune	16'
Octav	2'	Scharff II-III		Trompete	8'
Mixtur IV-V		Regal	8'	Cornett	2'
Trompete	8'	– Tremulant –			

Koppeln:	HW/P, BW/P, BW/HW
Spieltraktur:	mechanisch
Registertraktur:	mechanisch
Ladensystem:	Schleifladen

Geschichte:

1597 Erste Nachricht über eine Orgel
1611 Neubau Christian Bockelmann (Lüneburg)
1652 Wiederaufbau in der neu erbauten Kirche durch einen unbekannten Orgelbauer aus Pattensen
1656 Vergrößerung durch Justus Kayser (Celle)
1709 Reparatur Johann Hinrich Gloger (Northeim)
1749 Reparatur Johann Hinrich Klapmeyer (Glückstadt)
1750 Umbau Johann Dietrich Busch (Itzehoe)
1770 Renovierung Johann Georg Stein (Lüneburg)
1840 Neubau Gebr. Meyer (Hannover)
1929 Neubau P. Furtwängler & Hammer (Beratung Christhart Mahrenholz, Hannover)
1943 Zerstörung im Zweiten Weltkrieg
1991 Überholung und Einbau eines Schwellers im Brustwerk Heinz Hoffmann (Hamburg)

Literatur:

Pape Orgeldatenbank
Werkprospekt Hammer
Instrumentenbauzeitschrift 1929
Kirchenkreisarchiv Harburg 1929/9/7

EBENEZER-KIRCHE

Gemeinde:	Ev. methodistische Gemeinde Eppendorf
Bezirk:	Eimsbüttel
Straße:	Abendrothsweg 43
Baujahr der Orgel:	1960/61
Orgelbauer:	Alfred Führer (Wilhelmshaven)

Disposition

Hauptwerk		**Rückpositiv**		**Pedal**	
Rohrflöte	8'	Gedeckt	8'	Subbaß	16'
Prinzipal	4'	Rohrflöte	4'	Gedecktbaß	8'
Waldflöte	2'	Prinzipal	2'	Gemshorn	4'
Mixtur IV		Nasat	1 1/3'	Quintatön	2'
Dulzian	8'	Sesquialtera II		Fagott	16'
		Zimbel II			

Koppeln:	HW/P, RP/P, RP/HW
Spieltraktur:	mechanisch
Registertraktur:	mechanisch
Ladensystem:	Schleifladen
Geschichte:	1976 Reinigung Alfred Führer (Wilhelmshaven)
Literatur:	Werkkatalog Führer 1960/61; 50 Jahre Orgelbau Führer; Pape Orgeldatenbank

EDITH-STEIN-KIRCHE

Gemeinde:	Kath. Kirchengemeinde Neu-Allermöhe
Bezirk:	Bergedorf
Straße:	Edith-Stein-Platz 1
Baujahr der Orgel:	1998 geplant
Orgelbauer:	Orgelbauwerkstatt Michael Becker (Sattenfelde)

Disposition

Hauptwerk		**Hinterwerk**		**Pedal**	
Prinzipal	8'	Gedackt	8'	Subbaß	16'
Rohrflöte	8'	Rohrflöte	4'	Gemshorn	8'
Oktave	4'	Oktave	2'	Fagott	16'
Spitzflöte	4'	Quinte	1 1/3'		
Oktave	2'	Sesquialtera II			
Mixtur IV	1 1/3'	Vox humana	8'		
Trompete	8'				

Koppeln:	HW/P, HiW/P, HiW/HW
Spieltraktur:	mechanisch
Registertraktur:	mechanisch
Ladensystem:	Schleifladen

EIRENE-KIRCHE

Gemeinde:	Ev. luth. Eirenekirchengemeinde Langenhorn
Bezirk:	Nord
Straße:	Willersweg 31
Baujahr der Orgel:	1968
Orgelbauer:	Alfred Führer (Wilhelmshaven)

Disposition

Manual		**Pedal**
Gedeckt	8'	angehängt
Prinzipal	4'	
Gemshorn	2'	
Mixtur III		

Spieltraktur:	mechanisch
Registertraktur:	mechanisch
Ladensystem:	Schleiflade
Geschichte:	1972 wurde das Positiv von Friedrichsgabe in die Eirenekirche Langenhorn umgesetzt
Literatur:	Werkkatalog Führer 1972; 50 Jahre Orgelbau Führer

ELISABETH-KIRCHE

Gemeinde:	Ev. luth. Kirchengemeinde Eidelstedt
Bezirk:	Eimsbüttel
Straße:	Eidelstedter Dorfstraße 9
Baujahr der Orgel:	1964
Orgelbauer:	Alfred Führer (Wilhelmshaven)

Disposition

Hauptwerk		**Rückpositiv**		**Pedal**	
Quintadena	16‘	Gedackt	8‘	Subbaß	16‘
Prinzipal	8‘	Prinzipal	4‘	Prinzipal	8‘
Rohrflöte	8‘	Nachthorn	4‘	Gedackt	8‘
Oktave	4‘	Oktave	2‘	Prinzipal	4‘
Quinte	2 2/3‘	Sifflet	1‘	Nachthorn	2‘
Flachflöte	2‘	Sesquialtera II		Mixtur IV-VI	2 2/3‘
Mixtur V-VII	1/3‘	Scharf IV-VI	1/2‘	Posaune	16‘
Trompete	8‘	Krummhorn	8‘		
		– Tremulant –			

Koppeln:	HW/P, RP/P, RP/HW
Spieltraktur:	mechanisch
Registertraktur:	mechanisch
Ladensystem:	Schleifladen

Geschichte:
1911 Neubau Faber & Greve (Salzhemmendorf)
1935 Neubau Emil Hammer (Hannover)
1964 Verkauf der Hammer-Orgel an die katholische St. Franz-Josef-Kirche in Hamburg-Harburg (siehe dort). Aufbau dort durch Emanuel Kemper & Sohn (Lübeck)

Literatur: Werkkatalog Führer 1964/ 50 Jahre Orgelbau Führer

ST. ELISABETH-KIRCHE

Gemeinde:	Kath. Kirchengemeinde Harvestehude
Bezirk:	Eimsbüttel
Straße:	Oberstraße 65
Baujahr der Orgel:	1950/51
Orgelbauer:	Rudolf von Beckerath (Hamburg)

Disposition

Hauptwerk		**Brustwerk**(Schweller)		**Pedal**	
Prinzipal	8‘	Gedackt	8‘	Untersatz	16‘
Gemshorn	8‘	Rohrflöte	4‘	Gedacktbaß	8‘
Oktave	4‘	Prinzipal	2‘	Choralbaß	4‘
Spitzflöte	4‘	Tertian II		Rauschpfeife IV	2 2/3‘
Waldflöte	2‘	Scharff III	1/2‘	Stille Posaune	16‘
Mixtur IV-VI	1‘	Krummhorn	8‘		
Trompete	8‘	– Tremulant –			

Koppeln:	HW/P, BW/P, BW/HW
Spieltraktur:	mechanisch
Registertraktur:	elektrisch
Spielhilfen:	4 Setzer, Tutti
Ladensystem:	Schleifladen

Geschichte:
1976 Umbau durch Rudolf von Beckerath auf elektrische Registertraktur

Literatur: v. d. Berg „Neue katholische Orgeln“
Werkverzeichnis v. Beckerath (Scharenberg)

EMMAUSKIRCHE

Gemeinde:	Ev. luth. Kirchengemeinde Hinschenfelde
Bezirk:	Wandsbek
Straße:	Walddörferstraße 369
Baujahr der Orgel:	1965
Orgelbauer:	Emanuel Kemper & Sohn (Lübeck)

Disposition

Hauptwerk		**Brustwerk** (Schweller)		**Pedal**	
Rohrflöte	8'	Holzgedackt	8'	Subbaß	16'
Prinzipal	4'	Rohrflöte	4'	Oktavbaß	8'
Metallgedackt	4'	Prinzipal	2'	Flöte	4'
Waldflöte	2'	Quinte	1 1/3'	Rauschpfeife III	
Mixtur III	1 1/3'	Terz	4/5'		
		Scharff III	1'		
		Doppelregal	8'		

Koppeln:	HW/P, BW/P, BW/HW
Spieltraktur:	mechanisch
Registertraktur:	mechanisch
Ladensystem:	Schleifladen
Geschichte:	1979 Umbau Alfred Führer (Wilhelmshaven), dabei Einbau einer neuen Traktur
Literatur:	50 Jahre Orgelbau Führer

EMMAUSKIRCHE

Gemeinde:	Ev. luth. Emmauskirchengemeinde Lurup
Bezirk:	Altona
Straße:	Kleiberweg 115
Baujahr der Orgel:	1965
Orgelbauer:	Eberhardt-Friedrich Walcker & Cie. (Ludwigsburg)

Disposition

Manual I		**Manual II**		**Pedal**	
Gedeckt	8'	Gemshorn	8'	Subbaß	16'
Prinzipal	4'	Rohrflöte	4'		
Mixtur II-III		Prinzipal	2'		
		Quinte	1 1/3'		

Koppeln:	I/P, II/P, II/I
Spieltraktur:	mechanisch
Registertraktur:	mechanisch
Ladensystem:	Schleifladen

EMMAUSKIRCHE

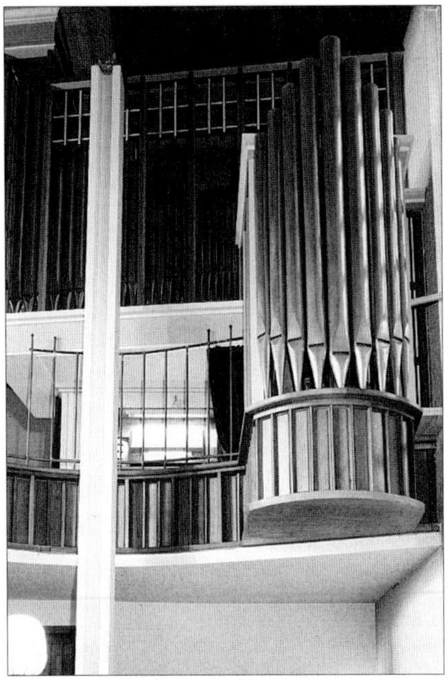

Gemeinde: Ev. luth. Emmauskirchengemeinde Wilhelmsburg
Bezirk: Harburg
Straße: Mannesallee 21a
Baujahr der Orgel: 1957/58
Orgelbauer: Emanuel Kemper & Sohn (Lübeck)

Disposition

Hauptwerk		**Oberwerk**		**Pedal**	
Quintatön	16‘	Gedackt	8‘	Subbaß	16‘
Prinzipal	8‘	Prinzipal	4‘	Oktavbaß	8‘
Spillflöte	8‘	Rohrflöte	4‘	Gedacktbaß	8‘
Oktave	4‘	Waldflöte	2‘	Oktavbaß	4‘
Gemshorn	4‘	Sesquialtera II		Nachthorn	2‘
Hohlquinte	2 2/3‘	Scharff IV-VI		Mixtur V	
Oktave	2‘	Krummhorn	8‘	Posaune	16‘
Mixtur IV-VI		– Tremulant –		Trompete	4‘
Trompete	8‘				

Koppeln: HW/P, OW/P, OW/HW
Spieltraktur: mechanisch
Registertraktur: elektrisch
Spielhilfen 128-facher Setzer
Ladensystem: Schleifladen

Geschichte:
1896 Neubau P. Furtwängler & Hammer (Hannover)
1943 Zerstörung im Zweiten Weltkrieg
1982 Reparatur Claus Sebastian (Geesthacht)
1995 Einbau eines 128-fachen Setzers Hinrich Otto Paschen (Kiel)

Literatur: Festschrift

EMMAUSKIRCHE

Gemeinde: Ev. luth. Emmauskirchengemeinde Wilhelmsburg
Bezirk: Harburg
Straße: Mannesallee 21 a
Baujahr der Orgel: 1965
Orgelbauer: Eberhardt Tolle (Preetz)

Disposition

Manual	
Gedeckt	8‘
Rohrflöte	4‘
Prinzipal	2‘

Spieltraktur: mechanisch
Registertraktur: mechanisch
Ladensystem: Schleifladen

Geschichte:
1990 Ankauf der Orgel von der Kirchengemeinde Oldenburg in Holstein, Umsetzung Claus Sebastian (Geesthacht)

ENGLISH CHURCH OF ST. THOMAS à BECKETT

Gemeinde:	Anglikanische Gemeinde Hamburg
Bezirk:	Mitte
Straße:	Zeughausmarkt
Baujahr der Orgel:	1904
Orgelbauer:	Ernst Röver (Hausneindorf am Harz)

Disposition

Hauptwerk		**Schwellwerk**		**Pedal**	
Bordun	16'	Geigenprinzipal	8'	Subbaß	16'
Prinzipal	8'	Flöte	8'	Violon	16'
Dolce	8'	Gedackt	8'	Bordun	8'
Gedackt	8'	Rohrflöte	4'	Choralbaß	4'
Flöte	4'	Praestant	4'	Posaune	16'
Oktave	4'	Spitzflöte	2'		
Quinte	2 2/3'	Scharff III			
Oktave	2'	Dulzian	8'		
Cornett III		- Tremulant -			
Trompete	8'				

Koppeln:	HW/P, SW/P, SW/HW, Superoktavkoppel SW/HW,
Spieltraktur:	elektrisch
Registertraktur:	elektrisch
Spielhilfen:	3 freie Kombinationen, Tutti, Zungenabsteller, Crescendowalze
Ladensystem:	Kastenladen

Geschichte:

1830 Umbau und Aufstellung einer Orgel durch Johann Wilhelm Geycke (Hamburg);
1836/38 wurde eine Orgel aus dem 18. Jahrhundert aus dem „Englischen Haus" übernommen;
1862 Neubau einer Orgel durch Christian Heinrich Wolfsteller (Hamburg); Nach Michael Behrens (Regionale Orgeldatenbank Sachsen-Anhalt) soll die Röverorgel bereits
1886 gebaut sein);
1946/47 Umbau Paul Rother (Hamburg)
1997 Renovierung und Umbau Heinz Hoffmann (Hamburg); die pneumatische Traktur wird elektrisch. Dulzian 8 und Tremulant kommen hinzu. Pedalerweiterung bis f [1]. Höherstimmung.

Literatur:

Behrens „Regionale Orgeldatenbank Sachsen-Anhalt"
Fock-Kartei
Werkverzeichnis Geycke
Werkverzeichnis Wolfsteller
Werkverzeichnis Rother
Hamburger Geschichts- und Heimatblätter VIII/1935
Jochim Trede „Kurze Orgelgeschichte" (Manuskript)

EPIPHANIENKIRCHE

Gemeinde:	Ev. luth. Epiphanienkirchengemeinde Winterhude
Bezirk:	Nord
Straße:	Wiesendamm 123
Baujahr der Orgel:	1967
Orgelbauer:	Franz Grollmann (Hamburg)

Disposition

Hauptwerk		**Brustwerk** (Schweller)		**Pedal**	
Quintadena	16‘	Gedackt	8‘	Subbaß	16‘
Prinzipal	8‘	Blockflöte	4‘	Prinzipal	8‘
Rohrflöte	8‘	Prinzipal	2‘	Oktave	4‘
Oktave	4‘	Quinte	1 1/3‘	Nachthorn	2‘
Gemshorn	4‘	Sesquialtera II		Mixtur IV-V	
Nasat	2 2/3‘	Scharff III		Posaune	16‘
Oktave	2‘	Regal	16‘	Trompete	4‘
Waldflöte	2‘	Dulzian	8‘		
Mixtur IV-VI		– Tremulant –			
Trompete	8‘				
– Tremulant –					

Koppeln:	HW/P, BW/P, BW/HW
Spieltraktur:	mechanisch
Registertraktur:	mechanisch
Ladensystem:	Schleifladen

Geschichte:
1951 Neubau Emanuel Kemper & Sohn (Lübeck) für die Epiphanienkapelle. Beim Bau der Epiphanienkirche
1962 Umsetzung der Kemper-Orgel.
1967 Umsetzung der Kemper-Orgel in die Nathanaelkirche Hamburg-Horn

Literatur: Pape „Orgeldatenbank“

ST. ERICH-KIRCHE

Gemeinde:	Katholische Kirchengemeinde Rothenburgsort
Bezirk:	Mitte
Straße:	Marckmannstraße 40
Baujahr der Orgel:	1969
Orgelbauer:	Rudolf von Beckerath (Hamburg)

Disposition

Hauptwerk		**Brustwerk** (Schweller)		**Pedal**	
Prinzipal	8‘	Holzgedackt	8‘	Subbaß	16‘
Gemshorn	8‘	Rohrflöte	4‘	Prinzipal	8‘
Oktave	4‘	Prinzipal	2‘	Gedackt	8‘
Spitzflöte	4‘	Terz	1 3/5‘	Metallflöte	4‘
Nasat	2 2/3‘	Quinte	1 1/3‘	Rauschpfeife II	
Waldflöte	2‘	Cymbel III		Fagott	16‘
Mixtur IV-VI		Krummhorn	8‘		
Trompete	8‘	– Tremulant –			

Koppeln:	HW/P, BW/P, BW/HW
Spieltraktur:	mechanisch
Registertraktur:	mechanisch
Ladensystem:	Schleifladen

Literatur:
Llovera „Die Orgel“
Werkverzeichnis von Beckerath (Scharenberg)

ERLÖSERKIRCHE

Gemeinde: Ev. luth. Kirchengemeinde Borgfelde
Bezirk: Mitte
Straße: Jungestraße 7
Baujahr der Orgel: 1954
Orgelbauer: Rudolf von Beckerath (Hamburg)

Disposition

Hauptwerk		**Brustwerk**		**Pedal**	
Prinzipal	8'	Gedackt	8'	Unterbaß	16'
Rohrgedackt	8'	Rohrflöte	4'	Oktavbaß	8'
Oktave	4'	Prinzipal	2'	Choralbaß	4'
Nasat	2 2/3'	Spitzflöte	2'	Nachthorn	2'
Flachflöte	2'	Quinte	1 1/3'	Mixtur V	
Mixtur IV-VI		Sesquialtera II		Fagott	16'
Trompete	8'	Scharff III		Trompete	8'
		Regal	8'	Kornett	2'
		– Tremulant –			

Koppeln: HW/P, BW/HW
Spieltraktur: mechanisch
Registertraktur: mechanisch
Ladensystem: Schleifladen

Geschichte:
1903 Neubau Eberhardt-Friedrich Walcker & Cie (Ludwigsburg) Geschenk des Hauptpastors Buck von St. Nikolai
1943 Zerstörung im Zweiten Weltkrieg
1982 Umbau Rudolf von Beckerath (Hamburg); dabei wird u. a. eine Koppel HW/P eingebaut und die Quintade 16' im HW durch Rohrgedackt 8' ersetzt.

Literatur:
Cortum „Orgeln"
Werkverzeichnis von Beckerath (Scharenberg)

ERLÖSERKIRCHE GEMEINDEHAUS

Gemeinde: Ev. luth. Kirchengemeinde Borgfelde
Bezirk: Mitte
Straße: Jungestraße 7
Baujahr der Orgel: 1983
Orgelbauer: Helmut Schröder (Pinneberg)

Disposition

Manual	
Quintade	8'
Flöte	4'

Spieltraktur: mechanisch
Registertraktur: mechanisch
Ladensystem: Schleifladen

Geschichte: Der Kirchenmusiker, Orgelsachverständige und Orgelbauer Helmut Schröder verwendete beim Bau des Positivs die aus der Beckerath-Orgel ausgebaute Quintade 16' als Achtfußregister und baute eine konische Holzflöte 4' hinzu.

ERLÖSERKIRCHE

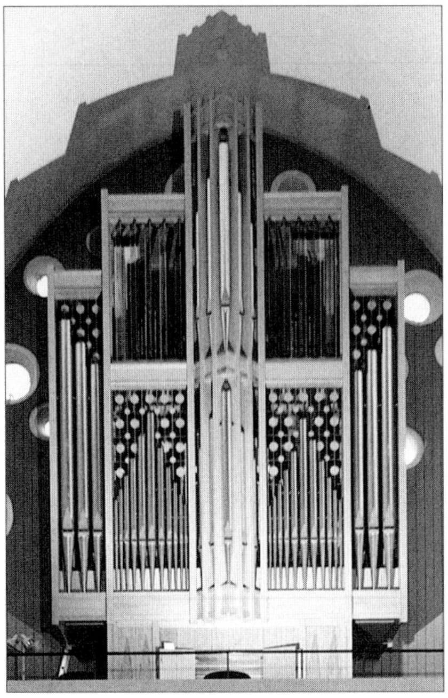

Gemeinde:	Ev. luth. Kirchengemeinde Farmsen
Bezirk:	Wandsbek
Straße:	Bramfelder Weg 25 b
Baujahr der Orgel:	1995
Orgelbauer:	Rudolf von Beckerath (Hamburg)

Disposition

Hauptwerk		**Schwellwerk**		**Pedal**	
Prinzipal	8'	Gedackt	8'	Subbaß	16'
Rohrflöte	8'	Koppelflöte	4'	Offenflöte	8'
Oktave	4'	Prinzipal	2'	Choralbaß	4'
Flöte	2'	Quinte	1 1/3'	Fagott	16'
Sesquialtera II		Zimbel II	1/2'	Trompete	8'
Mixtur IV	1'	Cromorne	8'		
Trompete	8'	– Tremulant –			

Koppeln:	HW/P, SW/P, SW/HW, Subkoppel SW/HW (Gedeckt 8' bis C_1 ausgebaut), Superkoppel SW/P
Spieltraktur:	mechanisch
Registertraktur:	elektrisch
Spielhilfen:	64-facher elektronischer Setzer
Ladensystem:	Schleifladen
Geschichte:	1966 Neubau Friedrich Euler (Hofgeismar) (Berater: Dr. Theodor Kühn und Herbert Schulze) 1995 Verkauf der Orgel (wahrscheinlich nach Berlin)
Literatur:	Werkverzeichnis von Beckerath (Scharenberg)

ERLÖSERKIRCHE

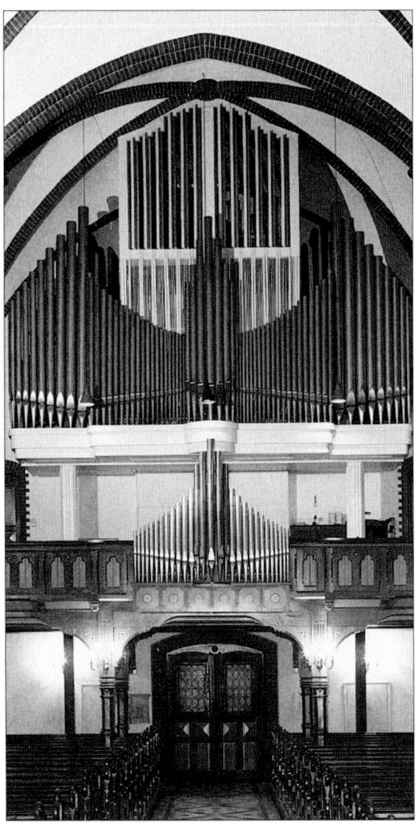

Gemeinde:	Ev. luth. Erlöserkirchengemeinde Lohbrügge
Bezirk:	Bergedorf
Straße:	Lohbrügger Kirchstraße 9
Baujahr der Orgel:	1959
Orgelbauer:	Emanuel Kemper & Sohn (Lübeck)

Disposition

Hauptwerk		**Rückpositiv**		**Oberwerk** (Schweller)		**Pedal**	
Holzgedackt	16'	Sing. Gedackt	8'	Holzprinzipal	8'	Prinzipalbaß	16'
Prinzipal	8'	Quintade	8'	Gambe	8'	Subbaß	16'
Hohlflöte	8'	Engprinzipal	4'	Lochflöte	4'	Oktavbaß	8'
Gemshorn	8'	Rohrflöte	4'	Strichflöte	4'	Flötbaß	8'
Oktave	4'	Blockflöte	2'	Waldflöte	2'	Choralbaß	4'
Gedackt	4'	Oktävlein	1/2'	Quinte	1 1/3'	Rauschpf.V	2 2/3'
Quinte	2 2/3'	Glockenton III	1'	Sesquialtera III		Posaune	16'
Oktave	2'	Doppelregal	8'	Scharff III		Schalmei	4'
Mixtur VI	1 1/3'	– Tremulant –		Oboe	8'		
Dulzian	16'			– Tremulant –			

Koppeln:	HW/P, RP/P, OW/P, OW/HW, RP/HW, OW/RP
Spieltraktur:	elektrisch
Registertraktur:	elektrisch
Spielhilfen:	3 freie Kombinationen, 2 freie Pedalkombinationen, Crescendowalze, Walze ab, Koppeln aus Crescendowalze, Pedal an, Handregister an, Tutti, Zungen ab, Zungeneinzelabsteller
Ladensystem:	Schleifladen
Geschichte:	1898/99 Neubau Ernst Röver (Hausneindorf am Harz) op. 57 (?)
Literatur:	Werkverzeichnis Röver

EV. FREIKIRCHE

Gemeinde: Ev. freikirchliche Gemeinde Wandsbek
Bezirk: Wandsbek
Straße: Auf dem Königslande 36
Baujahr der Orgel: 1963
Orgelbauer: Tromsdorf (Wedel)

Disposition

Manual

Rohrpfeife	8'
Quintade	8'
Prinzipal	4'
Oktave	2'
Zimbel I	

Spieltraktur: mechanisch
Registertraktur: mechanisch
Ladensystem: Schleiflade

EVANGELISCHES ZENTRUM RISSEN

Bezirk: Altona
Straße: Iserbarg 1
Baujahr der Orgel: 1964
Orgelbauer: Alfred Führer (Wilhelmshaven)

Disposition

Manual		**Pedal**
Gedackt	8'	angehängt
Rohrflöte	4'	
Praestant	2'	
Zimbel II (Baß/Diskantteilung)		

Spieltraktur: mechanisch
Registertraktur: mechanisch
Ladensystem: Schleifladen

Literatur: Führer Werkverzeichnis 1964/ 50 Jahre Orgelbau Führer

FINNISCHE SEEMANNSKIRCHE

Gemeinde: Finnische Seemannsgemeinde Hamburg
Bezirk: Mitte
Straße: Ditmar-Koel-Straße 16
Baujahr der Orgel: 1967
Orgelbauer: Franz Grollmann (Hamburg)

Disposition

Manual		**Pedal**	
Gedackt	8'	Subbaß	16'
Prinzipal	4'		
Rohrflöte	4'		
Gemshorn	2'		
Mixtur III-IV			

Koppeln: M/P
Spieltraktur: mechanisch
Registertraktur: mechanisch
Ladensystem: Schleifladen

F

FLUSSCHIFFERKIRCHE

Gemeinde:	Ev. luth. Flußschiffergemeinde
Bezirk:	Mitte
Straße:	Ausschläger Elbdeich
Baujahr der Orgel:	1962
Orgelbauer:	Alfred Führer (Wilhelmshaven)

Disposition

Manual		**Pedal**
Gedeckt	8‘	angehängt
Rohrflöte	4‘	
Prinzipal	2‘	
Zimbel II		

Spieltraktur:	mechanisch
Registertraktur:	mechanisch
Ladensystem:	Schleifladen
Literatur:	Werkkatalog Führer 1962; 50 Jahre Orgelbau Führer

ST. FRANZISKUS-KIRCHE

Gemeinde:	Kath. St. Franziskusgemeinde Barmbek
Bezirk:	Nord
Straße:	Lämmersieth 38
Baujahr der Orgel:	1957
Orgelbauer:	Rudolf von Beckerath (Hamburg)

Disposition

Hauptwerk		**Brustwerk**		**Pedal**	
Prinzipal	8‘	Holzgedeckt	8‘	Subbaß	16‘
Gemshorn	8‘	Rohrflöte	4‘	Gedecktbaß	8‘
Schwebung	8‘	Prinzipal	2‘	Choralbaß	4‘
Oktave	4‘	Terzian II		Rauschpfeife II	
Spitzflöte	4‘	Scharff III		Fagott	16‘
Nasat	2 2/3‘	Krummhorn	8‘		
Waldflöte	2‘	– Tremulant –			
Mixtur IV-VI					
Trompete	8‘				

Koppeln:	HW/P, BW/P, BW/HW
Spieltraktur:	mechanisch
Registertraktur:	mechanisch
Ladensystem:	Schleifladen
Geschichte:	1935 Neubau Paul Rother (Hamburg) 1943 Zerstörung im Zweiten Weltkrieg 1979 Generalreinigung durch Rudolf von Beckerath, dabei Umstimmung eines Salicional 8‘ in die „Schwebung 8‘
Literatur:	v. d. Berg „Neue katholische Orgeln“ Werkverzeichnis v. Beckerath (Scharenberg)

ST. FRANZ-JOSEF-KIRCHE

Gemeinde: Kath. St.-Franz-Josef-Gemeinde Harburg
Bezirk: Harburg
Straße: Reeseberg 10
Baujahr der Orgel: 1935/1964
Orgelbauer: Emil Hammer (Hannover)
Emanuel Kemper & Sohn (Lübeck)

Disposition

Hauptwerk		**Schwellwerk**		**Pedal**	
Liebl. Gedeckt	16'	Vacat		Subbaß	16'
Prinzipal	8'	Gedackt	8'	Oktavbaß	8'
Rohrflöte	8'	Quintade	4'	Vacat	
Prinzipal	4'	Prinzipal	2'	Blockflöte	2'
Koppelflöte	4'	Vacat		Vacat	
Quinte	2 2/3'	Sifflöte	1'	Rauschpfeife IV	
Nachthorn	2'	Sesquialtera II		Posaune	16'
Mixtur V		Quintzimbel IV		Vacat	
Trompete	8'	Trechterregal	8'		

Koppeln: HW/P, SW/P, SW/HW
Spieltraktur: elektropneumatisch
Registertraktur: elektropneumatisch
Spielhilfen: 2 freie Kombinationen, Tutti, Zungen ab
Ladensystem: Taschenladen

Geschichte: 1914 Einbau einer Orgel aus der kath. Marienkirche Harburg, 1868 erbaut von OB Schaper (Hildesheim) (siehe dort)
1964 Einbau der Orgel aus der ev. luth. Elisabethkirche Hamburg-Eidelstedt, erbaut 1935 durch Emil Hammer (Hannover).
Umsetzung: Emanuel Kemper & Sohn (Lübeck)

Literatur: Pape „Orgeldatenbank"

FRANZ-VON-ASSISI-KIRCHE

Gemeinde: Ev. luth. Kirchengemeinde Neu-Allermöhe
Bezirk: Bergedorf
Straße: Ebner-Eschenbach-Weg 41
Baujahr der Orgel: 1963
Orgelbauer: Alfred Führer (Wilhelmshaven)

Disposition

Manual		**Pedal**
Gedeckt	8'	angehängt
Rohrflöte	4'	
Praestant	2'	
Scharff II (Schleifenteilung in Baß/Diskant)		

Spieltraktur: mechanisch
Registertraktur: mechanisch
Ladensystem: Schleifladen

Geschichte: Die Orgel wurde
1963 für das Universitätskrankenhaus Hamb.-Eppendorf gebaut.
1974 wurde sie in die St. Martinuskirche Eppendorf umgesetzt.
1988 wurde sie in die Franz-von-Assisi-Kirche umgesetzt.

Literatur: 50 Jahre Orgelbau Führer

F

FREIE EV. GEMEINDE

Gemeinde:	Freie evangelische Gemeinde Holstenwall
Bezirk:	Mitte
Straße:	Michaelispassage 1
Baujahr der Orgel:	1924
Orgelbauer:	Paul Rother (Hamburg)

Disposition

Manual I		**Manual II** (Schweller)		**Pedal**	
Bordun	16'	Gedeckt	16'	Violon	16'
Prinzipal	8'	Geigenprinzipal	8'	Subbaß	16'
Hohlflöte	8'	Flauto amabile	8'	Oktavbaß	8'
Gedeckt	8'	Bordun	8'	Gedecktbaß	8'
Gamba	8'	Quintatön	8'	Choralbaß	4'
Salicional	8'	Spitzflöte	8'	Posaune	16'
Dolce	8'	Aeoline	8'		
Oktave	4'	Vox coelestis	8'		
Gemshorn	4'	Prinzipal	4'		
Quinte	2 2/3'	Flauto traverso	4'		
Oktave	2'	Waldflöte	2'		
Mixtur IV	2 2/3'	Sesquialtera II			
Trompete	8'	Clarinette	8'		

Koppeln:	I/P, II/P, II/I, Super II (durchgeb.), Super II/I (durchgeb.) Sub II/I
Spieltraktur:	elektropneumatisch
Registertraktur:	elektrisch
Spielhilfen:	Crescendowalze, Walze ab, 2 freie Kombinationen, Zungeneinzelabsteller, Tutti, Handregister, O-Knopf
Ladensystem:	Kegelladen

Geschichte:

1974 Einbau einer Interimsorgel Alfred Führer (Wilhelmshaven).

1986/87 Umsetzung der Rotherorgel aus der alten Kirche am Holstenwall in die neu erbaute Kirche in der Michaelispassage durch Heinz Hoffmann (Hamburg). Hierbei erfolgte der Umbau von pneumatischer auf elektrische bzw. elektropneumatische Traktur, sowie der Bau eines fahrbaren elektrischen Spieltisches und neuen Gehäuses.

1988 Die Führer-Interimsorgel wurde nach Japan verschenkt.

Literatur: Werkverzeichnis Rother; Werkkatalog Führer 1974; 50 Jahre Orgelbau Führer

FRIEDENSKIRCHE

Gemeinde: ev. luth. Friedenskirchengemeinde Altona
Bezirk: Altona
Straße: Am Brunnenhof 36
Baujahr der Orgel: 1955/56
Orgelbauer: Eberhardt-Friedrich Walcker & Cie (Ludwigsburg)

Disposition

Hauptwerk		**Oberwerk**		**Pedal**	
Gedacktpomm.	16'	Spielflöte	8'	Prinzipal	16'
Prinzipal	8'	Gedeckt	8'	Subbaß	16'
Rohrflöte	8'	Prinzipal	4'	Oktav	8'
Oktav	4'	Rohrflöte	4'	Gedeckt	8'
Blockflöte	4'	Nasard	2 2/3'	Oktav	4'
Waldflöte	2'	Oktav	2'	Bauernflöte	2'
Mixtur V-VI	1 1/3'	Sifflöte	1 1/3'	Rauschpfeife IV	
Trompete	8'	Sesquialtera II		Posaune	16'
		Scharff IV-VI		Schalmey	4'
		Rankett	16'		
		Krummhorn	8'		
		– Tremulant –			

Koppeln: I/P, II/P, II/I
Spieltraktur: mechanisch
Registertraktur: mechanisch
Ladensystem: Schleifladen

Geschichte:
1887 Neubau Ernst Röver (Hausneindorf am Harz)
1912 Umbau Paul Rother (Hamburg)
1943 Zerstörung im Zweiten Weltkrieg

Literatur:
Walcker-Mitteilungen 16/1956 S. 59
Werkverzeichnis Rother

FRIEDENSKIRCHE

Gemeinde: Ev. luth. Kirchengemeinde Berne
Bezirk: Wandsbek
Straße: Berner Allee 68
Baujahr der Orgel: 1965
Orgelbauer: Friedrich Weigle (Echterdingen) op. 1157

Disposition

Hauptwerk		**Brustwerk** (Schweller)		**Pedal**	
Prinzipal	8'	Gedackt	8'	Subbaß	16'
Spitzgedeckt	8'	Rohrflöte	4'	Oktavbaß	8'
Oktave	4'	Prinzipal	2'	Gemshorn	8'
Nasat	2 2/3'	Oktävlein	1'	Nachthorn	4'
Gemshorn	2'	Terz	1 3/5'	Choralbaß	4' + 2'
Mixtur VI	2'	Scharfzimbel IV	1'	Hintersatz IV	2 2/3'
Musette	16'	Oboe	8'	Fagott	16'
		– Tremulant –		Schalmei	4'
				– Tremulant Kleinpedal –	

Koppeln: HW/P, BW/P, BW/HW
Spieltraktur: mechanisch
Registertraktur: mechanisch
Ladensystem: Schleifladen

Geschichte:
1926 Neubau Karl Kemper (Lübeck) in der Kapelle Berne, der Vorgängerin der heutigen Kirche (Berater Hans-Henny Jahnn)
1939 Kauf eines Positivs für die neu erbaute Kirche
1953 Neubau Emanuel Kemper & Sohn (Lübeck)
1964 Verkauf der Kemper-Orgel an die kathol. Kirche, Uelzen.

Literatur:
Fock-Kartei (Staatsbibliothek Hamburg);
Carl Elis „Orgeldispositionen"; Pape Orgeldatenbank

F

FRIEDENSKIRCHE

Gemeinde:	Ev. luth. Kirchengemeinde Eilbek
Bezirk:	Wandsbek
Straße:	Papenstraße 7
Baujahr der Orgel:	1960
Orgelbauer:	Alfred Führer (Wilhelmshaven)

Disposition

Hauptwerk		**Rückpositiv**		**Brustwerk**(Schweller)		**Pedal**	
Quintadena	16'	Gedackt	8'	Holzgedackt	8'	Subbaß	16'
Prinzipal	8'	Quintadena	8'	Rohrflöte	4'	Oktav	8'
Gemshorn	8'	Prinzipal	4'	Nasat	2 2/3'	Gedackt	8'
Oktav	4'	Blockflöte	4'	Prinzipal	2'	Oktav	4'
Nachthorn	4'	Oktav	2'	Oktav	1'	Nachthorn	2'
Oktav	2'	Quinte	1 1/3'	Zimbel III	2/3'	Mixtur V-VI	
Waldflöte	2'	Sesquialtera II		Regal	8'	Posaune	16'
Mixtur V-VI	1 1/3'	Scharff IV-V	1'	– Tremulant –		Trompete	8'
Trompete	8'	Dulcian	16'			Cornett	4'
		Krummhorn	8'				
		– Tremulant –					

Koppeln:	HW/P, RP/P, BW/P, RP/HW, BW/HW
Spieltraktur:	mechanisch
Registertraktur:	mechanisch
Ladensystem:	Schleifladen

Geschichte:
1885 Neubau Friedrich Ladegast (Weißenfels)
1892 Umbau Ernst Röver (Hausneindorf am Harz)
1943 Zerstörung im Zweiten Weltkrieg
1956 Lieferung eines Positivs Alfred Führer (Wilhelmshaven)
1960 Umsetzung nach Langenfelde A. Führer (Wilhelmshaven)
1978 Einbau eines Radialpedals Alfred Führer (Wilhelmshaven)

Literatur: Cortum „Orgeln"; Werkkatalog Führer 1960; 50 Jahre Orgelbau Führer

FRIEDENSKIRCHE

Gemeinde:	Ev. luth. Friedenskirchengemeinde Jenfeld
Bezirk:	Wandsbek
Straße:	Görlitzer Straße 12
Baujahr der Orgel:	1960
Orgelbauer:	Emanuel Kemper & Sohn (Lübeck)

Disposition

Hauptwerk		**Schwellwerk**		**Pedal**	
Prinzipal	8'	Sing. Gedackt	8'	Subbaß	16'
Gemshorn	8'	Quintade	8'	Gedacktbaß	8'
Oktave	4'	Rohrflöte	4'	Oktavbaß	8'
Gedackt	4'	Prinzipal	2'	Choralbaß	4'
Waldflöte	2'	Sesquialtera II		Rauschpfeife IV	
Mixtur VI		Scharff III		Fagott	16'
Trompete	8'	Krummhorn	8'		
		– Tremulant –			

Koppeln:	HW/P, SW/P, SW/HW
Spieltraktur:	mechanisch
Registertraktur:	mechanisch
Ladensystem:	Schleifladen

FRIEDHOFSKAPELLE BERGSTEDT

Gemeinde: Kirchengemeinde Bergstedt
Bezirk: Wandsbek
Straße: Volksdorfer Damm 261
Baujahr der Orgel: 1993
Orgelbauer: Gerhard Böhm (Gotha)

Disposition

Manual		**Pedal**	
Holzgedackt	8'	Subbaß	16'
Principal	4'		
Rohrflöte	4'		
Waldflöte	2'		
Quinte	1 1/3'		
Sifflöte	1'		

(Der Subbaß ist ab klein c eine Transmission aus dem Holzgedackt 8')

Koppeln: Manual/Pedal
Spieltraktur: mechanisch
Registertraktur: mechanisch
Ladensystem: Schleifladen

Geschichte: 1958 Neubau Emanuel Kemper & Sohn (Lübeck)

FRIEDHOFSKAPELLE BILLSTEDT

Bezirk: Mitte
Straße: Schiffbeker Weg 144
Baujahr der Orgel: 1953
Orgelbauer: Emanuel Kemper & Sohn (Lübeck)

Disposition

Manual		**Pedal**	
Gedeckt	8'	Subbaß	16'
Rohrflöte	4'	Nachthorn	4'
Prinzipal	2'		
Quinte	1 1/3'		

Schleifenteilung im Manual bei h/c^1

Koppeln: Manual/Pedal
Spieltraktur: mechanisch
Registertraktur: mechanisch
Ladensystem: Schleifladen
Geschichte: 1986 Umsetzung dieser Orgel aus Neu-Schönningstedt

FRIEDHOFSKAPELLE BLANKENESE

Gemeinde: Blankenese
Bezirk: Altona
Straße: Sülldorfer Kirchenweg 151
Baujahr der Orgel: 1969
Orgelbauer: Klaus Becker (Kupfermühle)

Disposition

Hauptwerk		**Brustwerk** (Schweller)		**Pedal**	
Prinzipal	8'	Gedackt	8'	Subbaß	16'
Rohrflöte	8'	Spitzflöte	4'	Gemshorn	8'
Oktave	4'	Prinzipal	2'	Choralbaß	4'
Gedackt	4'	Sesquialtera III			
Waldflöte	2'	Zimbel II			
Mixtur IV					

Koppeln: HW/P, BW/P, BW/HW
Spieltraktur: mechanisch
Registertraktur: mechanisch
Ladensystem: Schleifladen

Geschichte: 1969 Neubau Klaus Becker (Kupfermühle/Tremsbüttel) für die Kirche Kleverbrück b/Lübeck
1982 Umsetzung Klaus Becker auf diesen Friedhof

FRIEDHOFSKAPELLE BORNKAMP

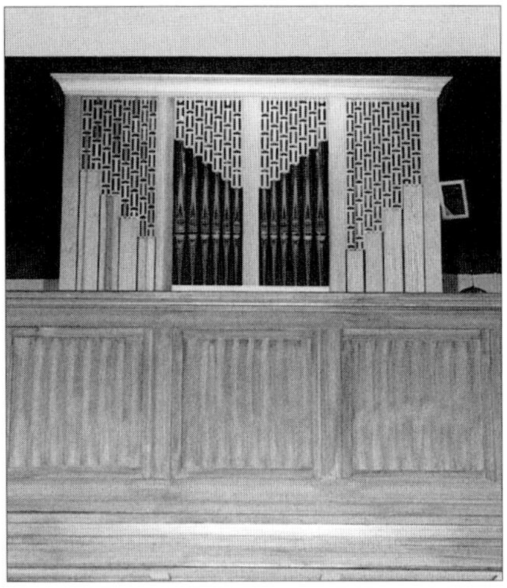

Gemeinde: Friedhofsverwaltung Altona
Bezirk: Altona
Straße: Ruhrstraße 103
Baujahr der Orgel: 1940/45
Orgelbauer: Emil Hammer (Hannover)

Disposition

Manual		**Pedal**	
+ Gedackt	8'	Subbaß	16'
+ Rohrflöte	4'		
+ Oktave	2'		
Quinte	1 1/3'	Baß	
Terzian II		Diskant	+ = Schleifenteilung in Baß und Diskant

Koppeln: Manual/Pedal
Spieltraktur: mechanisch
Registertraktur: Manual mechanisch/Pedal elektrisch
Ladensystem: Schleifladen

Geschichte: 1991 Umbau Claus Sebastian (Geesthacht), dabei Umbau des Gehäuses. Die Orgel wurde an anderem Standort angekauft.

FRIEDHOFSKAPELLE BRAMFELD

Gemeinde: Kirchengemeinde Bramfeld
Bezirk: Wandsbek
Straße: Berner Chaussee 50
Baujahr der Orgel: 1982
Orgelbauer: Reinhard Tschöckel (Althütte/Fautspach) op. 72

Disposition

Manual		**Pedal**	
+ Gedackt	8'	Subbaß	16'
+ Rohrflöte	4'		
Prinzipal	2'	(Im Subbaß sind C-H eigene Pfeifen, der Rest sind	
+ Quinte	1 1/3'	Transmissionen aus Gedackt 8')	
Terz	1 3/5'	(Diskant/Stiftung des Orgelbauers)	

+ = Schleifenteilung bei a/b

Koppeln: Manual/Pedal
Spieltraktur: mechanisch
Registertraktur: mechanisch
Ladensystem: Schleifladen

Literatur: Bericht Karl-Hermann Koch im Gemeindearchiv der Osterkirche Bramfeld

FRIEDHOFSKAPELLE DIEBSTEICH

Gemeinde: Friedhofsverwaltung Altona
Bezirk: Altona
Straße: Am Diebsteich 4
Baujahr der Orgel: 1972
Orgelbauer: Detlef Kleuker (Brackwede/Bielefeld)

Disposition

Manual		**Pedal**	
Gedackt	8'	Pommer	16'
Prinzipal	4'		
Rohrflöte	4'		
Schwiegel	2'		

Koppeln: Manual/Pedal
Spieltraktur: mechanisch
Registertraktur: mechanisch
Ladensystem: Schleifladen

FRIEDHOFSKAPELLE EIDELSTEDT

Gemeinde: Kirchengemeinde Eidelstedt
Bezirk: Eimsbüttel
Straße: Eidelstedter Dorfstraße 19
Baujahr der Orgel: 1993
Orgelbauer: Andreas Andresen (Neumünster)

Disposition

Manual (Die Register tragen keine Namen)

Gedackt	8'
Rohrflöte	4'
Prinzipal	2'
Quinte	1 1/3'

Spieltraktur: mechanisch
Registertraktur: mechanisch
Ladensystem: Schleifladen

FRIEDHOFSKAPELLE GR. FLOTTBEK

Bezirk: Altona
Straße: Stiller Weg 28
Baujahr der Orgel: 1967
Orgelbauer: Emil Hammer (Arnum b/ Hannover)

Disposition

Manual		**Pedal**	
Gedackt	8'	Dulzian	16'
Rohrflöte	4'		
Prinzipal	2'		
Quinte	1 1/3'		

Koppeln: Manual/Pedal
Spieltraktur: mechanisch
Registertraktur: mechanisch
Ladensystem: Schleifladen

NEUER FRIEDHOF HARBURG

Gemeinde: Friedhofsverwaltung Harburg
Bezirk: Harburg
Straße: Bremer Straße
Baujahr der Orgel: 1966
Orgelbauer: Gebr. Hillebrandt (Altwarmbüchen b/ Hannover)

Disposition

Manual		**Pedal**	
Gedackt	8'	Subbaß	16'
Rohrflöte	8'	Pommer	8'
Prinzipal	4'		
Waldflöte	2'		
Quinte	1 1/3'		
Scharff II			

Koppeln: Manual/Pedal
Spieltraktur: mechanisch
Registertraktur: mechanisch
Ladensystem: Schleifladen

Geschichte: 1989 Umbau Heinz Hoffmann (Hamburg), dabei für Zink Rohrflöte 8', für Regal 8' Quinte 1 1/3', im Pedal zusätzlich Pommer 8'

F

FRIEDHOFSKAPELLE HINSCHENFELDE

Gemeinde:	Hinschenfelde
Bezirk:	Wandsbek
Straße:	Walddörferstraße 369
Baujahr der Orgel:	1971
Orgelbauer:	Eberhardt-Friedrich Walcker & Cie (Ludwigsburg)

Disposition

Manual		**Pedal**	
Gedackt	8'	Subbaß	16'
Prinzipal	4'		
Rohrflöte	4'		
Gemshorn	2'		
Mixtur III	1 1/3'		

Koppeln:	Manual/Pedal
Spieltraktur:	mechanisch
Registertraktur:	mechanisch
Ladensystem:	Schleifladen

FRIEDHOFSKAPELLE HOLSTENKAMP

Gemeinde:	Friedhofsverwaltung Altona
Bezirk:	Altona
Straße:	Holstenkamp 91
Baujahr der Orgel:	1961
Orgelbauer:	Eberhardt-Friedrich Walcker & Cie (Ludwigsburg)

Disposition

Manual		**Pedal**	
Gedeckt	8'	Subbaß	16'
Prinzipal	4'		
Rohrflöte	4'		
Oktave	2'		
Mixtur II-III			

Manualschleifenteilung bei h/c[1]

Koppeln:	Manual/Pedal
Spieltraktur:	mechanisch
Registertraktur:	mechanisch
Ladensystem:	Schleifladen

FRIEDHOFSKAPELLE NIENDORF

Gemeinde:	Niendorf – Neuer Friedhof
Bezirk:	Eimsbüttel
Straße:	Promenadenstraße 8
Baujahr der Orgel:	1972
Orgelbauer:	Otto-Hinrich Paschen (Kiel)

Disposition

Manual		**Pedal**	
Gedackt	8'	Subbaß	16'
Spitzflöte	4'		
Spitzprinzipal	2'		
Zartmixtur II	1'		

Das Manual hat Schleifenteilung Baß/Diskant

Koppeln:	Manual/Pedal
Spieltraktur:	mechanisch
Registertraktur:	mechanisch
Ladensystem:	Schleifladen

F

FRIEDHOFSKAPELLE OTTENSEN

Bezirk: Altona
Straße: Bernadottestraße 31
Baujahr der Orgel: 1968
Orgelbauer: Eberhardt-Friedrich Walcker (Ludwigsburg)

Disposition

Manual		**Pedal**	
Gedackt	8'	Subbaß	16'
Prinzipal	4'		
Rohrflöte	4'		
Oktave	2'		
Mixtur II.III			

Koppeln: Manual/Pedal
Spieltraktur: mechanisch
Registertraktur: mechanisch
Ladensystem: Schleifladen

FRIEDHOFSKAPELLE RAHLSTEDT

Gemeinde: Rahlstedt
Bezirk: Wandsbek
Straße: Am Friedhof 4
Baujahr der Orgel: 1958
Orgelbauer: Emanuel Kemper & Sohn (Lübeck)

Disposition

Manual		**Pedal**	
Gedackt	8'	Harfenregal	16'
Rohrflöte	4'		
Oktave	2'		
Scharff III			

Das Manual hat Schleifenteilung h/c[1]

Koppeln: Manual/Pedal
Spieltraktur: mechanisch
Registertraktur: mechanisch
Ladensystem: Schleifladen

FRIEDHOFSKAPELLE STELLINGEN

Bezirk: Eimsbüttel
Straße: Molkenbuhrstraße 6
Baujahr der Orgel: 1960
Orgelbauer: Alfred Führer (Wilhelmshaven)

Disposition

Manual		**Pedal**
Gedeckt	8'	angehängt
Rohrflöte	4'	
Prinzipal	2'	
Quinte	1 1/3'	
Scharff II		

Das Manual hat Schleifenteilung h/c[1]

Spieltraktur: mechanisch
Registertraktur: mechanisch
Ladensystem: Schleifladen

Geschichte: 1970 Umsetzung der Orgel aus der Osterkirche Langenfelde in die Friedhofskapelle Stellingen durch Alfred Führer (Wilhelmshaven)

Literatur: 50 Jahre Orgelbau Führer

F

FRIEDHOFSKAPELLE TONNDORF

Bezirk:	Wandsbek
Straße:	Ahrensburger Straße 188
Baujahr der Orgel:	1980
Orgelbauer:	Rudolf von Beckerath (Hamburg)

Disposition

Manual		**Pedal**	
Gedeckt	8'	Subbaß	16'
Rohrflöte	4'		
Prinzipal	2'		
Quinte	1 1/3'		
Scharff III			

Das Manual hat Schleifenteilung in Baß und Diskant

Koppeln:	Manual/Pedal
Spieltraktur:	mechanisch
Registertraktur:	mechanisch
Ladensystem:	Schleifladen

Literatur: Werkverzeichnis von Beckerath (Scharenberg)

FRIEDHOFSKAPELLE ALTER FRIEDHOF WANDSBEK

Gemeinde:	Christuskirche Wandsbek
Bezirk:	Wandsbek
Straße:	Kirchhofstraße Wandsbek
Baujahr der Orgel:	1967
Orgelbauer:	Eberhardt-Friedrich Walcker & Cie (Ludwigsburg)

Disposition

Manual		**Pedal**	
Gedackt	8'	Subbaß	16'
Rohrflöte	4'		
Nasat	2 2/3'		
Prinzipal	2'		
Nachthorn	1'		

Koppeln:	Manual/Pedal
Spieltraktur:	mechanisch
Registertraktur:	mechanisch
Ladensystem:	Schleifladen

FRIEDRICH-EBERT-HALLE HARBURG

Bezirk:	Harburg
Straße:	Alter Postweg 19
Baujahr der Orgel:	1951/52
Orgelbauer:	Rudolf von Beckerath (Hamburg)

Disposition

Hauptwerk		**Oberwerk**		**Brustwerk**		**Pedal**	
Quintadena	16'	Prinzipal	8'	Holzgedackt	8'	Prinzipal	16'
Prinzipal	8'	Gedackt	8'	Holzprinzipal	4'	Subbaß	16'
Rohrflöte	8'	Quintadena	8'	Spitzflöte	2'	Oktave	8'
Oktave	4'	Oktave	4'	Oktave	2'	Gedackt	8'
Nachthorn	4'	Rohrflöte	4'	Oktave	1'	Oktave	4'
Nasat	2 2/3'	Quinte	2 2/3'	Terzian II		Nachthorn	2'
Oktave	2'	Oktave	2'	Scharff III		Rauschpfeife III	
Glöckleinton	2'+1'	Gemshorn	2'	Dulzian	8'	Mixtur VI	
Mixtur VI-VIII		Quinte	1 1/3'			Posaune	16'
Trompete	16'	Sesquialtera II				Trompete	8'
Trompete	8'	Scharff III				Cornett	2'
		Dulzian	16'				
		Schalmei	8'				
		– Tremulant –					

Koppeln:	OW/P, OW/HW, BW/HW
Spieltraktur:	mechanisch
Registertraktur:	elektropneumatisch
Spielhilfen:	4 Schubladensetzer, geteilte Kombination für die Manuale einzeln, 3 freie Pedalkombinationen
Ladensystem:	Schleifladen
Geschichte:	1929 Neubau Furtwängler & Hammer (Hannover), damals Stadthalle Harburg 1943 Zerstörung im Zweiten Weltkrieg
Literatur:	Werkverzeichnis der Erbauerfirma von 1929 Werkverzeichnis Rudolf von Beckerath (Scharenberg) Supper: Orgelbewegung und Historismus

FROHBOTSCHAFTSKIRCHE

Gemeinde:	Ev. luth. Kirchengemeinde Dulsberg
Bezirk:	Nord
Straße:	Straßburger Platz 2
Baujahr der Orgel:	1955
Orgelbauer:	Emanuel Kemper & Sohn (Lübeck)

Disposition

Hauptwerk		**Oberwerk** (Schweller)		**Brustwerk**		**Pedal**	
Pommer	16'	Rohrflöte	8'	Gedeckt	8'	Prinzipal	16'
Prinzipal	8'	Quintade	8'	Hohlflöte	4'	Subbaß	16'
Spitzflöte	8'	Prinzipal	4'	Prinzipal	2'	Oktave	8'
Oktave	4'	Nachthorn	4'	Quinte	1 1/3'	Gedeckt	8'
Koppelflöte	4'	Waldflöte	2'	Oktave	1'	Oktave	4'
Nasat	2 2/3'	Sifflöte	1 1/3'	Scharff III	2'	Nachthorn	2'
Flachflöte	2'	Sesquialtera II		Vox humana	8'	Rauschpfeife II	
Mixtur V-VI	2'	Scharff IV-V	1/2'	– Tremulant –		Mixtur VI	
Trompete	8'	Dulcian	8'			Posaune	16'
						Holztrompete	8'
						Trompete	4'

Koppeln	HW/P, OW/P, BW/P, OW/HW, BW/HW, BW/OW
Spieltraktur:	mechanisch
Registertraktur:	mechanisch
Ladensystem:	Schleifladen
Geschichte:	1937 Neubau Wilhelm Sauer (Inh. Dr. Oscar Walcker) (Frankfurt/Oder) 1943 Im Zweiten Weltkrieg zerstört 1975 Technische Aufarbeitung Hinrich Otto Paschen (Kiel) 1983 Umbau Hinrich Otto Paschen (Kiel)
Literatur:	Pape Orgeldatenbank

ST. GABRIEL-KIRCHE

Gemeinde: Ev. luth. Kirchengemeinde St. Gabriel Barmbek
Bezirk: Nord
Straße: Hartzlohplatz 17
Baujahr der Orgel: 1959
Orgelbauer: Franz Grollmann (Hamburg)

Disposition

Hauptwerk		**Brustwerk**		**Pedal**	
Rohrflöte	8‘	Gedackt	8‘	Subbaß	16‘
Prinzipal	4‘	Rohrflöte	4‘	Gedacktbaß	8‘
Gedacktflöte	4‘	Prinzipal	2‘	Nachthorn	2‘
Nasat	2 2/3‘	Quinte	1 1/3‘	Fagott	16‘
Gemshorn	2‘	Regal	8‘		
Mixtur IV	1 1/3‘	– Tremulant –			
Dulcian	8‘				

Koppeln: I/P, II/P, II/I
Spieltraktur: mechanisch
Registertraktur: mechanisch
Ladensystem: Schleifladen

ST. GABRIEL-KIRCHE

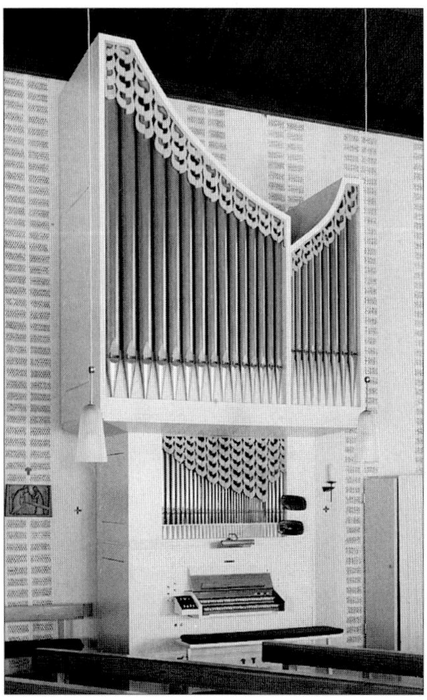

Gemeinde: Katholische Kirchengemeinde Eidelstedt
Bezirk: Eimsbüttel
Straße: Niekampsweg 22
Baujahr der Orgel: 1974
Orgelbauer: Eberhardt Friedrich Walcker (Ludwigsburg)

Disposition

Hauptwerk		**Oberwerk**		**Pedal**	
Hohlflöte	8‘	Rohrflöte	8‘	Subbaß	16‘
Prinzipal	4‘	Nachthorn	4‘	Gedeckt	8‘
Sesquialtera II		Prinzipal	2‘	Choralbaß	4‘
Mixtur II-III		Quinte	1 1/3‘		

Koppeln: HW/P, OW/P, OW/HW
Spieltraktur: mechanisch
Registertraktur: mechanisch
Ladensystem: Schleifladen

Geschichte: 1963 Neubau einer Orgel durch Klaus Becker (Kupfermühle/Tremsbüttel);
1979 Renovierung dieser Orgel durch Heinz Hoffmann (Hamb.);
1985 Aufstellung der Walckerorgel durch Matthias Kreienbrink (Osnabrück); diese Walckerorgel wurde 1974 für die Kirche in Billerbek gebaut.
Die Becker-Orgel wurde vernichtet

Literatur: v. d. Berg „Neue Katholische Orgeln“

ST. GABRIEL-KIRCHE

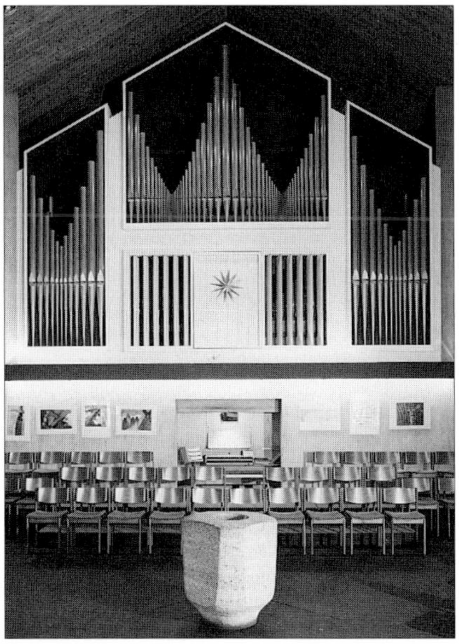

Gemeinde: Ev. luth. St. Gabrielkirchengemeinde Volksdorf
Bezirk: Wandsbek
Straße: Sorenremen 16
Baujahr der Orgel: 1968
Orgelbauer: Karl Schuke Berliner Orgelbau

Disposition

Hauptwerk		**Schwellwerk**		**Pedal**	
Prinzipal	8'	Metallgedackt	8'	Subbaß	16'
Spielflöte	8'	Prinzipal	4'	Prinzipalbaß	8'
Octave	4'	Rohrflöte	4'	Gedackt	8'
Gedacktflöte	4'	Nachthorn	2'	Hohlflöte	4'
Nasat	2 2/3'	Quinte	1 1/3'	Rauschwerk III	
Flachflöte	2'	Terz (ab g 1 3/5')4/5'		Fagott	16'
Mixtur IV-VI		Scharff III		Schalmei	4'
Trompete	8'	Doppelregal	8'		
– Tremulant –		– Tremulant –			
Zimbelstern					

Koppeln: HW/P, SW/P, SW/HW
Spieltraktur: mechanisch
Registertraktur: elektrisch
Spielhilfen: 4 freie Kombinationen
Ladensystem: Schleifladen

Literatur: Pape Orgeldatenbank

GEMEINDEZENTRUM EIDELSTEDT-OST

Gemeinde: Ev. luth. Kirchengemeinde Eidelstedt-Ost
Bezirk: Eimsbüttel
Straße: Dallbregen 1
Baujahr der Orgel: 1977
Orgelbauer: Andreas Andresen (Neumünster)

Disposition

Manual		**Pedal**	
Holzgedackt (ab fis^1)	16'	Subbaß	16'
Rohrflöte	8'	Gedecktbaß	8'
Prinzipal	4'		
Koppelflöte	4'		
Nasard	2 2/3'		
Waldflöte	2'		
Mixtur III	1 1/3'		

Schleifenteilung in Baß und Diskant bei f^1/fis^1

Koppeln: Manual/Pedal
Spieltraktur: mechanisch
Registertraktur: mechanisch
Ladensystem: Schleifladen

Literatur: Pape Orgeldatenbank

GEMEINDEZENTRUM OSDORFER BORN

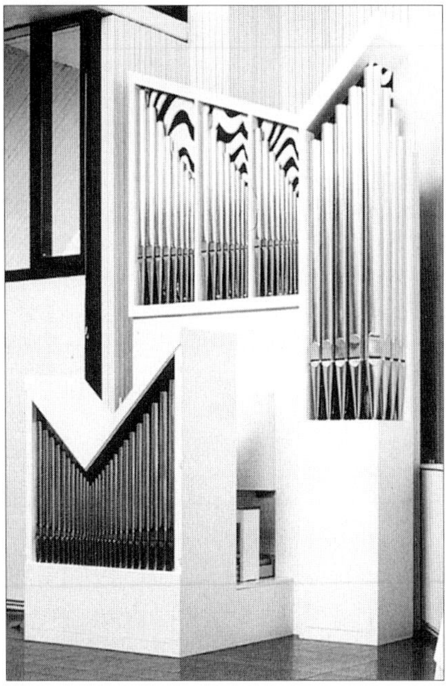

Gemeinde:	Ev. luth. Kirchengemeinde Osdorf
Bezirk:	Altona
Straße:	Achtern Born 127
Baujahr der Orgel:	1982
Orgelbauer:	Alfred Führer (Wilhelmshaven)

Disposition

Hauptwerk		**Rückpositiv**		**Pedal**	
Prinzipal	8'	Gedackt	8'	Subbaß	16'
Spitzgamba	8'	Prinzipal	4'	Rohrgedackt	8'
Oktave	4'	Nasard	2 2/3'	Choralbaß	4'
Rohrflöte	4'	Spitzflöte	2'		
Oktave	2'	Sesquialtera II			
Mixtur III	1 1/3'	Krummhorn			
		– Tremulant –			

Der Nasard 2 2/3' ist ein Vorabzug aus der Sesquialtera

Koppeln:	HW/P, RP/P, RP/HW
Spieltraktur:	mechanisch
Registertraktur:	mechanisch
Ladensystem:	Schleifladen

Geschichte:
1966 Neubau Rudolf von Beckerath (Hamburg)
1982 Verkauf an Pastor Paulsen (Osterhever)
1992 Renovierung nach Brand Alfred Führer (Wilhelmshaven) Dabei farbliche Neufassung und Einrichtung des Vorabzugs

Literatur:
Werkkatalog Führer 1992
Werkverzeichnis von Beckerath (Scharenberg)

ST. GERTRUD-KIRCHE

Gemeinde:	Altenwerder
Bezirk:	Harburg
Straße:	Kirchhofweg
Baujahr der Orgel:	1968/69
Orgelbauer:	Rudolf von Beckerath (Hamburg)

Disposition

Hauptwerk		**Rückpositiv**		**Pedal**	
Quintade	16'	Gedackt	8'	Subbaß	16'
Prinzipal	8'	Prinzipal	4'	Prinzipal	8'
Rohrflöte	8'	Rohrflöte	4'	Oktave	4'
Oktave	4'	Oktave	2'	Nachthorn	2'
Blockflöte	4'	Quinte	1 1/3'	Rauschpfeife IV	
Nasat	2 2/3'	Sesquialtera II		Posaune	16'
Flachflöte	2'	Scharff III		Trompete	8'
Mixtur IV-VI		Krummhorn	8'	Schalmei	4'
Trompete	8'	– Tremulant –			

Koppeln:	HW/P, RP/P, RP/HW
Spieltraktur:	mechanisch
Registertraktur:	mechanisch
Ladensystem:	Schleifladen

Geschichte:
1831 Neubau Peter Tappe (Verden);
1910 Neubau Paul Rother (Hamburg);
1946 Abbau Paul Rother (Hamburg);
1948 Wiederaufstellung Paul Rother (Hamburg)

Literatur:
Staatsarchiv Hannover (Syke Nr. 1185/Hinweis: Wilfried Topp, Achim); Kirchenkreisarchiv Harburg Sig. 701;
Werkverzeichnis Rother
Werkverzeichnis v. Beckerath (Scharenberg)

ST. GERTRUD-KIRCHE

Gemeinde:	Ev. luth. St. Gertrudkirchengemeinde Uhlenhorst
Bezirk:	Nord
Straße:	Immenhof 8
Baujahr der Orgel:	1967
Orgelbauer:	Alfred Führer (Wilhelmshaven)

Disposition

Hauptwerk		**Brustwerk**		**Schwellwerk**		**Pedal**	
Quintade	16'	Gedackt	8'	Spitzflöte	8'	Principal	16'
Principal	8'	Blockflöte	4'	Gambe	8'	Subbaß	16'
Rohrflöte	8'	Rohrnasat	2 2/3'	Principal	4'	Oktave	8'
Oktave	4'	Principal	2'	Rohrflöte	4'	Gedacktbaß	8'
Spitzflöte	4'	Waldflöte	2'	Schwiegel	2'	Oktave	4'
Oktave	2'	Quinte	1 1/3'	Sifflöte	1'	Nachthorn	2'
Sesquialtera II		Scharff III		Mixtur IV		Mixtur V	
Mixtur IV-VI		Krummhorn	8'	Dulcian	16'	Posaune	16'
Trompete	8'	– Tremulant –		Trompete	8'	Trompete	8'
				Schalmey	4'	Trompete	4'
				– Tremulant –			

Koppeln:	HW/P, SW/P, BW/P, SW/HW, BW/HW
Spieltraktur:	mechanisch
Registertraktur:	elektrisch
Spielhilfen:	3 freie Kombinationen, Zungeneinzelabsteller
Ladensystem:	Schleifladen

Geschichte:

1884/85 Neubau Ernst Röver (Hausneindorf am Harz). Dies war die erste Orgel mit pneumatischer Traktur in Hamburg;
1924 Reparatur Paul Rother (Hamburg);
1928 neue Windladen für das II. Manual Paul Rother (Hamburg);
1933 Umbau Wilhelm Sauer (Inh. Dr. hc Oscar Walcker) Frankfurt/Oder; dabei neue elektrische Traktur u. Spieltisch
1963 Abbau der alten Orgel Alfred Führer (Wilhelmshaven); Sie hatte starke Verwitterungsschäden wegen kaputter Fenster im Zweiten Weltkrieg; Anschaffung eines Positivs der Firma Eberhardt Friedrich Walcker (Ludwigsburg) als Interimsorgel;
1967 Umsetzung des Walcker-Positivs in die Laurentiuskapelle Ifflandstraße
1984 Einbau einer Gambe 8' für die Quintade 8' im SW Alfred Führer (Wilhelmshaven)

Literatur:

Cortum „Orgelwerke";
Werkkatalog Führer 1967/ 50 Jahre Orgelbau Führer

GNADENKIRCHE

Gemeinde: Ev. luth. Kirchengemeinde St. Pauli-Nord
Bezirk: Mitte
Straße: Karolinenstraße 8
Baujahr der Orgel: 1907
Orgelbauer: Paul Rother (Hamburg)

Disposition

Manual I		**Manual II**		**Pedal**	
Prinzipal	16‘	Gedeckt	16‘	Violon	16‘
Prinzipal	8‘	Gedeckt	8‘	Subbaß	16‘
Spitzflöte	8‘	Rohrflöte	8‘	Gedecktbaß	16‘
Oktave	4‘	Quintatön	8‘	(Transmission aus II)	
Rohrflöte	4‘	Prinzipal	4‘	Oktavbaß	8‘
Quinte	2 2/3‘	Spitzflöte	4‘	Gedeckt	8‘
Oktave	2‘	Nasat	2 2/3‘	Oktave	4‘
Blockflöte	2‘	Nachthorn	2‘	Gemshorn	2‘
Mixtur IV-VI	1 1/3‘	Terz	1 3/5‘	Mixtur IV	2 2/3‘
Trompete	8‘	Quinte	1 1/3‘	Posaune	16‘
		Sifflöte	1‘	Schalmey	4‘
		Scharff III			
		Krummhorn	8‘		
		– Tremulant –			

Koppeln: I/P, II/P, II/I
Spieltraktur: pneumatisch
Registertraktur pneumatisch
Spielhilfen: 2 freie Kombinationen, Handregister ab
Ladensystem: Kegelladen

Geschichte: 1932 Erweiterung Paul Rother (Hamburg);
1947 Reparatur Paul Rother (Hamburg);
1957 Umbau Eberhardt-Friedrich Walcker & Cie (Ludwigsburg), dabei Erweiterung auf 33 Register, Lieferung eines neuen pneumatischen Spieltisches, Pedalerweiterung um die Töne dis^1, e^1, f^1, Lieferung einer Kegellade für die neuen Register Gemshorn, Mixtur IV und Schalmey 4‘ im Pedal

Literatur: Festschrift der Gemeinde; Cortum „Orgelwerke“; Archiv der Gemeinde

GROSS-FLOTTBEKER KIRCHE

Gemeinde: Ev. luth. Kirchengemeinde Groß-Flottbek
Bezirk: Altona
Straße: Bei der Flottbeker Kirche 4
Baujahr der Orgel: 1975
Orgelbauer: G. F. Steinmeyer & Co. (Oettingen/Bayern)

Disposition

Manual I		**Manual II** (Schweller)		**Pedal**	
Prinzipal	8‘	Gedackt	8‘	Subbaß	16‘
Rohrflöte	8‘	Dulzflöte	8‘	Prinzipal	8‘
Oktave	4‘	Prinzipal	4‘	Gedackt	8‘
Blockflöte	4‘	Spillflöte	4‘	Choralflöte	4‘
Nasat	2 2/3‘	Waldflöte	2‘	Hintersatz IV	2 2/3‘
Gemshorn	2‘	Quinte	1 1/3‘	Posaune	16‘
Rauschpfeife II		Sesquialtera II-III		Schalmei	4‘
Mixtur IV-V	1 1/3‘	Scharff IV	1‘		
Trompete	8‘	Rankett	16‘		
		Oboe	8‘		
		– Tremulant –			

Koppeln: I/P, II/P, II/I
Spieltraktur: mechanisch
Registertraktur: elektrisch
Spielhilfen: 3 freie Kombinationen, Tutti, Zungeneinzelabsteller
Ladensystem: Schleifladen
Geschichte: 1912 Neubau Kemper (Lübeck)
1937 Neubau Emil Hammer (Hannover)

Literatur: Pape Orgeldatenbank, Gemeindechronik 1962

GUSTAV-ADOLF-KIRCHE

Gemeinde: Schwedische Seemannsgemeinde Hamburg
Bezirk: Mitte
Straße: Ditmar-Koel-Straße 36
Baujahr der Orgel: 1985
Orgelbauer: A. Martenssons Orgelfabrik A.-B. (Lund/Schweden)

Disposition

Manual		**Pedal**	
Prinzipal	8'	Subbaß	16'
Gedackt	8'		
Oktava	4'		
Flûte octaviante	4'		
Blockflöjt	2'		
Mixtur III			

Koppeln: Manual/Pedal
Spieltraktur: mechanisch
Registertraktur: mechanisch
Ladensystem: Schleifladen

Geschichte: 1907 Neubau Paul Rother (Hamburg)
1947 Umbau Paul Rother (Hamburg)
Literatur: Werkverzeichnis Rother

GYMNASIUM ALLEE

Bezirk: Altona
Straße: Max-Brauer-Allee 83
Baujahr der Orgel: 1959
Orgelbauer: Eberhardt-Friedrich Walcker & Cie (Ludwigsburg)

Disposition

Manual I		**Manual II**		**Pedal**	
Gedackt	8'	Quintade	8'	Subbaß	16'
Prinzipal	4'	Nachthorn	4'	Gedacktpommer	4'
Mixtur III		Schwiegel	2'		
		Quinte	1 1/3'		

Koppeln: I/P, II/P, II/I
Spieltraktur: mechanisch
Registertraktur: mechanisch
Ladensystem: Schleifladen

Geschichte: 1905 Neubau Paul Rother (Hamburg)
1928 Erweiterung Paul Rother (Hamburg)
1956 Umsetzung in die katholische St. Christophoruskirche Lohbrügge Franz Grollmann (Hamburg)
Literatur: Werkverzeichnis Rother

GYMNASIUM ST. ANSGAR

Bezirk: Mitte
Straße: Bürgerweide 33
Baujahr der Orgel: 1965
Orgelbauer: Alfred Führer (Wilhelmshaven)

Disposition

Manual		**Pedal**
Gedackt	8'	angehängt
Rohrflöte	4'	
Prinzipal	2'	
Quinte	1 1/3'	
Zimbel II		

Spieltraktur: mechanisch
Registertraktur: mechanisch
Ladensystem: Schleifladen

Literatur: Werkverzeichnis Führer 1965
50 Jahre Orgelbau Führer

GYMNASIUM EIMSBÜTTEL

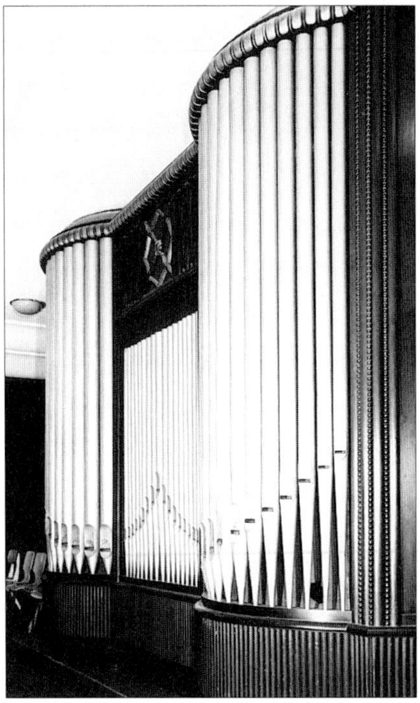

Bezirk:	Eimsbüttel					
Straße:	Kaiser-Friedrich-Ufer 6					
Baujahr der Orgel:	1912					
Orgelbauer:	Gebr. Rohlfing (Osnabrück) op. 144 Nr. 151					

Disposition

Manual I		**Manual II**		**Pedal**		
Prinzipal	8'	Gemshorn	8'	Subbaß	16'	
Gedackt	8'	Rohrflöte	4'	Gedackt	8'	Transmission aus I
Oktave	4'	Prinzipal	2'	Oktave	4'	Transmission aus I
Quinte	2 2/3'	Quinte	1 1/3'	Nachthorn	2'	
Waldflöte	2'	Scharff III				
Mixtur IV						
Trompete	8'					

Koppeln: I/P, II/P, II/I, Superkoppel II
Spieltraktur: pneumatisch
Registertraktur: pneumatisch
Ladensystem: Kegelladen

Geschichte:
1881 Neubau Marcussen & Sohn (Abenrå) für die Höhere Bürgerschule;
1930 Neuer Spieltisch durch Paul Rother (Hamburg);
1960 Umbau Franz Grollmann (Hamburg) im Sinne der Orgelbewegung;
1979 Umbau Heinz Hoffmann (Hamburg);
1989 Umbau Heinz Hoffmann (Hamburg)

Literatur: Acta Organologica Bd. 19; Werkverzeichnis Rother

GYMNASIUM EPPENDORF

Bezirk:	Nord
Straße:	Hegestraße 35
Baujahr der Orgel:	1911
Orgelbauer:	Ernst Röver (Hausneindorf am Harz)

Disposition

Manual I		**Manual II**		**Pedal**	
Principal	8'	Gedackt	8'	Subbaß	16'
Gamba	8'	Salicional	8'	Oktavbaß	8'
Hohlflöte	8'	Quintatön	4'		
Oktave	4'				
Schwiegel	2'				
Mixtur II					

Koppeln: I/P, II/P, II/I
Spieltraktur: elektrisch
Registertraktur: elektrisch
Spielhilfen: 2 freie Kombinationen, Tutti
Ladensystem: Kastenladen

Geschichte:
1968 Umbau Franz Grollmann (Hamburg), dabei Umstellung von pneumatischer auf elektrische Traktur mit neuem fahrbarem Spieltisch. Der ursprüngliche Prospekt wurde durch einen Lattenrost ersetzt.
1993/94 Renovierung Rudolf von Beckerath (Hamburg)

Literatur: Werkverzeichnis von Beckerath (Scharenberg)

GYMNASIUM GELEHRTENSCHULE DES JOHANNEUMS

Bezirk: Nord
Straße: Maria-Luisen-Straße 114
Baujahr der Orgel: 1978
Orgelbauer: Rudolf von Beckerath (Hamburg)

Disposition

Hauptwerk		Brustwerk		Pedal	
Prinzipal	8'	Gedackt	8'	Subbaß	16'
Oktave	4'	Rohrflöte	4'	Choralbaß	4'
Waldflöte	2'	Prinzipal	2'		
Mixtur V		Terzian II			
Cromorne	8'	Scharff III			
– Tremulant –		– Tremulant –			

Koppeln: HW/P, BW/P, BW/HW
Spieltraktur: mechanisch
Registertraktur: mechanisch
Ladensystem: Schleifladen

Geschichte:
1914 Neubau Paul Rother (Hamburg) im alten Gebäude
1916 Umsetzung in das jetzige Gebäude Paul Rother (Hamb.)
1956 Verkauf an die methodistische Christuskirche in Harburg-Maretstraße 24
1956 Neubau Rudolf von Beckerath (Hamburg)
1977 Zerstörung durch Brand in der Aula

Literatur:
Festschrift
Werkverzeichnis von Beckerath (Scharenberg)

GYMNASIUM KLOSTERSCHULE

Bezirk: Mitte
Straße: Westphalensweg 7
Baujahr der Orgel: 1908
Orgelbauer: Ernst Röver (Hausneindorf am Harz)

Disposition

Manual I		Manual II		Pedal	
Bordun	16'	Salicional	8'	Subbaß	16'
Prinzipal	8'	Flauto amabile	8'	Oktavbaß	8'
Zartgedackt	8'	Gemshorn	4'		
Oktave	4'	Prinzipal	2'		
Hohlflöte	4'	Quinte	1 1/3'		
Waldflöte	2'				
Mixtur III					

Koppeln: I/P, II/P, II/I
Spieltraktur: mechanisch
Registertraktur: pneumatisch
Spielhilfen: 1 freie Kombination
Ladensystem: Kastenladen

Geschichte:
1908 wurde die Orgel für das alte Schulgebäude am Holzdamm gebaut.
1935 erfolgte die Umsetzung in den neuen Schumacherbau am Westphalensweg.
1971 Umbau Franz Grollmann (Hamburg) im Sinne der Orgelbewegung. Dabei wurden Superkoppel II, Subkoppel II und die Kollektivknöpfe p, mf, f, ff stillgelegt.
1996 Renovierung Heinz Hoffmann (Hamburg), dabei Reaktivierung der Kollektivknöpfe

Literatur:
Festschrift der Schule zum hundertjährigen Bestehen (1872– 1972) lt. freundlicher Mitteilung des Hamburger Schulmuseums (Herr Grebe)

GYMNASIUM WALLDÖRFER

Bezirk:	Wandsbek
Straße:	Ahrensburger Weg 28
Baujahr der Orgel:	1931
Orgelbauer:	P. Furtwängler & Hammer (Hannover)

Disposition

Manual I		**Manual II**		**Manual III** (Schweller)		**Pedal**	
Quintatön	16‘	Gedeckt	8‘	Salicional	8‘	Subbaß	16‘
Prinzipal	8‘	Nachthorn	4‘	Spitzgedackt	8‘	+ Spitzgedeckt	8‘
Konzertflöte	8‘	Engprinzipal	2‘	Blockflöte	4‘	+ Blockflöte	4‘
Oktave	4‘	Zimbel IV	1/2‘	Italien. Prinzipal	4‘	+ Rohrflöte	2‘
Italien. Prinzipal	2‘	Musette	8‘	Rohrflöte	2‘	+ Rankett	16‘
Mixtur VI	1 1/3‘	Feldtrompete	4‘	Sifflöte	1‘	+ Posaune	16‘
Trompete	8‘			Terzian II		++ Trompete	8‘
Schalmey	4‘			Scharff IV			
				Rankett	16‘		
				– Tremulant –		+ Transmiss. aus III	
						++Transmiss. aus I	

Koppeln:	I/P, II/P, III/P, II/I, III/I, III/II
Spieltraktur:	elektrisch
Registertraktur:	elektrisch
Spielhilfen:	Zungeneinzelabsteller, Crescendowalze, Walze ab, 2 freie Kombinationen
Ladensystem:	Pedal, Manual I und II Kegelladen; Manual III Taschenladen

Geschichte:

Zehn Register stammen aus einer Orgel, die die Firma Eberhardt-Friedrich Walcker & Cie (Ludwigsburg) 1898 als op. 822 für Hans v. Ohlendorff baute. Der mit ihm befreundete Max Reger spielte oft darauf; er widmete ihm seine kleinen Choralvorspiele op. 135a.

1969 fand ein weiterer Umbau durch Eberhardt-Friedrich Walcker & Cie (Ludwigsburg) statt. Nach einer Asbestsanierung der Aula war die Orgel unspielbar.

1993 fand eine notdürftige Spielbarmachung durch Orgelbau Emil Hammer (Arnum b/Hannover) statt. Eine Restaurierung wird angestrebt.

Literatur: Archiv Hammer (Arnum b/Hannover)

HANNA-REEMTSMA-HAUS

Bezirk:	Altona
Straße:	Krimhildstraße 15
Baujahr der Orgel:	1970
Orgelbauer:	G. F. Steinmeyer & Co. (Oettingen/Bayern) op. 2241

Disposition

Hauptwerk		**Schwellwerk**		**Pedal**	
Gedacktflöte	8‘	Quintatön	8‘	Subbaß	16‘
Prinzipal	4‘	Nachthorn	4‘	Pommer	8‘
Rohrflöte	4‘	Prinzipal	2‘	Baßzink	5 1/3‘
Blockflöte	2‘	Terzian II	1 3/5‘	Choralbaß III	4‘
Sesquialtera II		Glöckleinton III	1‘	Baßtrompete	8‘
Mixtur V	2‘	Vox humana	8‘		
Bärpfeife	16‘	– Tremulant –			
– Tremulant –					

Koppeln:	HW/P, SW/P, SW/HW
Spieltraktur:	mechanisch
Registertraktur:	mechanisch
Ladensystem:	Schleifladen

Geschichte:

1981 Umbau G. F. Steinmeyer & Co. (Oettingen/Bayern). Dabei wurde im Hauptwerk Nasat 5 1/3‘ gegen eine Rohrflöte 4‘ und im Schwellwerk ein Nonenterzian III auf 3 1/5‘ gegen einen Terzian II ausgetauscht.

HASSE-AULA

Bezirk: Bergedorf
Straße: Hasse-Straße
Baujahr der Orgel: 1909 (nach Sebastian 1912)
Orgelbauer: Ernst Röver (Hausneindorf)

Disposition

Manual I		**Manual II**		**Pedal**	
Gedeckt	8'	Gemshorn	8'	Subbaß	16'
Prinzipal	4'	Flöte 4'		Gedeckt	8'
Quintade	4'	Prinzipal	2'		
Nachthorn	2'				
Scharff III	1'				

Koppeln: I/P, II/P, II/I
Spieltraktur: pneumatisch
Registertraktur: pneumatisch
Spielhilfen: Tutti
Ladensystem: Taschenlade

Geschichte:
1953 Umbau Ernst Brandt (Quickborn) im Sinne der Orgelbewegung
1996 Renovierung Claus Sebastian (Geesthacht)

HEILANDSKIRCHE

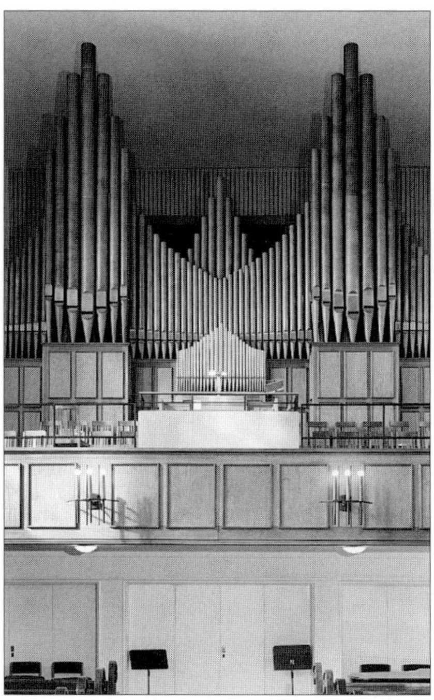

Gemeinde: Ev. luth. Heilandskirchengemeinde Uhlenhorst
Bezirk: Nord
Straße: Winterhuder Weg 132
Baujahr der Orgel: 1951
Orgelbauer: Emil Hammer (Arnum b/Hannover)

Disposition

Manual I		**Manual II** (Schweller)		**Manual III**		**Pedal**	
Gedackt	8'	Quintade	16'	Spitzflöte	8'	Prinzipal	16'
Rohrflöte	4'	Prinzipal	8'	Quintade	8'	Subbaß	16'
Prinzipal	2'	Rohrflöte	8'	Prinzipal	4'	Oktave	8'
Quinte	1 1/3'	Oktave	4'	Kupferflöte	4'	Oktave	4'
Zimbel III		Blockflöte	4'	Nasat	2 2/3'	Nachthorn	2'
Rankett	16'	Quinte	2 2/3'	Gemshorn	2'	Rauschpfeife IV	
Krummhorn	8'	Oktave	2'	Scharff IV		Posaune	16'
– Tremulant –		Waldflöte	2'	Oboe	8'	Trompete	8'
		Sesquialtera II		Vox humana	8'	Cornett	4'
Zimbelstern		Mixtur V		Schalmei	4'		
		Dulzian	16'	– Tremulant –			
		Trompete	8'				

Koppeln: I/P, II/P, III/P, II/I, III/I, III/II
Spieltraktur: elektrisch
Registertraktur: elektrisch
Spielhilfen: 128-facher Setzer
Ladensystem: Taschenladen

Geschichte:
1927/28 Neubau P. Furtwängler & Hammer (Hannover)
1943 Teilzerstörung im Zweiten Weltkrieg
1951 Neubau unter Verwendung alter Teile Emil Hammer (Hannover)
1971 Einbau eines Schwellers Eberhardt Friedrich Walcker & Cie. (Ludwigsburg)
1988 Renovierung Emil Hammer (Arnum b/Hannover), dabei Einbau eines neuen Spieltisches, eines 128-fachen Setzers, neuer Mixturen, eines Zimbelsterns
1992 Generalreinigung nach Kirchenrenovierung Emil Hammer (Arnum b. Hannover)

Literatur: Brinkmann „Neue Orgel"; Drews „Heilandskirche"; Frotscher „Dispositionen"

KIRCHE HEILIGE FAMILIE

Gemeinde:	Katholische Kirchengemeinde Langenhorn
Bezirk:	Nord
Straße:	Tannenweg 24
Baujahr der Orgel:	1988
Orgelbauer:	Klaus Becker (Kupfermühle/Tremsbüttel)

Disposition

Hauptwerk		**Schwellwerk**		**Pedal**	
Prinzipal	8'	Rohrflöte	8'	Subbaß	16'
Metallgedackt	8'	Gamba	8'	Prinzipal	8'
Oktave	4'	Prinzipal	4'	Oktave	4'
Spitzflöte	4'	Blockflöte	4'	Rauschpfeife IV	2 2/3'
Oktave	2'	Waldflöte	2'	Fagott	16'
Mixtur IV	1 1/3'	Nasat	1 1/3'		
Trompete	8'	Sesquialtera II			
		Mixtur IV	1'		
		Basson	16'		
		Oboe8'			
		– Tremulant –			

Koppeln:	HW/P, SW/P, SW/HW
Spieltraktur:	mechanisch
Registertraktur:	mechanisch
Ladensystem:	Schleifladen
Geschichte:	1930 Neubau Paul Rother (Hamburg)
Literatur:	„Festschrift" Heilige Familie; Werkverzeichnis Rother

HEILIGENGEISTKIRCHE

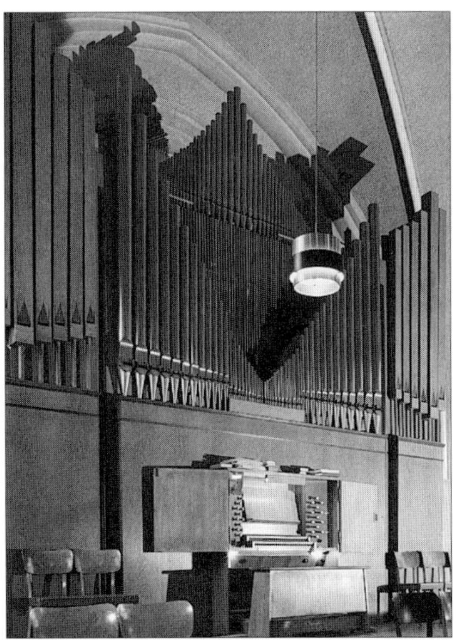

Gemeinde:	Ev. luth. Kirchengemeinde Alt-Barmbek
Bezirk:	Nord
Straße:	Hufnerstraße 19
Baujahr der Orgel:	1959
Orgelbauer:	Eberhardt-Friedrich Walcker & Cie. (Ludwigsburg)

Disposition

Hauptwerk		**Oberwerk**		**Pedal**	
Sing. Gedackt	16'	Rohrflöte	8'	Subbaß	16'
Prästant	8'	Prinzipal	4'	Spitzgamba	8'
Gemshorn	8'	Koppelflöte	4'	Holzflöte	8'
Oktave	4'	Faberton	2' + 1'	Oktavbaß	4'
Waldflöte	4'	Nasat	1 1/3'	Fagott	16'
Hohlflöte	2'	Quintan	1 1/7'+1 3/5'	Sing. Kornett	2'
Mixtur VI-VIII	2'	Scharff IV	1 1/3'		
Trompete	8'	Krummhorn	8'		
		Schalmey	4'		
		– Tremulant –			

Koppeln:	I/P, II/P, II/I
Spieltraktur:	mechanisch
Registertraktur:	mechanisch
Ladensystem:	Schleifladen
Geschichte:	1903 Neubau Paul Rother (Hamburg) 1927 Umbau Paul Rother mit neuem Spieltisch 1935 Vergrößerung Eberhard Friedrich Walcker u. Cie. (Ludwigsburg) 1943 Zerstörung im Zweiten Weltkrieg
Literatur:	Cortum „Orgelwerke"; Werkverzeichnis Rother

HEILIG-GEIST-KIRCHE

Gemeinde: Katholische Kirchengemeinde Farmsen
Bezirk: Wandsbek
Straße: Rahlstedter Weg 13
Baujahr der Orgel: 1978/79
Orgelbauer: Heinz Hoffmann (Hamburg), op. 1

Disposition

Hauptwerk		**Brustwerk** (Schweller)		**Pedal**	
Prinzipal	8'	Gedackt	8'	Subbaß	16'
Hohlflöte	8'	Rohrflöte	4'	Gemshorn	8'
Oktave	4'	Prinzipal	2'	Piffaro II	
Blockflöte	4'	Quinte	1 1/3'	Fagott	16'
Waldflöte	2'	Terzian II			
Mixtur IV		Scharf II			
Trompete	8'				

Koppeln: HW/P, BW/P, BW/HW
Spieltraktur: mechanisch
Registertraktur: mechanisch
Ladensystem: Schleifladen

Geschichte: 1968 Kauf eines Positivs aus der kath. Kirche St. Wilhelm
1979 Verkauf des Positivs nach Barsbüttel
Literatur: Pape „Orgeldatenbank"

HEILIG-KREUZ-KIRCHE

Gemeinde: Katholische Kirchengemeinde Neugraben
Bezirk: Harburg
Straße: An der Falkenbek 10
Baujahr der Orgel: 1973
Orgelbauer: Rudolf von Beckerath (Hamburg)

Disposition

Hauptwerk		**Brustwerk** (Schweller)		**Pedal**	
Prinzipal	8'	Holzgedackt	8'	Subbaß	16'
Rohrflöte	8'	Blockflöte	4'	Oktavbaß	8'
Oktave	4'	Prinzipal	2'	Choralbaß	4'
Spitzflöte	4'	Quinte	1 1/3'	Rauschpfeife IV	
Nasat	2 2/3'	Sesquialtera II		Fagott	16'
Waldflöte	2'	Scharf III			
Mixtur IV-VI		Krummhorn	8'		
Trompete	8'	– Tremulant –		Zimbelstern	

Koppeln: HW/P, BW/P, BW/HW
Spieltraktur: mechanisch
Registertraktur: elektrisch
Spielhilfen: 4 Setzer
Ladensystem: Schleifladen

Literatur: Festschrift „Heilig-Kreuz"
Werkverzeichnis v. Beckerath (Scharenberg)

H

HEILIG-KREUZ-KIRCHE

Gemeinde:	Katholische Kirchengemeinde Volksdorf
Bezirk:	Wandsbek
Straße:	Farmsener Landstraße 181
Baujahr der Orgel:	1969
Orgelbauer:	Alfred Führer (Wilhelmshaven)

Disposition

Hauptwerk		**Oberwerk**		**Pedal**	
Prinzipal	8'	Gedackt	8'	Subbaß	16'
Rohrflöte	8'	Blockflöte	4'	Prinzipal	8'
Oktave	4'	Prinzipal	2'	Pommer	8'
Gedackt	4'	Quinte	1 1/3'	Choralbaß	4'
Waldflöte	2'	Zimbel III	1/2'	Fagott	16'
Sesquialtera II		Dulcianregal	8'		
Mixtur VI	1 1/3'	– Tremulant –			

Koppeln:	HW/P, OW/P, OW/HW
Spieltraktur:	mechanisch
Registertraktur:	mechanisch
Ladensystem:	Schleifladen

Geschichte:
1943 Orgelaufstellung Paul Rother
1964 Leihpositiv Alfred Führer (Wilhelmshaven), gebaut 1954 für Bremen-Arsten
1969 Umsetzung nach Norderstedt-St. Hedwig durch Alfred Führer (Wilhelmshaven)

Literatur:
Werkkatalog Führer 1969, 50 Jahre Orgelbau Führer
Werkkatalog Rother
Pape Orgeldatenbank

HEINRICH-HERTZ-GESAMTSCHULE

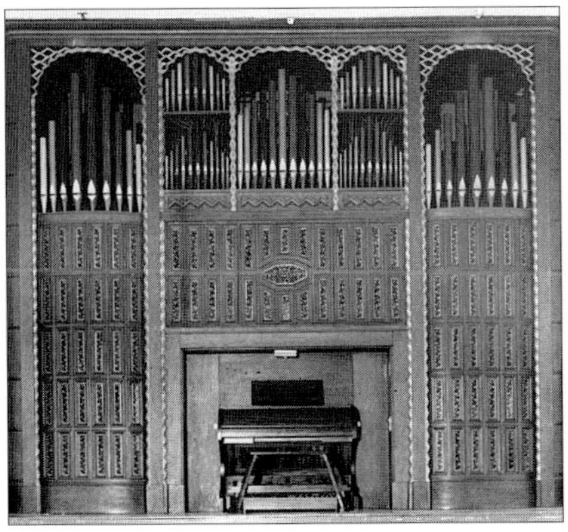

Bezirk:	Nord
Straße:	Grasweg 72
Baujahr der Orgel:	1926/31
Orgelbauer:	Karl Kemper (Lübeck)

Disposition

Manual I maskulin		**Manual I** feminin		**Manual II** maskulin		**Manual II** feminin	
Quintadena	8'	*Quintadena*	8'	Gedacktpomm.	16'	*Rohrflöte*	8'
Koppelflöte	4'	*Koppelflöte*	4'	*Rohrflöte*	8'	Nachthorn	4'
Sifflöte	1'	Blockflöte	2'	Prinzipal	4'		
Schalmey	8'			Rauschpf.IV	2 2/3'		

Manual III maskulin		**Manual III** feminin	
Krummhorn	8'	Gedackt	8'
Prinzipal	4'	Nasat	2 2/3'
Oktave	2'	Gemshorn	2'
Terzian II			
Scharff IV			

Pedal (Baß/Diskantteilung bei dis/e; Umfang C-a^1)

Dulzian	16'		Unterbaß	16'
Rohrflöte	8'	(Transmiss. aus II)	*Rohrflöte*	8'
Quinte	5 1/3'		Nachthorn	4'
Rauschpfeife IV	2 2/3'	(Transmiss. aus II)	Nachthorn	2'

Die Pedaltransmissionen sind nur im Baßteil.

Koppeln:	III/I, I/II
Spieltraktur:	mechanisch
Registertraktur:	elektrisch
Spielhilfen:	2 Generalkombinationen, Tutti; je 1 freie Kombination für jedes Werk allein; Trittanlage über dem Pedal siehe Sonderschema
Ladensystem:	Schleifladen

Geschichte:

Die Orgel wurde nach dem Entwurf von Hans-Henny Jahnn gebaut. Im Spieltisch (damals pneumatische Registersteurung) waren die Register in feminine und maskuline unterteilt.

1957 „normalisierte“ Ernst Brandt (Quickborn) die Registeranlage mit einfachen mechanischen Registerzügen. Das Nachthorn 4' wurde gegen ein Prinzipal 4' ausgetauscht. Schalmey 4' wurde hinzugefügt und die Rauschpfeife vierfach gemacht.

1990/91 restaurierte G. Christian Lobback (Neuendeich /Hamb.) die Orgel und rekonstruierte die alte Spieltischanlage, jetzt mit elektrischer Registersteurung. Die

1957 ergänzten Register blieben erhalten, das Nachthorn 4' wurde rekonstruiert. In der hier mitgeteilten Disposition sind die „androgynen“ Register kursiv gedruckt.

Literatur:

Hans-Henny-Jahnn-Orgel;
Günter Seggermann „Hans-Henny Jahnn und die Orgelbewegung“ im Bericht über die Tagung der GDO in Berlin 1993;
Günter Seggermann „Hans-Henny-Jahnn-Orgel klingt wieder“ in der Zeitschrift „Die Auslese“ IV/K 11/1992;
G. Christian Lobback „Hans-Henny Jahnn und sein Bild von der Orgel“ (Musik und Kirche 1994/6)

Trittanlage über der Pedal-Klaviatur der Hans-Henny-Jahnn-Orgel in der Heinrich-Hertz-Schule (1991)

Koppeln Registratur			Registratur III Auslöser				Registratur I Registratur II Auslöser					Registratur I Auslöser			Auslöser		
I	II	II	Pedal	Man. 1	Man. 2	Man. 3	Fem.	Mask.		Fem.	Mask.	Fem.		Mask.	Fem.		Mask.
(1)	(2)	(3)	(4)	(5)	(6)	(7)	(8)	(9)	(10)	(11)	(12)	(13)	(14)	(15)	(16)	(17)	(18)
									Wechseltritte			An		An	Ab		Ab

Tritt <1>: Koppeln Registratur I (an/ab)
Tritt <2>: Koppeln Registratur II (an/ab)
Tritt <3>: Koppeln Registratur III (an/ab)
Tritt <4>: Registratur III, Pedal (an/ab)
Gleichzeitig sind die Registraturen I und II im Pedal ausgeschaltet.

Tritt <5>: III. Registratur, Manual 1, dito. (an/ab)
Tritt <6>: III. Registratur, Manual 2, dito. (an/ab)
Tritt <7>: III. Registratur, Manual 3, dito. (an/ab)

Tritte <8> bis <12>: Mit dieser Kombination von fünf Tritten können die Feminin- und Maskulin-Gruppen der Registraturen I und II untereinander ausgewechselt werden.
Wechseltritte:
[8] — für die Maskulin-Gruppe und
[9] — für die Feminin-Gruppe.
Tritt <8>: I. Registratur, Feminin
sämtliche Register und das Feminin-Tutti sind abrufbereit, wenn das Register bzw. Feminin-Tutti in der Registratur gespeichert ist.
Tritt <9>: 1. Registratur, Maskulin, dito – bezogen auf die M-Gruppe

Tritt <11>: II. Registratur, Feminin
Bei Betätigung wird die Registratur I F abgeschaltet und Registratur II F tritt in Funktion.
Tritt <12>: II. Registratur, Maskulin, dito – bezogen auf die M-Gruppe
Tritt <10>: Durch Tritt <10> als Auslöser wird die Wechseltrittanlage ausgeschaltet.

Tritt <13> bis <15>: Mit Hilfe der drei Tritte kann die F- und M-Gruppe der Registratur I einzeln oder auch zusammen an- oder ausgeschaltet werden.
Tritt <13>: I. Registratur, Feminin
Tritt <15>: II. Registratur, Maskulin
Tritt <14>: Tritt <14> als Auslöser schaltet <13> u. <15> aus.

Tritt <16> bis <18>: Die Tritte haben eine übergeordnete Funktion, um die F- und M-Gruppe auszuschalten.
Die ausgeschaltete Funktion der Tritte <16> bis <17> wird durch eine rote Leuchtdiode angezeigt.
Tritt <16>: Durch den Tritt <16> wird die Feminin-Gruppe in sämtlichen Registraturen ausgeschaltet.
Tritt <18>: Durch den Tritt <18> wird die Maskulin-Gruppe in sämtlichen Registraturen ausgeschaltet.
Tritt <17>: Durch den Tritt <17> als Auslöser wird <16> bzw. <18> wieder eingeschaltet.

Tabelle: G. Christian Lobback

HERZ-JESU-KIRCHE

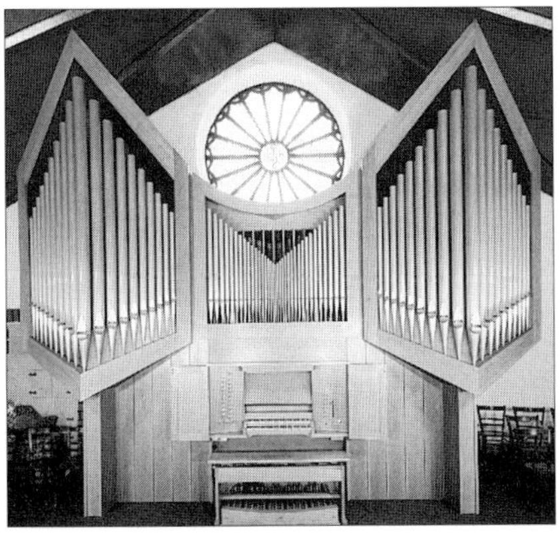

Gemeinde:	Kath. Kirchengemeinde Hamm
Bezirk:	Mitte
Straße:	Bei der Hammer Kirche 12
Baujahr der Orgel:	1981
Orgelbauer:	VEB Orgelbau Eule (Bautzen)

Disposition

Hauptwerk		**Schwellwerk**		**Pedal**	
Gedacktpommer	16'	Weitgedackt	8'	Subbaß	16'
Prinzipal	8'	Viola di Gamba	8'	Oktavbaß	8'
Rohrflöte	8'	Prinzipal	4'	Gedacktbaß	8'
Oktave	4'	Spitzflöte	4'	Gemshorn	4'
Holzflöte	4'	Nasard	2 2/3'	Pedalmixtur III	2 2/3'
Spitzprinzipal	2'	Oktave	2'	Posaune	16'
Sifflöte	1 1/3'	Terz	1 3/5'		
Mixtur IV-V	1 1/3'	Septime	1 1/7'		
Trompete	8'	Scharff IV			
		– Tremulant –			

Koppeln:	HW/P, SW/P, SW/HW
Spieltraktur:	mechanisch
Registertraktur:	mechanisch
Ladensystem:	Schleifladen

Geschichte: 1956 Umsetzung aus der Helene-Lange-Schule der 1938 von Paul Rother (Hamburg) gebauten Orgel in diese Kirche.

Literatur: Werkverzeichnis Rother

HOCHSCHULE FÜR MUSIK UND DARSTELLENDE KUNST

Bezirk:	Eimsbüttel
Straße:	Harvestehuder Weg 12
Baujahr der Orgel:	1983
Orgelbauer:	Klaus Becker (Kupfermühle/Tremsbüttel)

Disposition

Manual I		**Manual II**		**Pedal**	
Gedeckt	8'	Rohrflöte	8'	Subbaß	16'
Spitzflöte	4'	Prinzipal	4'		
Prinzipal	2'	Waldflöte	2'		
Krummhorn	8'	Cornett II ab c^0			

Tremulant auf das ganze Werk

Koppeln:	I/P, II/P, Manualschiebekoppel
Spieltraktur:	mechanisch
Registertraktur:	mechanisch
Ladensystem:	Schleifladen

HOCHSCHULE FÜR MUSIK UND DARSTELLENDE KUNST

Bezirk:	Eimsbüttel
Straße:	Harvestehuder Weg 12
Baujahr der Orgel:	1992
Orgelbauer:	Alfred Führer (Wilhelmshaven

Disposition

Hauptwerk		**Positiv** (Schweller)		**Pedal**	
Gedackt	16'	Gedackt	8'	Subbaß	16'
Prinzipal	8'	Gamba	8'	Principal	8'
Rohrflöte	8'	Principal	4'	Gemshorn	8'
Oktave	4'	Traversflöte	4'	Oktave	4'
Spitzflöte	4'	Flöte	4'	Rauschpfeife III	2'
Quinte	2 2/3'	Nasard	2 2/3'	Fagott	16'
Oktave	2'	Flöte	2'	Trompete	8'
Cornett V ab f°		Terz	1 3/5'	Klarinet	4'
Mixtur IV	1 1/3'	Larigot	1 1/3'		
Trompete	8'	Mixtur III	1'		
		Krummhorn	8'		
		Oboe	8'		
		Clairon	4'		
		– Tremulant –			

Koppeln:	HW/P, Po/P, Po/HW
Spieltraktur:	mechanisch
Registertraktur:	mechanisch
Ladensystem:	Schleifladen
Geschichte:	1951 Neubau Eberhardt Friedrich Walcker & Cie (Ludwigsburg) 1992 Umsetzung nach Viljandi (Estland)
Literatur:	Werkkatalog Führer 1992; Pape Orgeldatenbank Festschrift der Hochschule zur Orgelweihe

HOCHSCHULE FÜR MUSIK UND DARSTELLENDE KUNST

Bezirk:	Eimsbüttel
Straße:	Harvestehuder Weg 12
Baujahr der Orgel:	1994
Orgelbauer:	Thomas Jann (Laberweinting/Allkofen)

Disposition

Manual I		**Manual II**		**Pedal**	
Rohrflöte	8'	Gedeckt	8'	Violonbaß	8'
Prinzipal	4'	Holzflöte	4'	Flötenbaß	4'

Koppeln:	I/P, II/P
Spieltraktur:	mechanisch
Registertraktur:	mechanisch
Ladensystem:	Schleifladen

HOCHSCHULE FÜR MUSIK UND DARSTELLENDE KUNST

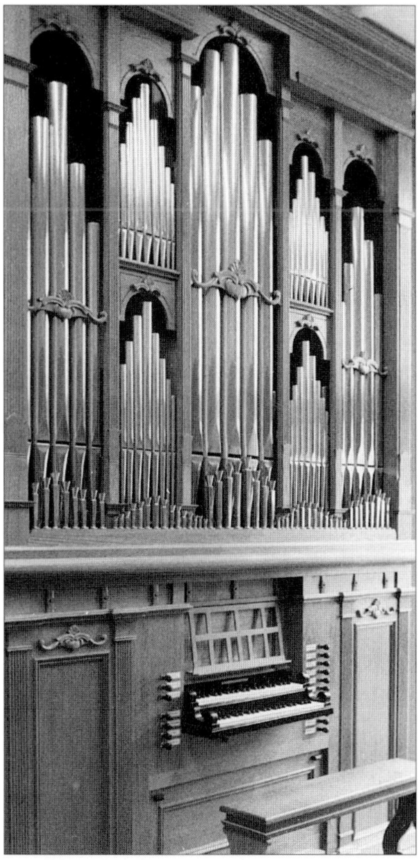

Bezirk:	Eimsbüttel
Straße:	Harvestehuder Weg 12
Baujahr der Orgel:	1994
Orgelbauer:	Gebr. Reil (Heerde/Holland)

Disposition

Manual I		**Manual II**		**Pedal**	
Prinzipal	8'	Flauto	8'	Contrabassi	16'
Ottava	4'	Flauto	4'	Ottava	8'
Flauto in Ottava	4'	Ottava	2'	Ottava	4'
Flauto in duodecima	2 2/3'				
Quinta decima	2'				
Decima nona	1 1/3'				
Vigesima secunda	1'				
Voce umana ab c^1					
Trombocini	8'				

Koppeln:	I/P, II/I
Spieltraktur:	mechanisch
Registertraktur:	mechanisch
Ladensystem:	Schleifladen
Besonderheiten:	Manualumfang kurze Oktave bis d^3; Pedalumfang bis d^1; geteilte Obertasten dis/es und gis/as; Stimmung mitteltönig temperiert

HOCHSCHULE FÜR MUSIK UND DARSTELLENDE KUNST

Bezirk:	Eimsbüttel
Straße:	Harvestehuder Weg 12
Baujahr der Orgel:	1951
Orgelbauer:	Eberhardt-Friedrich Walcker & Cie (Ludwigsburg)

Disposition

Manual I		**Manual II** (Schweller)		**Pedal**	
Quintade	16'	Gedeckt	8'	Subbaß	16'
Rohrflöte	8'	Nachthorn	4'	Baßflöte	8'
Prinzipal	4'	Prinzipal	2'	Gemshorn	4'
Spitzflöte	4'	Sifflöte	1'		
Flachflöte	2'	Terzian II			
Mixtur IV	1'	Regal	8'		
Helltrompete	8'	– Tremulant –			
– Tremulant –					

Koppeln:	I/P, II/P, II/I
Spieltraktur:	mechanisch
Registertraktur:	mechanisch
Ladensystem:	Schleifladen

Geschichte:

Die Orgel stand ursprünglich im Gebäude Anscharplatz 6 Der Entwurf der Disposition stammt von Prof. Martin-Günter Förstemann. Bei der Umsetzung in das heutige Hochschulgebäude

1972 wurde die Disposition geändert. Singend Gedeckt 8' wurde Gedeckt 8' (II). Blockflöte 4' wurde Nachthorn 4'. Engprinzipal 2' wurde Prinzipal 2'. Jauchzend Pfeife 1' wurde Sifflöte 1'. Pommer 4' (P) wurde Gemshorn 4'. Ein Nachthorn 2' fehlt jetzt im Pedal

Literatur: Musik und Kirche 1952/2

H

HOSPITAL ZUM HEILIGEN GEIST

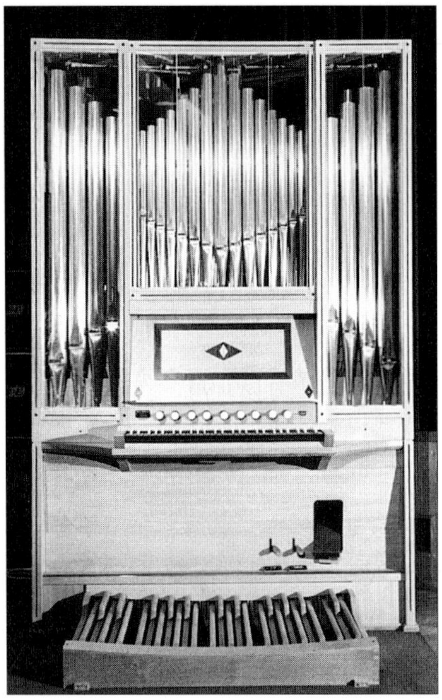

Gemeinde:	Hauptkirche St. Nikolai
Bezirk:	Wandsbek
Straße:	Hinsbleek 11
Baujahr der Orgel:	1991
Orgelbauer:	Heinz Hoffmann (Hamburg)

Disposition

Manual		**Pedal**	
Rohrflöte	8'	Subbaß	16'
Prinzipal	4'		
Flöte	4'		
Gemshorn	2'		
Scharff II			

Im Manual Schleifenteilung Baß/Diskant außer Flöte 4'.
Das Werk steht in einem Schwellkasten mit Glasjalousien.

Koppeln:	Manual/Pedal
Spieltraktur:	mechanisch
Registertraktur:	mechanisch
Ladensystem:	Schleifladen

Geschichte:

Das alte Hospital zum Heiligen Geist stand bis zum Beginn des 19. Jahrhunderts am Rödingsmarkt. Seit dem 16. Jahrhundert ist dort ein Organist nachweisbar.

1640/43 Neubau Joachim Appeldohrn (Hamburg)

1671/79 Umbau Friedrich Besser (Braunschweig), u. a. Anbau von Pedaltürmen.

1816 Verkauf der Orgel nach Cuxhaven-Ritzebüttel (Martinskirche)

1819 Aufstellung durch Johann Wilhelm Geycke (Hamburg) und Johann Hinrich Wohlien (Hamburg). Teile davon sind erhalten.

Literatur: Elgnowski „Musik im alten Hamburg“; Fock „Arp Schnitger“

IMMANUEL-KIRCHE

Gemeinde: Ev. luth. Kirchengemeinde Veddel
Bezirk: Mitte
Straße: Wilhelmsburger Straße 71
Baujahr der Orgel: 1954/58
Orgelbauer: Emil Hammer (Hannover)

Disposition

Hauptwerk		**Schwellwerk**		**Pedal**	
Quintade	16‘	Gedackt	8‘	Untersatz	16‘
Prinzipal	8‘	Spitzgedackt	4‘	Prinzipal	8‘
Spitzflöte	8‘	Oktave	2‘	Oktave	4‘
Oktave	4‘	Gemshorn	2‘	Nachthorn	2‘
Quinte	2 2/3‘	Quinte	1 1/3‘	Mixtur IV	
Waldflöte	2‘	Sesquialtera II		Posaune	16‘
Mixtur IV		Scharff III			
Trompete	8‘	Krummhorn	8‘		

Koppeln: HW/P, SW/HW
Spieltraktur: mechanisch
Registertraktur: mechanisch
Ladensystem: Schleifladen
Geschichte: 1906 Neubau Paul Rother (Hamburg) op. 113
1943 Zerstörung im Zweiten Weltkrieg
Literatur: Cortum „Orgelwerke“

ST. JACOBI-KIRCHE

Gemeinde: Ev. luth. Hauptkirchengemeinde St. Jacobi
Bezirk: Mitte
Straße: Jacobikirchhof 11
Baujahr der Orgel: 1960/70
Orgelbauer: Emanuel Kemper & Sohn (Lübeck)

Disposition

Hauptwerk		**Oberwerk**		**Schwellwerk**		**Pedal**	
Pommer	32‘	Gedackt	8‘	Gedackt	16‘	Pommer	16‘
Pommer	16‘	Dolce	8‘	Salicional	8‘	Subbaß	16‘
Prinzipal	8‘	Prinzipal	4‘	Gedackt	8‘	Gedacktbaß	16‘
Oktave	8‘	Flöte 4‘		Voix céleste	8‘	Gedackt	16‘
Gambe	8‘	Oktave	2‘	Prinzipal	4‘	Quinte	10 2/3‘
Suvoalflöte	8‘	Quinte	1 1/3‘	Flauto dolce	4‘	Baßflöte	8‘
Großoktave	4‘	Sifflöte	1‘	Blockflöte	2‘	Gedackt	8‘
Oktave	4‘	Scharff IV		Oktave	1/2‘	Prinzipalbaß	8‘
Flöte	4‘	Zwergzimbel V		None	4/9‘	Oktave	8‘
Nasat	2 2/3‘	Oboe	8‘	Sesquialtera III		Nachthorn	4‘
Oktave	2‘	– Tremulant –		Streichmixtur V		Flauto dolce	4‘
Mixtur VIII				Trompette harmonique	8‘	Oktave	4‘
Mixtur VI-VIII						Nachthorn	2‘
Scharff IV				Vox humana	8‘	Mixtur VI	
Trompete	16‘			Hölzern G’lächter		Glockenton II	
Trompete	8‘			– Tremulant –		Posaune	32‘
– Tremulant –						Posaune	16‘
						Trompete	8‘
						Oktavbaß	8‘

(steht im Prospekt der südlichen Seitenschifforgel und klingt nur dorthin)

Seitenwerk (Schweller)

Flöte	8‘	
Flöte	4‘	
Flöte	2‘	
Französ. Trompete	8‘	
Clairon	4‘	
Prinzipal	8‘	(erklingt nur ins südliche Seitenschiff)
Oktave	4‘	(erklingt nur ins südliche Seitenschiff)

Koppeln: HW/P, OW/P, SW/P, SW/HW, OW/HW, SW/OW, Pedal-Superkoppel, Pedal-Superkoppel nur für den Diskant
Spieltraktur: elektrisch
Registertraktur: elektrisch
Spielhilfen: 4 freie Kombinationen, 2 freie Pedalkombinationen, Tutti, Crescendowalze frei einstellbar
Ladensystem: Taschenladen
Literatur: Marigold „Modern organs“; Wunderlich „Arp-Schnitger-Orgel“; Musik und Kirche 1971 Heft 2

ST. JACOBI-KIRCHE

Gemeinde:	Ev. luth. Hauptkirchengemeinde St. Jacobi
Bezirk:	Mitte
Straße:	Jacobikirchhof 11
Baujahr der Orgel:	1689/93
Orgelbauer:	Arp Schnitger (Hamburg)

Disposition

Werk		**Oberpositiv**		**Rückpositiv**	
Principal	16'	Principal	8'	Principal	8'
Quintadehn	16'	Rohrflöt	8'	Gedackt	8'
Octava	8'	Holtzflöht	8'	Quintadehna	8'
Spitzflöht	8'	Spitzflöht	4'	Octava	4'
Viola da Gamba	8'	Octava	4'	Blockflöht	4'
Octava	4'	Nasat	3'	Querpfeiff	2'
Rohrflöht	4'	Octava	2'	Octava	2'
SuperOctav	2'	Gemshorn	2'	Siffloit	1 1/2'
Flachflöht	2'	Scharff IV-VI		Sexquialtera II	
Rauschpfeiff II		Cimbel III		Scharff VI-VIII	
Mixtur VI-VIII		Trommet	8'	Dulcian	16'
Trommet	16'	Vox humana	8'	Bahrpfeiff	8'
		Trommet	4'	Trommet	8'

Brustpositiv		**Pedal**		
Principal	8'	Principal	32'	2 Tremulanten
Octav	4'	Octav	16'	5 Ventiele
Hollflöht	4'	Subbaß	16'	Trommel
Waldflöht	2'	Octava	8'	
Sexquialtera II		Octava	4'	
Scharff IV-VI		Nachthorn	2'	
Dulcian	8'	Rauschpfeiff III		
Trechter Regal	8'	Mixtur VI-VIII		
		Posaune	32'	
		Posaune	16'	
		Dulcian	16'	
		Trommet	8'	
		Trommet	4'	
		Cornet	2'	

Koppeln:	BP/Werk, OP/Werck
Spieltraktur:	mechanisch
Registertraktur:	mechanisch
Ladensystem:	Schleifladen

Geschichte: ab 1303 werden Orgeln erwähnt
1512 Neubau Harmen Stüven (Hamburg)
1535 Erweiterung Jacob Iversand (Hamburg), u. a. Rückpositiv
1540/51 Reparaturen Jacob Scherer (Hamburg)
1569/70 Einbau acht neuer Stimmen Dirk Hoyer (Hamburg)
1577 Umbau Dirk Hoyer (Hamburg), u. a. neues Rückpositiv und Pedaltürme
1591 Umbau Hans Bockelmann (Hamburg)
1588/92 Umbau Hans Scherer der Ältere (Hamburg)
1635 Umbau Gottfried Fritzsche (Hamburg), u. a. Einbau eines 4. Manuals
1739 Einbau eines Glockenspiels
1760 Umbau Johann Jacob Lehnert (Hamburg)
1774 Umbau Paul Geycke (Hamburg), u. a. neuer Spieltisch
1790 Umbau J. D. Kahl
1836 Umbau Wohlien
1846 Umbau Johann Gottlieb Wolfsteller (Hamburg), u. a. Einbau einer Schwellung für Oberpositiv und Brustpositiv
1862 Umbau Christian Heinrich Wolfsteller (Hamburg)
1890 Erweiterung Marcussen (Abenrå)
1926/30 Restaurierung durch Karl Kemper (Lübeck), Sachberatung Hans-Henny Jahnn (Hamburg)
1942 Sicherung von Windladen und Pfeifen durch Auslagerung unter dem Turm in einem Bunker Karl Kemper (Lübeck)
1948/50 Provisorische Aufstellung im südlichen Seitenschiff Emanuel Kemper & Sohn (Lübeck)

1960/61 Wiederaufbau in der wiederaufgebauten Kirche mit neuem Gehäuse Emanuel Kemper & Sohn (Lübeck). Das Originalgehäuse war im Zweiten Weltkrieg verbrannt.
1990/93 Restaurierung und Neubau eines maßstabsgetreuen Gehäuses durch Jürgen Ahrend (Logabirum b/Leer)

Literatur: Adelung „Einführung"; Cortum „Die Orgelwerke"; Dähnert „Hildebrandt"; Fock „Arp Schnitger"; Fock „Zur Geschichte der Schnitger-Orgel" (Festschrift zur Wiederweihe 1961); Hauser „Orgelreform und Jacobiorgel"; Helman „Notes"; Hepworth „Jacobiorgel"; Herele „Schleifladenorgeln"; Jaacks „Orgeln"; Kaufmann „Orgelprospekt"; Kellinghusen „Orgelbauer"; Mehrkens „Schnitgerorgel"; Otto „Orgeln"; Reinitzer „Arp-Schnitger-Orgel"; Riemann „Katechismus"; Schumann „Schleswig"; Sumner „Schnitger-Orgel"; Vente „Brabanter Orgel"; Wunderlich „Das Kleine Orgelbuch"; Acta 1, 3, 7, 13, 17, 22, 23; Ars Organi 1961/Heft 9, 1965/Heft 26; Musik und Kirche 1993 Heft 2 Seite 105

J

ST. JACOBI-KIRCHE

Gemeinde:	Ev. luth. Hauptkirchengemeinde St. Jacobi
Bezirk:	Mitte
Straße:	Jacobikirchhof 11
Baujahr der Orgel:	1976
Orgelbauer:	Klaus Becker (Kupfermühle/Tremsbüttel)

Disposition

Manual	
Gedackt	8‘
Rohrflöte	4‘
Prinzipal	2‘
Regal	8‘

Spieltraktur:	mechanisch
Registertraktur:	mechanisch
Ladensystem:	Schleifladen

Geschichte: 1987 Einbau des Regal 8‘ durch Klaus Becker (Kupfermühle/Tremsbüttel)

ST. JACOBUS-KIRCHE

Gemeinde:	Katholische Kirchengemeinde Lurup
Bezirk:	Altona
Straße:	Jevenstedter Straße 111
Baujahr der Orgel:	1951
Orgelbauer:	Rudolf von Beckerath (Hamburg)

Disposition

Manual I		**Manual II**		**Pedal**	
Rohrflöte	8‘	Liebl. Gedackt	8‘	Pommer	16‘
Salicional	8‘	Rohrflöte	4‘	Gedacktbaß	8‘
Prinzipal	4‘	Prinzipal	2‘	Oktavbaß	4‘
Waldflöte	2‘	Sesquialtera II		Dulcian	16‘
Mixtur IV		Krummhorn	8‘		

Koppeln:	I/P, II/P, II/I
Spieltraktur:	mechanisch
Registertraktur:	mechanisch
Ladensystem:	Schleifladen

Geschichte:
1951 Neubau Rudolf von Beckerath für die katholische Kirche St. Bruder Konrad;
1971 Umsetzung durch Rudolf von Beckerath in die Kirche St. Jacobus

Literatur:
Werkverzeichnis v. Beckerath (Scharenberg)
Akte Eberhard Lauer

GESAMTSCHULE JAHN-SCHULE

Bezirk:	Eimsbüttel
Straße:	Bogenstraße 34/36
Baujahr der Orgel:	1910
Orgelbauer:	Paul Rother (Hamburg)

Disposition

Manual I		**Manual II**		**Pedal**	
Prinzipal	8‘	Gedeckt	8‘	Subbaß	16‘
Hohlflöte	8‘	Rohrflöte	4‘	Gedecktbaß	8‘
Gemshorn	8‘	Waldflöte	2‘	Choralbaß	4‘
Oktave	4‘	Quinte	1 1/3‘		
Flöte	4‘	Scharff III			
Quinte	2 2/3‘				
Oktave	2‘				
Mixtur IV					

Koppeln:	I/P, II/P, II/I
Spieltraktur:	elektrisch
Registertraktur:	elektrisch
Spielhilfen:	2 freie Kombinationen, Tutti
Ladensystem:	Kegelladen

Geschichte:
1978 Neuaufbau Heinz Hoffmann (Hamburg), dabei Änderung der Disposition im Sinne der Orgelbewegung, Elektrifizierung der Trakturen und neuer Spieltisch

Literatur:
Festschrift „50 Jahre Jahn-Schule“;
Werkverzeichnis Rother

JERUSALEMKIRCHE

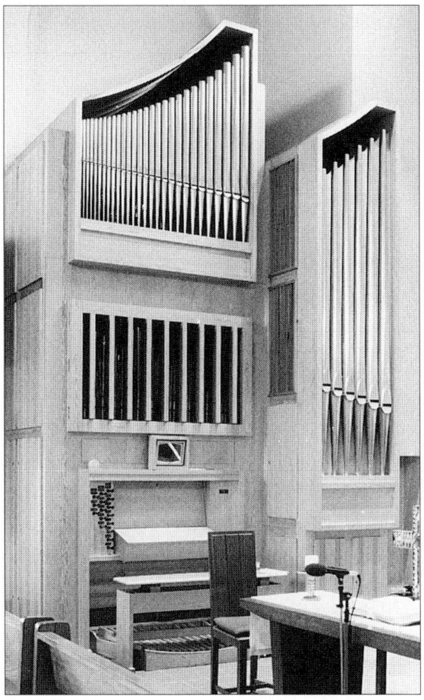

Gemeinde:	ev. Jerusalemkirchengemeinde
Bezirk:	Eimsbüttel
Straße:	Schäferkampsallee 36
Baujahr der Orgel:	1983
Orgelbauer:	Gebr. Jehmlich (Dresden)

Disposition

Hauptwerk		**Schwellwerk**		**Pedal**	
Koppelflöte	8‘	Gedackt	8‘	Subbaß	16‘
Prinzipal	4‘	Rohrflöte	4‘	Gemshorn	8‘
Spitzflöte	4‘	Prinzipal	2‘	Prinzipal	4‘
Waldflöte	2‘	Nasat	2 2/3‘		
Mixtur III-IV		Terz	1 3/5‘		
		Zimbel II-III			
		Krummhorn	8‘		
		– Tremulant –			

Koppeln:	HW/P, SW/P, SW/HW
Spieltraktur:	mechanisch
Registertraktur:	mechanisch
Ladensystem:	Schleifladen

Geschichte:
1899 Neubau Christian Heinrich Wolfsteller (Hamburg) für die alte Jerusalemkirche in Altona;
1902 Erweiterung Paul Rother (Hamburg)
1912 Umsetzung in die heutige Kirche Paul Rother (Hamburg);
1923 Neubau Paul Rother (Hamburg);
1942 Zerstörung im Zweiten Weltkrieg;
1965 Einbau einer Transmissionsorgel Alfred Führer (Wilhelmshaven), (diese Orgel stand
1993 noch als Torso auf der Empore)

Literatur:
50 Jahre Orgelbau Führer

J

JESUITEN-KAPELLE

Gemeinde:	Jesuiten am Schlump
Bezirk:	Eimsbüttel
Straße:	Beim Schlump 56
Baujahr der Orgel:	1994
Orgelbauer:	OBM Specht (Firma Hammer-Arnum b/Hannover)
	Disposition
	Manual
	Holzgedackt 8'
	Rohrflöte 4'
	Prinzipal 2'
Spieltraktur:	mechanisch
Registertraktur:	mechanisch
Ladensystem:	Schleifladen

ST. JOHANNIS-KIRCHE

Gemeinde:	Ev. luth. St. Johanniskirchengemeinde Altona
Bezirk:	Altona
Straße:	Max-Brauer-Allee 199
Baujahr der Orgel:	1997
Orgelbauer:	Orgelbau Th. Kuhn AG (Männedorf/Schweiz)

Disposition

Grand Orgue		**Positif** (Schweller)		**Récit** (Schweller)		**Pédale**	
Montre	16'	Bourdon	16'	Quintation	16'	Soubasse	32'
Montre	8'	Montre	8'	Flûte traversiére	8'	Montre	16'
Flûte harmonique	8'	Salicional	8'	Viole de Gambe	8'	(C-F: Grand Orgue)	
Gambe	8'	Flûte	8'	Bourdon	8'	Soubasse	16'
Bourdon	8'	Bourdon	8'	Voix céleste ab c^0	8'	(Verlängerung von Soubasse 32')	
Prestant	4'	Prestant	4'	Flûte octaviante	4'		
Flûte	4'	Flûte	4'	Octavin	2'	Violon	16'
Doublette	2'	Nazard	2 2/3'	Pleinjeu V	2'	Flûte	8'
Fourniture V	2'	Doublette	2'	Basson	16'	Violoncelle	8'
Cornet V (ab f^0)	8'	Tierce	1 3/5'	Tromp. harmoni.	8'	Flûte	4'
Trompette	8'	Plein-jeu IV	1 1/3'	Hautbois	8'	Bombarde	16'
Clairon	4'	Trompette	8'	Voix humaine	8'	Trompette	8'
		Cromorne	8'	Clairon harmoni.	4'	Clairon	4'
		– Tremblant –		– Tremblant –			

Koppeln:	Gr/P, Po/P, Ré/P, Po/Gr, Ré/Gr, Ré/Po, Octave grave Rê/Gr Octave aigue Réc/P
Spieltraktur:	mechanisch
Registertraktur:	elektrisch
Spielhilfen:	256-facher Setzer, Registercrescendo, Crescendo ab, Koppeln aus Crescendo
Ladensystem:	Schleifladen
Geschichte:	1871/73 Neubau Wilhelm Sauer (Frankfurt/Oder) 1905 Vergrößerung Wilhelm Sauer (Frankfurt/Oder) 1952 Umbau Rudolf von Beckerath (Hamburg) unter Verwendung des meisten Sauerschen Pfeifenwerks; 1965 Umbau Rudolf von Beckerath (Hamburg). Dabei erhält die Orgel ein geschlossenes Gehäuse unter Einbeziehung des Sauerschen Prospektes und ein Rückpositiv. 1994 Vernichtung der Orgel durch Brand.
Literatur:	Falckenberg „Sauer“

ST. JOHANNIS-KIRCHE

Gemeinde:	Ev. luth. Kirchengemeinde Curslack
Bezirk:	Bergedorf
Straße:	Rieckweg 3
Baujahr der Orgel:	1968
Orgelbauer:	Alfred Führer (Wilhelmshaven)

Disposition

Hauptwerk		**Oberwerk**		**Pedal**	
Prinzipal	8'	Gedackt	8'	Subbaß	16'
Rohrflöte	8'	Blockflöte	4'	Prinzipal	8'
Oktave	4'	Prinzipal	2'	Oktave	4'
Spitzflöte	4'	Quinte	1 1/3'	Rauschpfeife III	2'
Flachflöte	2'	Scharff III	2/3'	Fagott	16'
Sesquialtera II		Dulcian	8'		
Mixtur IV	1 1/3'	– Tremulant –			
Trompete	8'				

Koppeln:	HW/P, OW/HW
Spieltraktur:	mechanisch
Registertraktur:	mechanisch
Ladensystem:	Schleifladen

Geschichte:

1622 Neubau Hans Scherer der Ältere (Hamburg)
1674 Reparatur Michael Beriegel (Lüneburg);
1737/39 Umbau Julius Bünting (Lübeck); mit neuem Gehäuse
1812 Umbau Paul Geycke (Hamburg), u. a. Versetzung auf eine neue Westempore mit neuem Spieltisch;
1878 Umbau Balthasar Goetzel (Hamburg);
1903 „Modernisierung" Albert Stallmann (Hamburg);
1934 Reparatur Karl Schwenger
1963 Abbruch wegen Emporenvergrößerung. Das Gehäuse von Bünting ist erhalten.

Literatur:

Cortum „Orgeln"; Fock „Hamburgs Anteil";
Fock „Arp Schnitger"; Kiehn „Curslack"; Acta 7
Werkkatalog Führer 1969; 50 Jahre Orgelbau Führer
Bau- und Kunstdenkmale

ST. JOHANNIS-KIRCHE

Gemeinde:	Ev. luth. Kirchengemeinde Curslack
Bezirk:	Bergedorf
Straße:	Rieckweg 3
Baujahr der Orgel:	1971
Orgelbauer:	Rudolf von Beckerath (Hamburg)

Disposition

Manual		**Pedal**	
Gedackt	8'	Subbaß	16'
Prinzipal	4'	Subbaß	8'
Rohrflöte	4'		
Oktave	2'		
Mixtur IV			

Koppeln:	M/P
Spieltraktur:	mechanisch
Registertraktur:	mechanisch
Ladensystem:	Schleifladen (Baß/Diskantteilung bei b/h)

Geschichte:

Aus fünf erhaltenen Registern der Orgel von 1622 stellte Rudolf von Beckerath die kleine Orgel zusammen und fügte die Mixtur im Manual und – als Transmission – den Subbaß 8' hinzu.

Literatur:

zum Teil siehe Hauptorgel
Werkverzeichnis von Beckerath (Scharenberg)

ST. JOHANNIS-KIRCHE

Gemeinde: Ev. luth. Kirchengemeinde St. Johannis Eppendorf
Bezirk: Nord
Straße: Ludolfstraße 66
Baujahr der Orgel: 1972/73
Orgelbauer: G. F. Steinmeyer & Co. (Oettingen/Bayern)

Disposition

Hauptwerk		**Schwellwerk**		**Brustwerk** (Schweller)		**Pedal**	
Blockwerk VI	8‘	Sing. Prinzipal	8‘	Gedackt	8‘	Subbaß	16‘
Spitzflöte	8‘	Prinzipal	4‘	Rohrflöte	4‘	Prinzipal	8‘
Coppelflöte	4‘	Schweizerpfeife	2‘	Nasat	2 2/3‘	Oktave	4‘
Quinte	1 1/3‘	Sesquialtera II		Prinzipal	2‘	Cornett III	2‘
Oktave	4‘	Dulcian	16‘	Scharff III	1‘	Fagott	16‘
– Tremulant –		Trompete	8‘	Bärpfeife	8‘	Trompete	8‘
		– Tremulant –		– Tremulant –			

Koppeln: HW/P, SW/P, BW/P, SW/HW, BW/HW
Spieltraktur: mechanisch
Registertraktur: elektrisch
Spielhilfen: 4 freie Kombinationen, Pleno, Auslöser, Handregister ab
Ladensystem: Schleifladen

Geschichte:
1701 Neubau Arp Schnitger
1870/72 Neubau Christian Heinrich Wolfsteller (Hamburg)
1902 Neubau Paul Rother (Hamburg)
1915 Erweiterung Paul Rother (Hamburg)
1947 Umbau Paul Rother (Hamburg)
1953/55 Neubau Emanuel Kemper & Sohn (Lübeck)
1996 Umbau G. F. Steinmeyer + Co (Oettingen/Bayern); dabei kommt Oktave 4‘ aus dem Blockwerk auf die Schleife Trechterregal; dies wird entfernt. Neue Schleierbretter

Literatur: Cortum „Orgelwerke“; Fock „Arp Schnitger“; Werkverzeichnis Rother; Ars Organi 1983/3; Musik und Kirche 1955/5

ST. JOHANNIS-KIRCHE

Gemeinde: Ev. luth. St. Johanniskirchengemeinde Harburg
Bezirk: Harburg
Straße: Bremer Straße 15 a
Baujahr der Orgel: 1963
Orgelbauer: Paul Ott (Göttingen)

Disposition

Hauptwerk		**Rückpositiv**		**Brustwerk**		**Pedal**	
Quintadena	16‘	Quintadena	8‘	Holzgedackt	8‘	Prinzipal	16‘
Prinzipal	8‘	Gedackt	8‘	Blockflöte	4‘	Subbaß	16‘
Hohlflöte	8‘	Prinzipal	4‘	Prinzipal	2‘	Oktave	8‘
Oktave	4‘	Koppelflöte	4‘	Quinte	1 1/3‘	Gedackt	8‘
Querflöte	4‘	Oktave	2‘	Septime	1 1/7‘	Oktave	4‘
Nasat	3‘	Gemsquinte	1 1/3‘	Terzian II		Nachthorn	2‘
Spitzflöte	2‘	Sifflöte	1‘	Zimbel III		Mixtur V	
Rauschpfeife II		Sesquialtera II		Krummhorn	8‘	Posaune	16‘
Mixtur IV-VI		Scharff III-IV		– Tremulant –		Trompete	8‘
Terzzimbel III		Dulcian	16‘			Trompete	4‘
Trompete	8‘	Vox humana	8‘				
		– Tremulant –					

Das Rückpositiv verfügt über einen Extraspieltisch für Continuozwecke

Koppeln: HW/P, RP/P, RP/HW, BW/HW
Spieltraktur: mechanisch
Registertraktur: mechanisch
Ladensystem: Schleifladen
Geschichte:
1894 Neubau Ernst Röver (Hausneindorf)
1944 kriegszerstört
Literatur:
Pape Orgeldatenbank
Kirchenkreisarchiv Harburg 1064/Johannis 513

JOHANNIS-KIRCHE

Gemeinde:	Christengemeinschaft Harvestehude
Bezirk:	Eimsbüttel
Straße:	Johnsallee 17
Baujahr der Orgel:	1975
Orgelbauer:	Jürgen Ahrend (Leer-Logabirum)

Disposition

Hauptwerk		**Brustwerk**		**Pedal**	
Praestant	8‘	Holzgedackt	8‘	Subbaß	16‘
Gedackt	8‘	Holzflöte	4‘	Gedacktpommer	8‘
Salicional	8‘	Waldflöte	2‘	Oktave	4‘
Oktave	4‘	Quinte	1 1/3‘	Trompete	8‘
Spitzgedackt	4‘	Terz (ab f^2 1 3/5‘)4/5‘			
Nasat	2 2/3‘	Krummhorn	8‘		
Oktave	2‘	– Tremulant –			
Mixtur III					

Koppeln:	HW/P, BW/P
Spieltraktur:	mechanisch
Registertraktur:	mechanisch
Ladensystem:	Schleifladen

Geschichte:

1955 Aufstellung eines Positivs durch Klaus Becker (Kupfermühle/Tremsbüttel);
1956 Umsetzung in die Michaelgemeinde Blankenese durch Klaus Becker (Kupfermühle/Tremsbüttel); Aufstellung einer Hausorgel (Eberhard von Below) Klaus Becker (Kupfermühle/Tremsbüttel);
1974 Umsetzung dieser Orgel in die Lukaskirche Volksdorf der Christengemeinschaft Peter Reichmann (Braunschweig-Beverode)

Literatur: Festschrift der Gemeinde

ST. JOHANNIS-KIRCHE

Gemeinde:	Ev. luth. Kirchengemeinde Neuengamme
Bezirk:	Bergedorf
Straße:	Feldstegel 18
Baujahr der Orgel:	1634
Orgelbauer:	Gottfried Fritsche (Hamburg)

Disposition

Hauptwerk		**Oberwerk**		**Pedal**	
Quintade	16‘	Holzflöte	8‘	Subbaß	16‘
Prinzipal	8‘	Quintade	8‘	Prinzipal	8‘
Gedackt	8‘	Prinzipal	4‘	Oktave	4‘
Oktave	4‘	Gedackt	4‘	Mixtur IV	
Blockflöte	4‘	Waldflöte	2‘	Posaune	16‘
Oktave	2‘	Sesquialtera II		Trompete	8‘
Mixtur IV-V		Scharff III			
Trompete	8‘	Oboe8‘			
		– Tremulant –			

Koppeln:	HW/P, OW/P, OW/HW
Spieltraktur:	mechanisch
Registertraktur:	mechanisch
Ladensystem:	Schleifladen

Geschichte:

1621 Erweiterung einer vorhandenen Orgel
1803 Erweiterung Paul Geycke (Hamburg), neues Gehäuse erh.
1861 Erweiterung J. C. R. Wohlien (Hamburg)
1927 Umbau Albert Stallmann (Hamburg)
1961 Umbau Emanuel Kemper & Sohn (Lübeck)

Literatur: Cortum „Orgelwerke“; Fock „Hamburgs Anteil“
Fock „Arp Schnitger“; Hamburg-Bauten
Pape Orgeldatenbank

ST. JOHANNIS-KIRCHE

Gemeinde:	Ev. luth. St. Johanniskirchengemeinde Harvestehude
Bezirk:	Eimsbüttel
Straße:	Heimhuder Straße/Turmweg
Baujahr der Orgel:	1974
Orgelbauer:	Willi Peter (Köln)

Disposition

Manual I		**Manual II**		**Schwellwerk**		**Pedal**	
Bordun	16‘	Grobgedackt	8‘	Prinzipal	8‘	Prinzipalbaß	16‘
Prinzipal	8‘	Quintade	8‘	Nachthorn	8‘	Subbaß	16‘
Hohlflöte	8‘	Zartflöte	8‘	Oktave	4‘	Quinte	10 2/3‘
Sing. Gedackt	8‘	Prinzipal	4‘	Blockflöte	4‘	Prinzipalbaß	8‘
Honaliquot	5 1/3‘	Querflöte	4‘	Nasard	2 2/3‘	Gedackt	8‘
Prinzipal	4‘	Oktave	2‘	Oktave	2‘	Oktavbaß	4‘
Rohrflöte	4‘	Schweizerpfeife	2‘	Waldflöte	2‘	Trichtergedackt	4‘
Quinte	2 2/3‘	Sifflöte	1‘	Nachthorn	1‘	Flachflöte	2‘
Oktave	2‘	Terzian II		Mixtur V		Rauschpfeife IV	
Spillflöte	2‘	Scharff IV		Dulzian	16‘	Posaune	16‘
Sesquialtera II		Krummhorn	8‘	Trompete	8‘	Dulzian	16‘
Mixtur V		– Tremulant –		Vox humana	8‘	Trompete	8‘
Zimbel III				Schalmey	4‘	Oboe	8‘
Trompete	8‘			– Tremulant –		Schalmey	4‘
– Tremulant –							

Koppeln:	I/P, II/P, SW/P, II/I, SW/I
Spieltraktur:	elektrisch
Registertraktur:	elektrisch
Spielhilfen:	Crescendowalze, Walze ab, 4 freie Kombinationen, 1 freie Pedalkombination, Tutti, Zungeneinzelabsteller, Pedalregister ab, Koppeln aus Walze
Ladensystem:	SW Taschenladen, sonst Schleifladen
Geschichte:	1882 Neubau Marcussen (Abenrå) 1925 Vergrößerung Paul Rother (Hamburg) 1933 Vergrößerung P. Furtwängler & Hammer (Hannover) Das Gehäuse von 1882 ist erhalten
Literatur:	Cirsovius „Marcussen“; Cortum „Orgelwerke“

ST. JOHANNIS-KIRCHE

Gemeinde:	Ev. luth. St. Johanniskirchengemeinde Harvestehude
Bezirk:	Eimsbüttel
Straße:	Heimhuder Straße/Turmweg
Baujahr der Orgel:	1962
Orgelbauer:	Alfred Führer (Wilhelmshaven)

Disposition

Manual		**Pedal**
Gedeckt	8‘	angehängt
Rohrflöte	4‘	
Prinzipal	2‘	
Zimbel III		

Prinzipal 2‘ und Zimbel III Schleifenteilung in Baß/Diskant

Spieltraktur:	mechanisch
Registertraktur:	mechanisch
Ladensystem:	Schleifladen
Literatur:	Werkkatalog Führer 1962 50 Jahre Orgelbau Führer

ST. JOHANNIS-KIRCHE (GEMEINDEHAUS)

Gemeinde:	Ev. luth. St. Johanniskirchengemeinde Harvestehude
Bezirk:	Eimsbüttel
Straße:	Heimhuder Straße 90
Baujahr der Orgel:	1908
Orgelbauer:	G. F. Steinmeyer & Co. (Oettingen/Bayern)

Disposition

Manual I		**Manual II**		**Pedal**	
Principal	8'	Gambe	8'	Subbaß	16'
Flauto	8'	Flauto amabile	8'		
Oktave	4'	Dolce	8'		

Koppeln:	I/P, II/P, II/I, Superkoppel I (durchgebaut), Subkoppel II/I
Spieltraktur:	pneumatisch
Registertraktur:	pneumatisch
Spielhilfen:	Das ganze Werk steht in einem Schwellkasten. Automatisches Planpedal, Forte, Auslöser, Super- und Subkoppel sind nicht im Forte vorhanden.
Ladensystem:	Taschenladen
Literatur:	Cortum „Orgelwerke"

ST. JOHANNIS-KIRCHE

Gemeinde:	Ev. luth. Kirchengemeinde Rissen
Bezirk:	Altona
Straße:	Raalandsweg 5
Baujahr der Orgel:	1996
Orgelbauer:	Hey-Orgelbau (Urspringen/Rhön)

Disposition

Hauptwerk		**Positiv**		**Schwellwerk**		**Pedal**	
Principal	8'	Gedackt	8'	Bordun	16'	Subbaß	16'
Holzflöte	8'	Rohrflöte	4'	Flötenprincipal	8'	Octavbaß	8'
Praestant	4'	Principal	2'	Viola da Gamba	8'	Gedacktbaß	8'
Oktave	2'	Sesquialtera II		Voix céleste	8'	Stille Posaune	16'
Mixtur IV		Scharff III		Principal	4'	Trompete	8'
Trompete	8'	Dulcian	8'	Flûte harmonique	4'		
		– Tremulant –		Nasard	2 2/3'		
				Waldflöte	2'		
				Plein jeu IV			
				Oboe	8'		
				– Tremulant –			

Koppeln:	HW/P, SW/P, Po/P, SW/HW, Po/HW, SW/Po Superkoppel SW/P
Spieltraktur:	mechanisch
Registertraktur:	elektrisch
Spielhilfen:	64-facher Setzer, Mixturen ab, Zungeneinzelabsteller
Ladensystem:	Schleifladen
Geschichte:	1936 Neubau Emil Hammer (Hannover) 1962 Neubau Eberhardt Friedrich Walcker & Cie (Ludwigsburg)
Literatur:	Pape Orgeldatenbank

ST. JOHANNIS-KIRCHE

Gemeinde: Katholische Kirchengemeinde Steilshoop
Bezirk: Wandsbek
Straße: Gründgensstraße 32
Baujahr der Orgel: 1979
Orgelbauer: Eberhardt Friedrich Walcker & Cie (Murrhardt)

Disposition

Hauptwerk		**Schwellwerk**		**Pedal**	
Prinzipal	8'	Holzgedackt	8'	Subbaß	16'
Rohrflöte	8'	Spitzflöte	4'	Oktavbaß	8'
Oktave	4'	Prinzipal	2'	Choralbaß	4'
Quinte	2 2/3'	Zimbel III		Posaune	16'
Gemshorn	2'	Krummhorn	8'		
Mixtur IV-VI	1 1/3'	– Tremulant –			
Trompete	8'				

Koppeln: HW/P, SW/P, DW/HW
Spieltraktur: mechanisch
Registertraktur: elektrisch
Spielhilfen: 1 freie Kombination, Tutti, Zungenabsteller
Ladensystem: Schleifladen

Geschichte: Vorher war ein Positiv vorhanden. Dieses wurde von Heinz Hoffmann (Hamburg) zur katholischen Akademie am Herrengraben umgesetzt (1979) (s. dort). Es kam 1973 aus der kath. St. Bruder-Konrad-Kirche Osdorf.

ST. JOSEPH-KIRCHE

Gemeinde: Katholische Kirchengemeinde Wandsbek
Bezirk: Wandsbek
Straße: Witthöftstraße 1-3
Baujahr der Orgel: 1974
Orgelbauer: Franz Grollmann (Hamburg)

Disposition

Hauptwerk		**Brustwerk** (Schweller)		**Pedal**	
Quintadena	16'	Gedackt	8'	Subbaß	16'
Principal	8'	Rohrflöte	4'	Principal	8'
Rohrflöte	8'	Principal	2'	Bordun	8'
Octave	4'	Spitzflöte	2'	Octave	4'
Gemshorn	4'	Quinte	1 1/3'	Nachthorn	2'
Nasat	2 2/3'	Terz	1 3/5'	Mixtur IV-V	
Waldflöte	2'	Scharff IV		Posaune	16'
Mixtur IV-VI		Cymbel I		Trompete	8'
Dulcian	16'	Regal	16'	Cornet	2'
Trompete	8'	Krummhorn	8'		
– Tremulant –		– Tremulant –			
		Zimbelstern			

Koppeln: HW/P, BW/P, BW/HW
Spieltraktur: mechanisch
Registertraktur: elektrisch
Spielhilfen: 64 (8x8) Generalsetzer
Ladensystem: Schleifladen

Geschichte:
1932 Neubau Paul Rother (Hamburg) op. 184
1952 Umbau Paul Rother (Hamburg), nach
1957 Ausbau der Schwelltüren wegen Stimmproblemen
1957/59 Neubau Ernst Brandt (Quickborn), Fertigstellung Franz Grollmann (Hamburg)

Literatur: v. d. Berg „Neue katholische Orgeln“

JOHANNESKAPELLENGEMEINDE

Bezirk:	Mitte
Straße:	Billhorner Mühlenweg 31
Baujahr der Orgel:	vor 1952
Orgelbauer:	Emanuel Kemper & Sohn (Lübeck)

Disposition

Manual		**Pedal**	
Gedackt	8'	Subbaß	16'
Prinzipal	4'		
Rohrflöte	4'		
Oktave	2'		
Quinte	1 1/3'		
Regal	8'	(Schleifenteilung Baß/Diskant)	
– Tremulant –			

Koppeln:	Manual/Pedal
Spieltraktur:	mechanisch
Registertraktur:	mechanisch
Ladensystem:	Schleifladen

Geschichte:

1922 Neubau Paul Rother (Hamburg). Diese Orgel wurde im Zweiten Weltkrieg zerstört.
1967 Ankauf der Orgel von der St. Nikolauskirche Alsterdorf.

ST. JOSEPH-KIRCHE

Gemeinde:	Kath. St. Joseph-Kirchen-Gemeinde Altona
Bezirk:	Altona
Straße:	Große Freiheit 43
Baujahr der Orgel:	1969
Orgelbauer:	Klaus Becker (Kupfermühle/Tremsbüttel)

Disposition

Hauptwerk		**Rückpositiv**		**Brustwerk**		**Pedal**	
Pommer	16'	Koppelflöte	8'	Gedackt	8'	Subbaß	16'
Prinzipal	8'	Quintade	8'	Rohrflöte	4'	Prinzipal	8'
Rohrflöte	8'	Prinzipal	4'	Prinzipal	2'	Gedackt	8'
Oktave	4'	Spitzflöte	4'	Nasat	1 1/3'	Choralbaß	4'
Gedackt	4'	Nachthorn	2'	Zimbel II	1/2'	Mixtur IV	2'
Nasat	2 2/3'	Oktave	1'	Regal	8'	Posaune	16'
Gemshorn	2'	Sesquialtera II				Trompete	8'
Terz	1 3/5'	Scharff III	1'				
Mixtur V	1 1/3'	Krummhorn	8'				
Fagott	16'	– Tremulant –					
Trompete horiz.	8'						

Koppeln:	HW/P, RP/P, RP/HW, BW/HW
Spieltraktur:	mechanisch
Registertraktur:	mechanisch
Spielhilfen:	4 mechanische Setzer
Ladensystem:	Schleifladen

Geschichte:

1806 Einbau von Teilen aus der Orgel aus dem Hamburger Dom (1631 vorhanden)
1701 von Arp Schnitger erneuert; Teile bis 1943 erhalten)
1901 Umbau Paul Rother (Hamburg)
1914 Neubau Paul Rother (Hamburg)
1943 Zerstörung im Zweiten Weltkrieg
1954 Ankauf der alten Orgel aus der Kreuzkirche Hamburg-Ottensen (1883 Joh. Hinr. Röver/Stade)

Literatur:

V. d. Berg, „Neue kath. Orgeln“
Werkverzeichnis Rother
25 Jahre Klaus Becker

JOSHUA-KIRCHE

Gemeinde: Ev.freikirchliche Gemeinde Ottensen
Bezirk: Altona
Strafle: Daimler-Strafle 38
Baujahr der Orgel: 1963
Orgelbauer: Alfred Führer (Wilhelmshaven)

Disposition

Manual		**Pedal**
Gedeckt	8'	angehängt
Rohrflöte	4'	
Prinzipal	2'	
Zimbel II (Schleifladenteilung in Bafl/Diskant)		

Spieltraktur: mechanisch
Registertraktur: mechanisch
Ladensystem: Schleiflade

Geschichte: 1963 Lieferung des Positivs an die Lutherkirche in Hamburg-Bahrenfeld
1983 Verkauf des Positivs an die Josua-Kirche

Literatur: Werkkatalog Führer 1963; 50 Jahre Orgelbau Führer

JUBILATEKIRCHE

Gemeinde: Ev. luth. Kirchengemeinde Lemsahl-Mellingstedt
Bezirk: Wandsbek
Straße: Madacker 5
Baujahr der Orgel: 1967
Orgelbauer: Eberhardt-Friedrich Walcker & Cie (Ludwigsburg)

Disposition

Hauptwerk		**Oberwerk**		**Pedal**	
Rohrflöte	8'	Holzgedackt	8'	Subbaß	16'
Prinzipal	4'	Nachthorn	4'	Gedeckt	8'
Waldflöte	2'	Prinzipal	2'	Oboe	4'
Scharffzymbel III		Quinte	1 1/3'		
		– Tremulant –			

Koppeln: HW/P, OW/P, OW/HW
Spieltraktur: mechanisch
Registertraktur: mechanisch
Ladensystem: Schleifladen

Geschichte: Die Orgel wurde für den kleineren Gemeindesaal gebaut. Nach Erweiterung zum Kirchsaal wurde
1991 die Orgel von Hinrich Otto Paschen (Kiel) mit neuer Mechanik wieder eingebaut. Eine geplante Erweiterung um drei Zungenregister erfolgte bisher nicht (1993).

JUBILATEKIRCHE

Gemeinde: Ev. luth. Kirchengemeinde Öjendorf
Bezirk: Mitte
Straße: Merkenstraße 26
Baujahr der Orgel: 1964
Orgelbauer: Eberhard Tolle (Preetz)

Disposition

Manual		**Pedal**
Gedackt	8'	angehängt
Gemshorn	4'	
Flöte	2'	
Scharff II-III	1'	

Spieltraktur: mechanisch
Registertraktur: mechanisch
Ladensystem: Schleifladen

Literatur: 50 Jahre Orgelbau Führer (die dort als Baujahr angegebene Jahreszahl 1955 ist anzuzweifeln, da es die Gemeinde noch nicht gab)

JUBILATEKIRCHE

Gemeinde:	Ev. luth. Kirchengemeinde Öjendorf
Bezirk:	Mitte
Straße:	Merkenstraße 26
Baujahr der Orgel:	1970
Orgelbauer:	Alfred Führer (Wilhelmshaven)

Disposition

Hauptwerk		**Brustwerk** (Schweller)		**Pedal**	
Quintade	16'	Spitzgamba	8'	Subbaß	16'
Prinzipal	8'	Liebl. Gedackt	8'	Oktavbaß	8'
Gedackt	8'	Prinzipal	4'	Gedacktbaß	8'
Oktave	4'	Blockflöte	4'	Flötenprinzipal	4'
Rohrflöte	4'	Gemshorn	2'	Nachthorn	2'
Quinte	2 2/3'	Sifflöte	1'	Rauschpf. IV	2 2/3'
Waldflöte	2'	Sesquialtera II		Stille Posaune	16'
Mixtur V-VI	1 1/3'	Scharff IV	2/3'	Clarine	4'
Trompete	8'	Dulcian	8'		

Koppeln:	HW/P, BW/P, BW/HW
Spieltraktur:	mechanisch
Registertraktur:	elektrisch
Spielhilfen:	2 freie Kombinationen, Tutti
Ladensystem:	Schleifladen

Literatur: Werkkatalog Führer 1970; Pape Orgeldatenbank
50 Jahre Orgelbau Führer

ST. JÜRGEN-KIRCHE

Gemeinde:	Ev. luth. St. Jürgenkirchengemeinde Langenhorn
Bezirk:	Nord
Straße:	Eichenkamp 10
Baujahr der Orgel:	1976
Orgelbauer:	Orgelbau Eule (Bautzen)

Disposition

Hauptwerk		**Schwellwerk**		**Pedal**	
Prinzipal	8'	Gedackt	8'	Subbaß	16'
Koppelflöte	8'	Rohrflöte	4'	Oktavbaß	8'
Oktave	4'	Prinzipal	2'	Choralbaß	4' + 2'
Gedecktflöte	4'	Sifflöte	1 1/3'		
Waldflöte	2'	Sesquialtera II			
Mixtur IV		Scharff III			
		Rohrschalmey	8'		
		– Tremulant –			

Koppeln:	HW/P, SW/P, SW/HW
Spieltraktur:	mechanisch
Registertraktur:	mechanisch
Ladensystem:	Schleifladen
Geschichte:	1939 Neubau Wilhelm Sauer (Inh. Dr. h. c. Oscar Walcker) (Frankfurt/Oder) op. 1605; 1967 Reparatur Alfred Führer (Wilhelmshaven) 1992 Einbau der Rohrschalmey 8' Orgelbau Eule (Bautzen)
Literatur:	Fock „Orgelkartei" 50 Jahre Orgelbau Führer

J

JUSTIZVOLLZUGSANSTALT I

Bezirk:	Nord
Straße:	Suhrenkamp 92
Baujahr der Orgel:	1957
Orgelbauer:	Berliner Orgelbau Karl Schuke (Berlin-W.)

Disposition

Manual I		**Manual II**		**Pedal**	
Rohrflöte	8'	Quintade	8'	Untersatz	16'
Prinzipal	4'	Blockflöte	4'	Oktave	4'
Mixtur IV		Prinzipal	2'		
		Tertian II			

Koppeln:	I/P, II/P, II/I
Spieltraktur:	mechanisch
Registertraktur:	mechanisch
Ladensystem:	Schleifladen

Geschichte:

1876 Neubau Christian Heinrich Wolfsteller (Hamburg) Diese Orgel ist verschwunden. Das Gehäuse wurde um die Schukeorgel herumgestellt und ist erhalten.

1964 Umsetzung aus der Nikodemuskirche Ohlsdorf durch Franz Grollmann (Hamburg) hierher (s. d.)

Literatur: Staatsarchiv Akte 26/31

JUSTIZVOLLZUGSANSTALT V

Bezirk:	Nord
Straße:	Am Hasenberge 26
Baujahr der Orgel:	1892/93
Orgelbauer:	Gebr. Nagel (Großenhain/Sa)

Disposition

Manual		**Pedal**	
Bordun	16'	Subbaß	16'
Prinzipal	8'	Violoncello	8'
Flauto amabile	8'		
Salicional	8'		
Aeoline	8'		
Liebl. Gedackt	8'		
Oktave	4'		
Oktave	2'		

Koppeln:	Manual/Pedal
Spieltraktur:	mechanisch
Registertraktur:	mechanisch
Ladensystem:	Kegelladen

Geschichte:

1994 Restaurierung Heinz Hoffmann (Hamburg), dabei Fund einer Notiz des Erbauers mit Nennung des Namens und des Baujahres

JUSTIZVOLLZUGSANSTALT II

Bezirk:		Nord			
Straße:		Am Hasenberge 26			
Baujahr der Orgel:		1906			
Orgelbauer:		Paul Rother (Hamburg)			
		Disposition			
Manual I		**Manual II**		**Pedal**	
Bordun	16'	Stillgedackt	16'	Subbaß	16'
Prinzipal	8'	Geigenprinzipal	8'	Violonbaß	16'
Gamba	8'	Flauto amabile	8'	Oktavbaß	8'
Hohlflöte	8'	Liebl. Gedackt	8'	Violoncello	8'
Gemshorn	8'	Salicional	8'	Oktavbaß	4'
Gedackt	8'	Aeoline	8'		
Oktave	4'	Flauto traverso	4'		
Mixtur III	2 2/3'	Waldflöte	2'		
Trompete	8'				

Koppeln:	I/P, II/P, II/I, Superkoppel II
Spieltraktur:	pneumatisch
Registertraktur:	pneumatisch
Ladensystem:	Kegelladen
Geschichte:	1992 Renovierung Heinz Hoffmann (Hamburg)
Literatur:	Werkverzeichnis Rother

JUSTIZVOLLZUGSANSTALT NEUENGAMME

Bezirk:		Bergedorf	
Straße:		Neugammer Heerweg 75	
Baujahr der Orgel:		1958	
Orgelbauer:		Eberhardt-Friedrich Walcker (Ludwigsburg	
		Disposition	
Manual		**Pedal**	
Metallgedackt	8'	Subbaß	16'
Prinzipal	4'	Gedacktpommer	4'
Rohrflöte	4'		
Oktave	2'		
Mixtur II-III			

Schleifenteilung Baß/Diskant im Manual

Koppeln:	Manual/Pedal
Spieltraktur:	mechanisch
Registertraktur:	mechanisch
Ladensystem:	Schleifladen

KAPERNAUMKIRCHE

Gemeinde:	Ev. luth. Kapernaumgemeinde Horn
Bezirk:	Mitte
Straße:	Sievekingsallee 189
Baujahr der Orgel:	1965
Orgelbauer:	Alfred Führer (Wilhelmshaven)

Disposition

Hauptwerk		**Brustwerk**(Schweller)		**Pedal**	
Quintadena	16'	Gedackt	8'	Subbaß	16'
Prinzipal	8'	Blockflöte	4'	Prinzipal	8'
Rohrflöte	8'	Prinzipal	2'	Oktave	4'
Oktave	4'	Gemshorn	2'	Nachthorn	2'
Spitzflöte	4'	Quinte	1 1/3'	Mixtur IV	2'
Oktave	2'	Scharff III		Posaune	16'
Sesquialtera II		Dulcian	8'	Trompete	8'
Mixtur IV-V	1 1/3'	– Tremulant –		Trompete	4'
Trompete	8'				

Koppeln:	HW/P, BW/P, BW/HW
Spieltraktur:	mechanisch
Registertraktur:	mechanisch
Ladensystem:	Schleifladen
Geschichte:	1962 Leihpositiv der Firma Alfred Führer (Wilhelmshaven) aus Langenfelde bis 1965
Literatur:	Werkkatalog Führer 1965; 50 Jahre Orgelbau Führer

ST. KATHARINEN-KIRCHE

Gemeinde:	Ev. luth. Hauptkirchengemeinde St. Katharinen
Bezirk:	Mitte
Straße:	Katharinenkirchhof 1
Baujahr der Orgel:	1962
Orgelbauer:	Emanuel Kemper & Sohn (Lübeck)

Disposition

Hauptwerk		**Oberwerk** (Schweller)		**Rückpositiv**	
Prinzipal	16'	Gedackt	16'	Prinzipal	8'
Pommer	16'	Prinzipal	8'	Quintadena	8'
Oktave	8'	Rohrflöte	8'	Gedackt	8'
Spitzflöte	8'	Spitzgambe	8'	Oktave	4'
Trichterflöte	8'	Céleste	8'	Rohrflöte	4'
*Quinte	5 1/3'	Oktave	4'	Quinte	2 2(3'
*Oktave	4'	Schweizerpfeife	4'	Oktave	2'
Nachthorn	4'	Nasat	2 2/3'	Terz	1 3/5'
*Quinte	2 2/3'	Flöt-Oktave	2'	Spitzquinte	1 1/3'
Oktave	2'	Glockenton	1/2'	Sifflöte	1'
Flachflöte	2'	Quintzimbel II		Scharff V-VII	
Terzian II		Fernmixtur VI		Dulcian	16'
Scharff IV		Cornett V		Trechterregal	8'
Mixtur VI-VIII		Rankett	16'	Zarttrompete	8'
*Trompete	16'	Oboe	8'	– Tremulant –	
Trompete	8'	Vox humana	8'		
Trompete	4'	– Tremulant –			
– Tremulant –					

Brustwerk (Schweller)		**Pedal**			
Holzgedackt	8'	Prinzipal	32'	Fagott	32'
Holzprinzipal	4'	Prinzipal	16'	Posaune	16'
Quintade	4'	Subbaß	16'	Dulcian	16'
Spitzflöte	4'	Quinte	10 2/3'	Trompete	8'
Quinte	1 1/3'	Oktave	8'	Trompete	4'
Sesquialtera II		*Gedackt	8'	– Tremulant –	
Scharff III		*Oktave	4'		
Zwergzimbel V		Blockflöte	4'		
Geigendregal	16'	Nachthorn	2'		
Krummhorn	8'	Bauernpfeife	1'		
Knopfregal	8'	*Rauschpfeife III			
– Tremulant –		Mixtur VI-VIII			

* alt laut *Bau- u. Kunstdenkmale III/1968*

Koppeln:	HW/P, OW/P, RP/P, OW/HW, RP/HW, BW/HW, OW/RP
Spieltraktur:	mechanisch
Registertraktur:	elektrisch
Spielhilfen:	128-facher Setzer
Ladensystem:	Schleifladen

Geschichte:

1400 Erwähnung eines Balgtreters (Calcanten)
1433 Kapitalaufnahme für die Orgel
1520 Umbau Marten de Mare (Groningen)
1534 Kleine Orgel vorhanden
1542 Umbau Gregorius Vogel (Hamburg)
1551 Umbau Niehoff und Johansen (t'Hertogenbosch)
1587 Umbau Hans Scherer der Ältere (Hamburg)
1605 Umbau Hans Scherer d. Ä. (Hamburg)
1631/33 Umbau Gottfried Fritzsche (Hamburg)
1636 Umbau Gottfried Fritzsche (Hamburg), dabei Anlage eines vierten Manuals
1644/47 Reparatur Friedrich Stellwagen (Lübeck)
1674 Sechs neue Stimmen durch Friedrich Besser (Braunschweig)
Neubau Prinzipal 32' durch Joachim Richborn (Hamburg)
1685 Neubau eines Positivs durch Arp Schnitger (Hamburg)
1741/42 Umbau Johann Dietrich Busch (Itzehoe)
1836 Umbau Johann Gottfried Wolfsteller (Hamburg)
1869 Umbau Chr. Heinrich Wolfsteller (Hamburg)
1898 Umbau Ernst Gehlhaar (Bremen)
1906 Größere Reparatur Paul Rother (Hamburg)
1918 Ersatz von Posaune 32', Posaune 16' und Subbaß 16' durch Paul Rother (Hbg)
1943 Zerstörung im Zweiten Weltkrieg
1988 Neue Traktur, neuer Spieltisch u. Nachintonation d. Rudolf von Beckerath (Hbg)

Literatur: Adelung „Gegenwart"; Cortum „Orgelwerke"; Fock „Arp Schnitger"; Fock „Hamburgs Anteil"; Jaacks „Orgeln"; Kaufmann „Prospekt"; Vente „Brabanter Orgel; Schmahl „Nachrichten"; Acta 3, 9, 13

ST. KATHARINEN-KIRCHE

Gemeinde:	E. luth. Hauptkirchengemeinde St. Katharinen
Bezirk:	Mitte
Straße:	Katharinenkirchhof 11
Baujahr der Orgel:	1984
Orgelbauer:	Detlef Kleuker (Brackwede/Bielefeld)

Disposition

Hauptwerk		**Schwellwerk**		**Pedal**	
Prinzipalflöte	8'	Gedackt	8'	Subbaß	16'
Praestant	4'	Flûte harmonique	4'	Gemshorn	8'
Blockflöte	2'	Cornett III	2 2/3'	Fagott	16'
Mixtur V	2'	Cymbal III	2/3'		
Trompette en chamade	8'	Hautbois	8'		
– Tremulant –		– Tremulant –			

Koppeln:	HW/P, SW/P, SW/HW
Spieltraktur:	mechanisch
Registertraktur:	mechanisch
Ladensystem:	Schleifladen

Geschichte:

1559 Jacob Scherer (Hamburg) stimmt die große Orgel „mit dem Positiv". Alle großen Kirchen Hamburgs hatten damals – zumeist im Chor – ein Positiv oder eine kleine Orgel.
1925 Es ist ein Positiv vorhanden, das
1605 für die spätere „Kl. Michaeliskirche" gebaut wurde. Es wurde
1619 an die Paßmannsche Armenschule verkauft und
1905 in die Katharinenkirche verbracht. Es ging im Zweiten Weltkrieg mit der Kirche unter.
1956 Neubau einer kleinen Chororgel Eberhardt-Friedrich Walcker (Ludwigsburg)
1984 Umsetzung d. Chororgel in die Nathanaelkirche (siehe dort)

Literatur: Cortum „Orgelwerke"; Fock „Hamburgs Anteil"; Fock „Arp Schnitger"; Musik und Kirche 1984/Heft 6

KATHOLISCHE AKADEMIE

Gemeinde:	Kath. Erzbistum Hamburg
Bezirk:	Mitte
Straße:	Herrengraben
Baujahr der Orgel:	1971
Orgelbauer:	Eberhardt-Friedrich Walcker & Cie (Ludwigsburg)

Disposition

Manual		**Pedal**	
Gedeckt	8'	Subbaß	16'
Prinzipal	4'	Gedeckt	8'
Rohrflöte	4'		
Oktave	2'		
Mixtur II-III			

Spieltraktur:	mechanisch
Registertraktur:	mechanisch
Ladensystem:	Schleifladen

Geschichte:
1971 Neubau für die kath. St.-Bruder-Konrad-Kirche
1973 Umsetzung in die kath. St. Johanniskirche Steilshoop
1979 Umsetzung in die kath. Akademie durch Heinz Hoffmann (Hamburg)

KATHOLISCHES KINDERHEIM ST. ELISABETH

Gemeinde:	Katholische Kirchengemeinde Bergedorf
Bezirk:	Bergedorf
Straße:	Grasredder 13
Baujahr der Orgel:	1963
Orgelbauer:	Alfred Führer (Wilhelmshaven)

Disposition

Manual		**Pedal**
Gedeckt	8'	angehängt
Rohrflöte	4'	
Praestant	2'	
Mixtur II-III		

Spieltraktur:	mechanisch
Registertraktur:	mechanisch
Ladensystem:	Schleifladen
Literatur:	Werkkatalog Führer 1963; 50 Jahre Orgelbau Führer

KIRCHE AM KRANKENHAUS

Gemeinde: Ev. freikirchliche Gemeinde Schnelsen
Bezirk: Eimsbüttel
Straße: Hogenfelder Straße 28
Baujahr der Orgel: 1975
Orgelbauer: Rudolf von Beckerath (Hamburg)

Disposition

Hauptwerk		**Brustwerk** (Schweller)		**Pedal**	
Prinzipal	8'	Holzgedackt	8'	Subbaß	16'
Spitzflöte	8'	Rohrflöte	4'	Oktavbaß	8'
Oktave	4'	Prinzipal	2'	Oktave	4'
Blockflöte	4'	Quinte	1 1/3'	Fagott	16'
Nasat	2 2/3'	Sesquialtera II		Schalmey	4'
Waldflöte	2'	Scharff IV			
Mixtur V		Krummhorn	8'		
Trompete	8'	– Tremulant –			

Koppeln: HW/P, BW/P, BW/HW
Spieltraktur: mechanisch
Registertraktur: elektrisch
Spielhilfen: 4-facher Setzer, Tutti
Ladensystem: Schleifladen

Geschichte: 1968 Neubau Alfred Führer (Wilhelmshaven)
1974 Verkauf dieser Orgel an das ev. luth. Gemeindezentrum St. Johannis in Vorsfelde b/Wolfsburg.

Literatur: Werkkatalog Führer 1968; 50 Jahre Orgelbau Führer; Werkverzeichnis Rudolf von Beckerath (Scharenberg)

KIRCHE AM MARKT

Gemeinde: Ev. luth. Kirchengemeinde Niendorf-Markt
Bezirk: Eimsbüttel
Straße: Kollaustraße 241
Baujahr der Orgel: 1965
Orgelbauer: Alfred Führer (Wilhelmshaven)

Disposition

Manual		**Pedal**
Gedackt	8'	angehängt
Rohrflöte	4'	
Praestant	2'	
Zimbel II		

Spieltraktur: mechanisch
Registertraktur: mechanisch
Ladensystem: Schleifladen

Geschichte: 1965 Neubau für die Verheißungskirche Hamburg-Niendorf
1970 Umsetzung in die Kirche am Markt

Literatur: 50 Jahre Orgelbau Führer

KIRCHENKREISAMT ALTONA

Bezirk: Altona
Straße: Schmarjestraße 28
Baujahr der Orgel: 1989
Orgelbauer: Alfred Führer (Wilhelmshaven)

Disposition

Manual	
Gedeckt	8'
Rohrflöte	4'
Prinzipal	2'

Spieltraktur: mechanisch
Registertraktur: mechanisch
Ladensystem: Schleifladen

Geschichte: Das Instrument wird bei Bedarf an die Gemeinden des Kirchenkreises ausgeliehen.

Literatur: Werkverzeichnis Führer 1989

K

KIRCHE AM MARKT

Gemeinde:	Ev. luth. Kirchengemeinde Niendorf-Markt
Bezirk:	Eimsbüttel
Straße:	Kollaustraße 241
Baujahr der Orgel:	1995
Orgelbauer:	Karl Schuke Berliner Orgelbau

Disposition

Hauptwerk		**Schwellwerk**		**Pedal**	
Prinzipal	8'	Bordun	16'	Subbaß	16'
Gedackt	8'	Hohlflöte	8'	Oktavbaß	8'
Holzflöte	8'	Gambe	8'	Gedacktbaß	8'
Oktave	4'	Schwebung (ab c)	8'	Choralbaß	4'
Traversflöte	4'	Prinzipal	4'	Hintersatz III	2 2/3'
Oktave	2'	Rohrflöte	4'	Posaune	16'
Cornett (ab f) V		Nasat	2 2/3'	Trompete	8'
Mixtur V	2'	Sifflöte	2'	Clairon	4'
Trompete	8'	Terz	1 3/5'		
– Kanaltremulant –		Quinte	1 1/3'		
		Mixtur IV	1 1/3'		
		Oboe	8'		
		– elektronischer Tremulant –			

Koppeln:	HW/P, SW/P, SW/HW
Spieltraktur:	mechanisch
Registertraktur:	elektrisch/mechanisch
Spielhilfen:	64-facher Setzer mit Doppelregistratur
Ladensystem:	Schleifladen

Geschichte:	1770 Neubau Johann Daniel Busch (Itzehoe). Der Prospekt ist erhalten. 1908 Neubau Marcussen (Abenrå). 1949 Umbau Eberhardt-Friedrich Walcker & Cie (Ludwigsburg) 1969 Neubau Willi Peter (Köln-Mülheim)
Literatur:	Fock „Arp Schnitger“; Jaacks „Orgeln“; Pape Orgeldatenbank; Festschrift 1995

K

KRANKENHAUS ALTEN-EICHEN (KAPELLE)

Gemeinde:	Ev. luth. Diakonissenanstalt	
Bezirk:	Eimsbüttel	
Straße:	Jütländer Allee 48	
Baujahr der Orgel:	1982	
Orgelbauer:	Claus Sebastian (Geesthacht)	

Disposition

Manual

Pommer	8'
Rohrflöte	4'
Prinzipal	2'

Spieltraktur: mechanisch
Registertraktur: mechanisch
Ladensystem: Schleifladen

KRANKENHAUS ALTEN-EICHEN

Gemeinde: Ev. luth. Diakonissenanstalt
Bezirk: Eimsbüttel
Straße: Jütländer Allee 48
Baujahr der Orgel: 1958
Orgelbauer: Eberhardt-Friedrich Walcker & Cie (Ludwigsburg)

Disposition

Hauptwerk		**Oberwerk**		**Pedal**	
Rohrflöte	8'	Gedackt	8'	Subbaß	16'
Prinzipal	4'	Blockflöte	4'	Holzflöte	4'
Waldflöte	2'	Oktave	2'		
Mixtur IV		Terzian II			

Koppeln: HW/P, OW/P, OW/HW
Spieltraktur: mechanisch
Registertraktur: mechanisch
Ladensystem: Schleifladen

Geschichte: Über die Anschaffung der Orgel berichtet ein Schild mit folgender Inschrift: Diese Orgel wurde im Jahr 1958 durch Vermittlung des Schatzmeisters, Herrn Direktor Bestmann, der ev. luth. Diakonissenanstalt „Alten Eichen" vom Ledigenheim Altona gestiftet.

Literatur: Pape Orgeldatenbank;
Walcker-Hausmitteilungen Nr. 26/1961

KRANKENHAUS ALTONA

Bezirk: Altona
Straße: Paul-Ehrlich-Straße 1
Baujahr der Orgel: 1961
Orgelbauer: Eberhardt-Friedrich Walcker & Cie (Ludwigsburg)

Disposition

Manual

Gedeckt	8'
Prinzipal	4'
Rohrflöte	4'
Oktave	2'
Mixtur II-III	

Spieltraktur: mechanisch
Registertraktur: mechanisch
Ladensystem: Schleifladen

Geschichte: Das Positiv wurde 1961 für die Osterkirche Ottensen geliefert. Von dort wurde es 1966 an das Krankenhaus Altona verkauft.

KRANKENHAUS MARIA-HILF

Gemeinde:	Katholische Kirchengemeinde Harburg
Bezirk:	Harburg
Straße:	Stader Straße 203 c
Baujahr der Orgel:	1965
Orgelbauer:	Klaus Becker (Kupfermühle/Tremsbüttel)

Disposition

Manual	
Gedackt	8‘
Rohrflöte	4‘
Prinzipal	2‘
Quinte	1 1/3‘

Spieltraktur:	mechanisch
Registertraktur:	mechanisch
Ladensystem:	Schleifladen

KRANKENHAUS OCHSENZOLL

Bezirk:	Nord
Standort:	Gemeinschaftssaal
Straße:	Langenhorner Chaussee 560
Baujahr der Orgel:	1955
Orgelbauer:	Eberhardt-Friedrich Walcker & Cie (Ludwigsburg)

Disposition

Manual I		**Manual II**		**Pedal**	
Gedackt	8‘	Rohrflöte	8‘	Subbaß	16‘
Prinzipal	4‘	Nachthorn	4‘		
Mixtur II-III		Waldflöte	2‘		

Koppeln:	I/P, II/P, II/I
Spieltraktur:	mechanisch
Registertraktur :	mechanisch
Ladensystem:	Schleifladen
Literatur:	Walcker-Hausmitteilungen Nr. 26/1961

KREUZKIRCHE

Gemeinde:	Ev. luth. Kreuzkirchengemeinde Barmbek
Bezirk:	Nord
Straße:	Wohldorfer Straße 30
Baujahr der Orgel:	1967
Orgelbauer:	Alfred Führer (Wilhelmshaven)

Disposition

Hauptwerk		**Brustwerk** (Schweller)		**Pedal**	
Prinzipal	8‘	Gedackt	8‘	Subbaß	16‘
Rohrflöte	8‘	Blockflöte	4‘	Prinzipal	8‘
Oktave	4‘	Prinzipal	2‘	Oktave	4‘
Gedacktflöte	4‘	Quinte	1 1/3‘	Mixtur IV	2‘
Nasard	2 2/3‘	Scharff III	1/2‘	Posaune	16‘
Oktave	2‘	Regal	16‘	Trompete	8‘
Sesquialtera II		Dulcian	8‘		
Mixtur IV-VI	1 1/3‘	– Tremulant –			
Trompete	8‘				

Koppeln:	I/P, II/P, II/I
Spieltraktur:	mechanisch
Registertraktur:	mechanisch
Ladensystem:	Schleifladen
Geschichte:	1884 Neubau Ernst Röver (Hausneindorf am Harz) in der alten Kreuzkirche an der Marschnerstraße; 1927 Neubau Paul Rother (Hamburg); 1943 Zerstörung im Zweiten Weltkrieg; 1982 Umbau Claus Sebastian (Geesthacht), dabei Einbau eines Brustwerkschwellers.
Literatur:	Werkverzeichnis Rother; Werkkatalog Alfred Führer 1967 Pape „Orgeldatenbank“; 50 Jahre Orgelbau Führer

KREUZKIRCHE

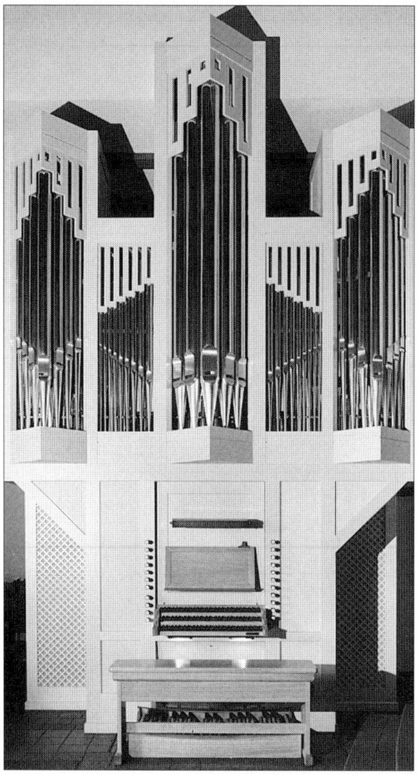

Gemeinde:	Ev. luth. Kirchengemeinde Schiffbek
Bezirk:	Mitte
Straße:	Billstedter Hauptstraße 86
Baujahr der Orgel:	1994/95
Orgelbauer:	M. Mathis & Söhne (Näfels/Schweiz)

Disposition

Hauptwerk		**Schwellwerk**		**Pedal**	
Principal	8‘	Bourdon	8‘	Subbaß	16‘
Hohlflöte	8‘	Salicional	8‘	Bourdon	8‘
Octave	4‘	Voix céleste	8‘	Choralbaß	4‘
Spitzflöte	4‘	Principal	4‘	Zinke	8‘
Octave	2‘	Traversflöte	4‘		
Mixtur III-IV	1 1/3‘	Nasat	2 2/3‘		
Trompete	8‘	Waldflöte	2‘		
		Terz	1 3/5‘		
		Scharff II/III	1‘ (vacat)		
		Oboe	8‘ (C-H akustisch)		

Koppeln:	HW/P, SW/P, Koppelmanual
Spieltraktur:	mechanisch
Registertraktur:	mechanisch
Spielhilfen:	Pleno-Tritt; Einführungstritte für Trompete 8‘, Zinke 8‘
Ladensystem:	Schleifladen
Geschichte:	1952 Neubau Rudolf von Beckerath (Hamburg) 1993 Ausbau dieser Orgel und Vernichtung
Literatur:	Werkverzeichnis v. Beckerath (Scharenberg); Festschrift

KREUZKIRCHE

Gemeinde:	Ev. freikirchliche Gemeinde Harburg I
Bezirk:	Harburg
Straße:	Niemannstraße 36
Baujahr der Orgel:	1961
Orgelbauer:	Alfred Führer (Wilhelmshaven)

Disposition

Manual		**Pedal**	
Gedackt	8‘	Subbaß	16‘
Prinzipal	4‘		
Rohrflöte	4‘		
Spitzflöte	2		
Mixtur IV			

Koppeln:	Manual/Pedal
Spieltraktur:	mechanisch
Registertraktur:	mechanisch
Ladensystem:	Schleifladen
Geschichte:	1976 Umsetzung dieser Orgel aus dem Gemeindehaus Maretstraße 11 in diese Kirche
Literatur:	50 Jahre Orgelbau Führer

KREUZKIRCHE

Gemeinde: Ev. luth. Kirchengemeinde Kirchdorf
Bezirk: Harburg
Straße: Kirchdorfer Straße 179
Baujahr der Orgel: 1870
Orgelbauer: Ph. Furtwängler & Söhne (Elze)

Disposition

Hauptwerk		**Oberwerk**		**Pedal**	
Bordun	16‘	Gedackt	8‘	Subbaß	16‘
Prinzipal	8‘	Gedacktflöte	4‘	Prinzipal	8‘
Rohrflöte	8‘	Sifflöte	2‘	Oktave	4‘
Quinte	2 2/3‘	Sesquialtera II		Rauschbaß II	
Oktave	2‘			Posaune	16‘
Mixtur IV		– Zimbelstern–			

Koppeln: HW/P, OW/HW
Spieltraktur: mechanisch
Registertraktur: mechanisch
Ladensystem: Schleifladen

Geschichte: 1730 Neubau Reinerus Caspary (Altona)
1984 Restaurierung Emil Hammer (Arnum b/Hannover)

Literatur: Fock „Arp Schnitger“

KREUZKIRCHE

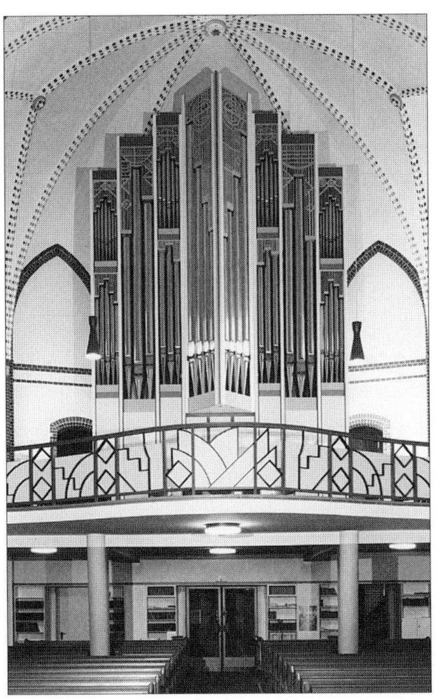

Gemeinde: Ev. luth. Kreuzkirchengemeinde Ottensen
Bezirk: Altona
Straße: Hohenzollernring 72
Baujahr der Orgel: 1993
Orgelbauer: G. Christian Lobback (Neuendeich bei Hamburg)

Disposition

Hauptwerk		**Schwellwerk**		**Pedal**	
Prinzipal	16‘	Bordun	16‘	+ Prinzipal	16‘
Oktave	8‘	Metallflöte	8‘	Subbaß	16‘
Rohrflöte	8‘	Gedackt	8‘	Oktave	8‘
Oktave	4‘	Gambe	8‘	+ Rohrflöte	8‘
Spitzflöte	4‘	Schwebung	8‘	Choralbaß	4‘
Schwegel	2‘	Prinzipal	4‘	Nachthorn	2‘
Quinte	1 1/3‘	Koppelflöte	4‘	Posaune	16‘
Mixtur V	1 1/3‘	Nasat	2 2/3‘	Dulzian	16‘
Trompete	8‘	Oktave	2‘	+ Trompete	8‘
– Tremulant –		Terz	1 3/5‘	Zink	4‘
		Mixtur IV	2‘		
		Basson	16‘		
		Hautbois	8‘	+ (Transmission aus HW)	
		– Tremulant –			

Koppeln: HW/P, SW/P, SW/HW
Spieltraktur: mechanisch
Registertraktur: elektrisch
Spielhilfen: 128-facher Setzer
Ladensystem: Schleifladen

Geschichte: 1898 Neubau Ernst Röver (Hausneindorf am Harz)
Diese Orgel wurde
1956 in die katholische St. Josephkirche Altona umgesetzt
1913 Umbau Karl Kemper (Lübeck);
1955 Neubau Emanuel Kemper & Sohn (Lübeck);
1977 Umbau Eberhard Friedrich Walcker & Cie (Murrhard)

Literatur: Ottensen Festschrift; Musik und Kirche 1956/6

KREUZKIRCHE

Gemeinde:	Ev. luth. Kreuzkirchengemeinde Stellingen
Bezirk:	Eimsbüttel
Straße:	Wegenkamp 1
Baujahr der Orgel:	1968/69
Orgelbauer:	Friedrich Weigle (Echterdingen)

Disposition

Hauptwerk		**Brustwerk**		**Pedal**	
Bordun	16'	Holzgedackt	8'	Subbaß	16'
Prinzipal	8'	Prinzipal	4'	Offenbaß	8'
Rohrflöte	8'	Rohrflöte	4'	Gedacktbaß	8'
Blockflöte	4'	Flachflöte	2'	Nachthorn	4'
Nasat	2 2/3'	Quinte	1 1/3'	Oktave	2'
Oktave	2'	Sesquialtera II		Rauschmixtur III	1 1/3'
Mixtur IV-V	2 2/3'	Scharff IV	1'	Fagott	16'
Trompete	8'	Dulcian	8'		
		– Tremulant –			

Koppeln:	HW/P, BW/P, BW/HW
Spieltraktur:	mechanisch
Registertraktur:	elektrisch
Spielhilfen:	2 freie Kombinationen, 1 freie Pedalkombination, Tutti, Zungen ab, Zungeneinzelabsteller
Ladensystem:	Schleifladen

KREUZKIRCHE

Gemeinde:	Ev. luth. Kreuzkirchengemeinde Wandsbek
Bezirk:	Wandsbek
Straße:	Kedenburgstraße 14
Baujahr der Orgel:	1962/63
Orgelbauer:	Emanuel Kemper & Sohn (Lübeck)

Disposition

Hauptwerk		**Rückpositiv**		**Brustwerk**(Schweller)		**Pedal**	
Quintatön	16'	Spitzgedackt	8'	Holzgedackt	8'	Subbaß	16'
Prinzipal	8'	Quintatön	8'	Rohrflöte	4'	Oktavbaß	8'
Spitzgambe	8'	Prinzipal	4'	Prinzipal	2'	Gedacktbaß	8'
Oktave	4'	Hohlflöte	4'	Terz	1 3/5'	Grobflöte	4'
Gedackt	4'	Salizet	4'	Quinte	1 1/3'	Bauernpfeife II	
Quinte	2 2/3'	Waldflöte	2'	Zimbel III		Rauschpfeife V	
Spitzflöte	2'	Sesquialtera III		Doppelregal	8'	Fagott	16'
Mixtur VI		Scharff III		– Tremulant –		Trompete	8'
Trompete	8'	Krummhorn	8'				
Trompete	4'	– Tremulant –					

Koppeln:	HW/P, RP/P, RP/HW, BW/HW
Spieltraktur:	mechanisch
Registertraktur:	elektrisch
Spielhilfen:	3 freie Kombinationen, 2 freie Pedalkombinationen, Tutti
Ladensystem:	Schleifladen
Geschichte:	1910 Neubau Ernst Röver (Hausneindorf)

KREUZKIRCHE

Gemeinde:	Ev. luth. Kreuzkirchengemeinde Wandsbek
Bezirk:	Wandsbek
Straße:	Kedenburgstraße 14
Baujahr der Orgel:	1986
Orgelbauer:	Gustav Steinmann Orgelbau (Vlotho), op. 630

Disposition

Manual

Holzgedackt	8'
Rohrflöte	4'
Prinzipal	2'
Quinte	1 1/3'

Spieltraktur:	mechanisch
Registertraktur:	mechanisch
Ladensystem:	Schleifladen

Geschichte:

1986 Neubau für den Kirchenkreis Bodenwerder-Holzminden
1988 Verkauf an die Rimbertgemeinde Hamburg-Billstedt
1994 Verkauf an die Kreuzkirche Wandsbek

LAURENTIUS-KAPELLE

Gemeinde:	St. Gertrud Uhlenhorst
Bezirk:	Nord
Straße:	Ifflandstraße 61
Baujahr der Orgel:	1991
Orgelbauer:	George Heintz (Schiltach/Schwarzwald)

Disposition

Manual		**Pedal**	
Bordun	8'	Subbaß	16'
Prinzipal	4'		
Rohrflöte	4'		
Oktave	2'		
Quinte	1 1/3'		

Koppeln:	Manual/Pedal
Spieltraktur:	mechanisch
Registertraktur:	mechanisch
Ladensystem:	Schleifladen

Geschichte:

1967 Umsetzung des Interimsinstruments der Firma Eberhardt-Friedrich Walcker (Ludwigsburg) aus der St. Gertrudkirche in die Laurentiuskapelle;
1991 Versteigerung der Walckerpfeifen zur Mitfinanzierung der neuen Orgel

LOGENHAUS

Gemeinde:	Provinzialloge von Niedersachsen
Bezirk:	Mitte
Straße:	Moorweidenstraße 36
Baujahr der Orgel:	1909
Orgelbauer:	Ernst Röver (Hausneindorf/Harz)

Disposition

Manual I		**Manual II** (Schweller)		**Pedal**	
Bordun	16'	Liebl. Gedackt	8'	Subbaß	16'
Prinzipal	8'	Salicional	8'	Flötbaß	8'
Spitzflöte	8'	Flöte	4'	Choralbaß	4'
Oktave	4'	Prinzipal	2'	Fagott	16'
Rohrflöte	4'	Sifflöte	1'		
Waldflöte	2'	Zimbel II			
Mixtur III		Oboe	8'		
Trompete	8'	– Tremulant –			

Koppeln:	I/P, II/P, II/I
Spieltraktur:	elektrisch
Registertraktur:	elektrisch
Spielhilfen:	2 freie Kombinationen, Crescendowalze, Walze an, Handregister, Auslöser
Ladensystem:	Taschenladen

Geschichte:

1949 Spielbarmachung durch Paul Rother (Hamburg) nach Beschädigungen durch die Gestapo, die das Gebäude im nationalsozialistischen Regime nutzte.

1959 Restaurierung mit Elektrifizierung der Traktur durch Franz Grollmann (Hamburg); der neue elektrische Spieltisch kommt quer an die Nordseite der Emporenbrüstung.

LUKAS-KIRCHE

Gemeinde:	Ev. luth. Lukaskirchengemeinde Fuhlsbüttel
Bezirk:	Nord
Straße:	Erdkampsweg 106
Baujahr der Orgel:	1996
Orgelbauer:	Metzler Orgelbau AG (Dietikon/Schweiz)

Disposition

Hauptwerk		**Oberwerk**		**Pedal**	
Bourdon	16'	Suavial	8'	Soubasse	16'
Montre	8'	Flûte a fuseau	8'	Flûte	8'
Flûte a fuseau	8'	Prestant	4'	Flûte	4'
Prestant	4'	Flûte a cheminée	4'	Bombarde	16'
Flûte conique	4'	Nasard	2 2/3'	Trompette	8'
Doublette	2'	Quarte de Nasard	2'	Clairon	4'
Fourniture IV	1 1/3'	Tierce	1 3/5'		
Cornet V (ab c[1])	8'	Larigot	1 1/3'		
Trompette	8'	Cymbale III	1'		
Voix humaine	8'	Cromorne	8'		

– Tremblant – für beide Manuale

Koppeln:	HW/P, OW/P, OW/HW
Spieltraktur:	mechanisch
Registertraktur:	mechanisch
Ladensystem:	Schleifladen

Geschichte:

1893 Neubau Ernst Röver (Hausneindorf am Harz)

1903 Reparatur Paul Rother (Hamburg);

1916 Umbau Paul Rother (Hamburg);

1937 Abbau dieser Orgel wegen Kirchenumbau;

1938 Neubau Emanuel Kemper & Sohn (Lübeck). Dies war die erste dreimanualige vollmechanische Orgel im norddeutschen Raum nach der Orgelreform 1925

Literatur: Cortum „Orgelwerke“; Fock „Kartei“; Kwasnik „Orgel“; Werkverzeichnis Rother; Musik und Kirche 1940/6

LUCAS-KIRCHE

Gemeinde:	Ev. luth. Lucaskirchengemeinde Sasel
Bezirk:	Wandsbek
Straße:	Auf der Heide 15 a
Baujahr der Orgel:	1969
Orgelbauer:	Friedrich Weigle (Echterdingen)

Disposition

Hauptwerk		**Brustwerk** (Schweller)		**Pedal**	
Rohrflöte	8'	Gedackt	8'	Subbaß	16'
Prinzipal	4'	Blockflöte	4'	Gemshorn	8'
Holzflöte	4'	Prinzipal	2'	Offenflöte	4'
Waldflöte	2'	Quinte	1 1/3'	Posaune	16'
Sesquialtera II		Scharff III		Rohrschalmey	4'
Mixtur III-IV		Regal	8'	Nachthorn	2'
		- Tremulant -			

Koppeln:	HW/P, BW/P, BW/HW
Spieltraktur:	mechanisch
Registertraktur:	mechanisch
Ladensystem:	Schleifladen
Literatur:	Pape Orgeldatenbank

LUTHER-KIRCHE

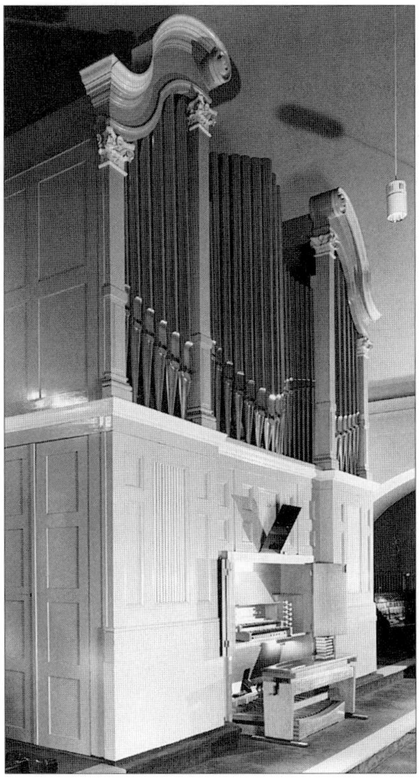

Gemeinde:	Ev. luth. Kirchengemeinde Bahrenfeld
Bezirk:	Altona
Straße:	Lutherhöhe 22
Baujahr der Orgel:	1972/73
Orgelbauer:	Rudolf von Beckerath (Hamburg)

Disposition

Hauptwerk		**Schwellwerk**		**Pedal**	
Quintadena	16'	Gedackt	8'	Untersatz	16'
Prinzipal	8'	Prinzipal	4'	Oktavbaß	8'
Rohrflöte	8'	Koppelflöte	4'	Gedacktbaß	8'
Oktave	4'	Oktave	2'	Choralbaß	4'
Spitzflöte	4'	Quinte	1 1/3'	Nachthorn	2'
Nasat	2 2/3'	Sifflöte	1'	Rauschpfeife IV	
Waldflöte	2'	Sesquialtera II		Posaune	16'
Mixtur IV		Scharff IV			
Cymbel III		Regal	16'		
Trompete	8'	Dulzian	8'		
		- Tremulant -			

Koppeln:	HW/P, SW/P, SW/HW
Spieltraktur:	mechanisch
Registertraktur:	elektrisch
Spielhilfen:	4 Setzer
Ladensystem:	Schleifladen
Geschichte:	1910 Neubau Paul Rother (Hamburg), Gehäuse erhalten 1919 Erweiterung und Spieltischverlegung Paul Rother (Hamburg) 1955 Neubau Ernst Brandt (Quickborn)
Literatur:	Werkverzeichnis Rother Werkverzeichnis von Beckerath (Scharenberg)

L

LUTHER-KIRCHE

Gemeinde:	Ev. luth. Kirchengemeinde Bahrenfeld
Bezirk:	Altona
Straße:	Lutherhöhe 22
Baujahr der Orgel:	1937
Orgelbauer:	Paul Ott (Göttingen)

Disposition

Hauptwerk		**Oberwerk**		**Pedal**	
Gedackt	8'	Holzregal	8'	Holzgedackt	16'
Holzgedackt	4'	Rohrflöte	4'		
Prinzipal	2'	Zimbel II			

Koppeln:	HW/P, OW/P, OW/HW
Spieltraktur:	mechanisch
Registertraktur:	mechanisch
Ladensystem:	Schleifladen

Geschichte: 1995 Verkauf als Hausorgel an Friedemann Kahl (Fuldathal)
In der Broschüre „50 Jahre Orgelbau Führer" (Berlin 1983) wird die Lieferung eines Positivs mitgeteilt für das Jahr 1963. Dieses Positiv wurde 1983 an die Josua-Kirche verkauft (s. dort).

Literatur: 50 Jahre Orgelbau Führer
Werkkatalog Führer 1963

LUTHER-KIRCHE

Gemeinde:	Ev. luth. Kirchengemeinde Wellingsbüttel
Bezirk:	Wandsbek
Straße:	Up de Worth 25
Baujahr der Orgel:	1962
Orgelbauer:	Karl Schuke Berliner Orgelbau

Disposition

Manual I		**Manual II**		**Manual III**		**Pedal**	
Quintadena	8'	Quintadena	16'	Gedeckt	8'	Subbaß	16'
Violflöte	4'	Prinzipal	8'	Prinzipal	4'	Prinzipal	8'
Blockflöte	4'	Gemshorn	8'	Rohrflöte	4'	Trichtergedackt	8'
Waldflöte	2'	Oktave	4'	Feldpfeife	2'	Oktave	4'
Quinte	1 1/3'	Spillpfeife	4'	Sifflöte	1'	Rohrpommer	4'
Rauschwerk IV		Nassat	2 2/3'	Sesquialtera II		Nachthorn	2'
Cimbel III		Oktave	2'	Scharff III-IV		Baßaliquot III	
Vox humana	16'	Mixtur IV-VI		Krummhorn	8'	Hintersatz IV	
Trichterregal	8'	Trompete	8'	– Tremulant –		Posaune	16'
– Tremulant –						Trompete	8'
						Trompete	4'

Koppeln:	I/P, II/P, III/P, II/I, III/I, III/II
Spieltraktur:	mechanisch
Registertraktur:	elektrisch
Spielhilfen:	3 freie Kombinationen, 2 freie Pedalkombinationen
Ladensystem:	Schleifladen

Geschichte: 1938 Neubau Karl Kemper (Lübeck)

Literatur: Gustav Fock „Orgelkartei" in der Staats- und Universitäts-bibliothek Hamburg;
Zacher „Schöpferische Tradition"

ST. MARIA-KIRCHE

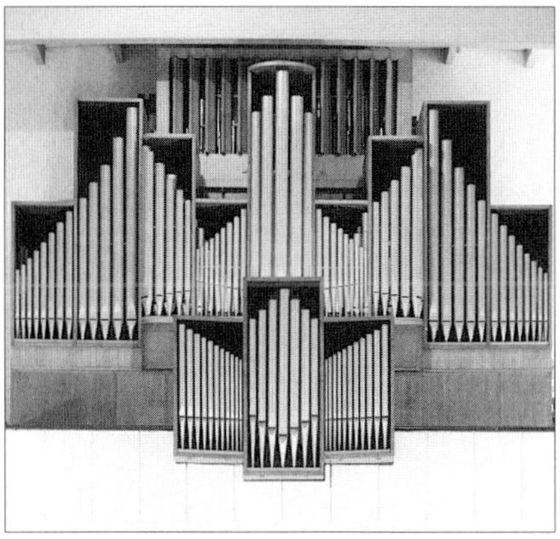

Gemeinde:	Kath. St. Mariagemeinde Harburg
Bezirk:	Harburg
Straße:	Museumsplatz 4
Baujahr der Orgel:	1951/69
Orgelbauer:	Emanuel Kemper & Sohn (Lübeck)

Disposition

Hauptwerk		**Schwellwerk**		**Rückpositiv**		**Pedal**	
Quintade	16‘	Rohrflöte	8‘	Gedackt	8‘	Prinzipal	16‘
Prinzipal	8‘	Salizet	8‘	Quintade	8‘	Subbaß	16‘
Spielflöte	8‘	Doppelflöte	4‘	Blockflöte	4‘	Oktavbaß	8‘
Oktave	4‘	Violflöte	4‘	Prinzipal	2‘	Gedackt	8‘
Spitzflöte	4‘	Nachthorn	2‘	Quinte	1 1/3‘	Choralflöte	4‘
Nasat	2 2/3‘	Sifflöte	1‘	Terzian II		Nachthorn	2‘
Oktave	2‘	Septime	4/7‘	Zimbel IV		Mixtur V-VI	
Mixtur V-VI		Sesquialtera II		Krummhorn	8‘	Posaune	16‘
Trompete	8‘	Scharff IV		Schalmei	4‘	Trompete	8‘
		Rankett	16‘	– Tremulant –			
		Vox humana	8‘				
		– Tremulant –					

Koppeln:	HW/P, SW/P, RP/P, RP/HW, SW/HW, SW/RP
Spieltraktur:	elektrisch
Registertraktur:	elektrisch
Spielhilfen:	3 freie Kombinationen, freie Pedaleinstellung A+B, Crescendowalze
Ladensystem:	Taschenladen
Geschichte:	1868 Neubau Heinrich Schaper (Hildesheim) 1912/1914 Neubau Gebr. Krell (Duderstadt). Umsetzung der Schaper-Orgel in die St. Franz-Josef-Kirche
Literatur:	Festschrift St. Maria

MARIA-GRÜN

Gemeinde:	Katholische Kirchengemeinde Blankenese
Bezirk:	Altona
Straße:	Schenefelder Landstraße 3
Baujahr der Orgel:	1963
Orgelbauer:	Rudolf von Beckerath (Hamburg)

Disposition

Hauptwerk		**Brustwerk**		**Pedal**	
Prinzipal	8‘	Holzgedackt	8‘	Subbaß	16‘
Gemshorn	8‘	Rohrflöte	4‘	Gedackt	8‘
Oktave	4‘	Prinzipal	2‘	Metallflöte	4‘
Spielflöte	4‘	Terzian II		Rauschpfeife II	
Nasat	2 2/3‘	Scharff III-IV		Fagott	16‘
Blockflöte	2‘	Krummhorn	8‘		
Mixtur IV-VI		– Tremulant –			
Trompete	8‘				

Koppeln:	HW/P, BW/P, BW/HW
Spieltraktur:	mechanisch
Registertraktur:	mechanisch
Ladensystem:	Schleifladen
Geschichte:	1934 Einbau einer Hausorgel von Commerzienrat Renner (Nienstedten) durch Paul Rother (Hamburg)
Literatur:	v. d. Berg „Neue katholische Orgeln“ Werkverzeichnis v. Beckerath (Scharenberg)

MARIA-HIMMELFAHRT-KIRCHE

Gemeinde:	Katholische Kirchengemeinde Rahlstedt
Bezirk:	Wandsbek
Straße:	Oldenfelder Straße 25
Baujahr der Orgel:	1962
Orgelbauer:	Emanuel Kemper & Sohn (Lübeck)

Disposition

Hauptwerk		**Hinterwerk**		**Pedal**	
Prinzipal	8‘	Holzgedeckt	8‘	Subbaß	16‘
Spitzflöte	8‘	Quintade	8‘	Oktavbaß	8‘
Oktave	4‘	Rohrflöte	4‘	Gedecktbaß	8‘
Spitzgedeckt	4‘	Prinzipal	2‘	Choralbaß	4‘
Waldflöte	2‘	Sifflöte	1 1/3‘	Rauschpfeife III	
Sesquialtera II		Scharff IV		Fagott 16‘	
Mixtur IV-VI		Krummhorn	8‘		
Trompete	8‘	– Tremulant –			

Koppeln:	HW/P, Hi/P, Hi/HW
Spieltraktur:	elektropneumatisch
Registertraktur:	elektropneumatisch
Spielhilfen:	2 freie Kombinationen
Ladensystem:	Schleifladen

Geschichte:	1979 Reparatur Heinz Hoffmann (Hamburg)
Literatur:	v. d. Berg „Neue katholische Orgeln“

ST. MARIA-MAGDALENA-KIRCHE

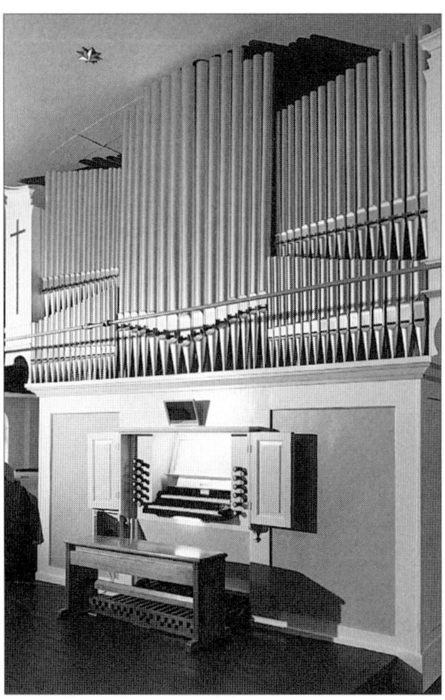

Gemeinde:	Ev. luth. Kirchengemeinde Moorburg
Bezirk:	Harburg
Straße:	Moorburger Elbdeich 129
Baujahr der Orgel:	1880/81
Orgelbauer:	Philipp Furtwängler & Söhne (Elze) op. 193

Disposition

Hauptwerk		**Oberwerk**		**Pedal**	
Prinzipal	8‘	Prinzipal	8‘	Subbaß	16‘
Rohrflöte	8‘	Gedackt	8‘	Oktavbaß	8‘
Oktave	4‘	Gedacktflöte	4‘	Oktave	4‘
Flöte	4‘	Prinzipal	2‘	Nachthorn	2‘
Quinte	2 2/3‘	Quinte	1 1/3‘		
Oktave	2‘	Zimbel II	1‘		
Blockflöte	2‘	Zimbelstern			
Mixtur III					
Trompete	8‘				

Koppeln:	HW/P, OW/HW
Spieltraktur:	mechanisch
Registertraktur:	mechanisch
Ladensystem:	Schleifladen

Geschichte:
1695 Neubau Arp Schnitger (Hamburg) auf einer 2. Empore
1931 Umbau Gustav Steinmann (Vlotho-Wehrendorf) Zum Bau der Steinmannorgel wurde die 2. Empore entfernt.
1963 Umbau Alfred Führer (Wilhelmshaven)
1996 Umbau Albert Lang (Rønnede/Dänemark) Dabei Einbau des Prinzipal 8‘ im Oberwerk auf Kegellade

Literatur:
Fock „Arp Schnitger“
50 Jahre Orgelbau Führer

ST. MARIA-MAGDALENA-KIRCHE

Gemeinde: Ev. luth. Kirchengemeinde Moorburg
Bezirk: Harburg
Straße: Moorburger Elbdeich 129
Baujahr der Orgel: 1973
Orgelbauer: Helmut Schröder (Pinneberg)

Disposition

Manual

Gedeckt	4'
Gedeckt	2'

Schleifenteilung Baß/Diskant

Spieltraktur: mechanisch
Registertraktur: mechanisch
Ladensystem: Schleifladen

Geschichte: Das Positiv wurde für die Christuskirche Norderstedt gebaut. Über die Johanniskirche Norderstedt kam es 1993 nach Morburg.

MARIA-MAGDALENEN-KIRCHE

Gemeinde: Ev. luth. Kirchengemeinde Klein-Borstel
Bezirk: Nord
Straße: Stübeheide 172
Baujahr der Orgel: 1980
Orgelbauer: Rudolf von Beckerath (Hamburg)

Disposition

Hauptwerk		**Schwellwerk**		**Pedal**	
Prinzipal	8'	Holzgedackt	8'	Subbaß	16'
Gemshorn	8'	Rohrflöte	4'	Offenflöte	8'
Oktave	4'	Prinzipal	2'	Choralbaß	4'
Nasat	2 2/3'	Quinte	1 1/3'	Fagott	16'
Waldflöte	2'	Zimbel III			
Mixtur IV-V		Dulzian	8'		
Trompete	8'	– Tremulant –			

Koppeln: HW/P, SW/P, SW/HW
Spieltraktur: mechanisch
Registertraktur: elektrisch
Spielhilfen: 4-facher Setzer
Ladensystem: Schleifladen

Geschichte: 1949 Neubau Emanuel Kemper & Sohn (Lübeck)
1964 Einbau eines neuen Spieltisches Emanuel Kemper & Sohn (Lübeck)

Literatur: Werkverzeichnis v. Beckerath (Scharenberg)

MARIENKAPELLE

Gemeinde:	Ev. luth. Marienkapellengemeinde Eidelstedt
Bezirk:	Eimsbüttel
Straße:	Mählstraße 1
Baujahr der Orgel:	1979
Orgelbauer:	Rudolf von Beckerath (Hamburg)

Disposition

Hauptwerk		**Oberwerk**		**Pedal**	
Rohrflöte	8‘	Gedeckt	8‘	Subbaß	16‘
Prinzipal	4‘	Rohrflöte	4‘	Gemshorn	8‘
Spitzflöte	2‘	Prinzipal	2‘		
Mixtur III-IV		Terz	1 3/5‘		
		Quinte	1 1/3‘		
		Krummhorn	8‘		
		– Tremulant –			

Koppeln:	HW/P, OW/P, OW/HW
Spieltraktur:	mechanisch
Registertraktur:	mechanisch
Ladensystem:	Schleifladen
Literatur:	Pape Orgeldatenbank; Werkverzeichnis v. Beckerath (Scharenberg)

ST. MARIENKIRCHE

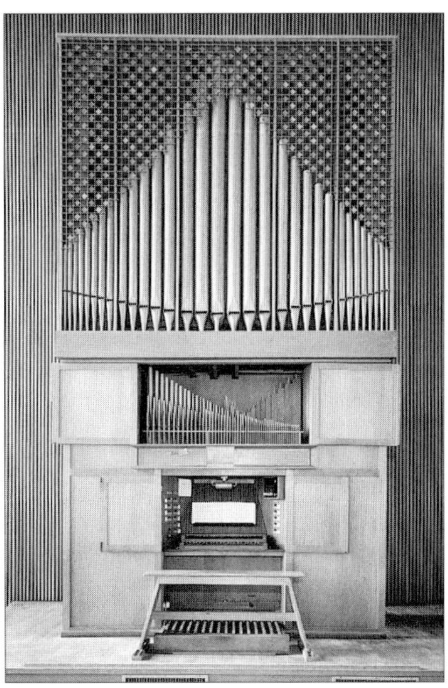

Gemeinde:	Kath. Kirchengemeinde Bergedorf
Bezirk:	Bergedorf
Straße:	Reinbeker Weg 8
Baujahr der Orgel:	1959
Orgelbauer:	Klaus Becker (Kupfermühle/Tremsbüttel)

Disposition

Hauptwerk		**Brustwerk**		**Pedal**	
Prinzipal	8‘	Gedackt	8‘	Subbaß	16‘
Rohrflöte	8‘	Rohrflöte	4‘	Pommer	8‘
Oktave	4‘	Prinzipal	2‘	Weitprinzipal	4‘
Spitzflöte	4‘	Spitzquinte	1 1/3‘	Rauschpfeife II	
Waldflöte	2‘	Terzzimbel III			
Mixtur IV					

Koppeln:	HW/P, Manualschiebekoppel
Spieltraktur:	mechanisch
Registertraktur:	mechanisch
Ladensystem:	Schleifladen

Geschichte:

1873 Bau einer Orgel mit zehn Registern eines unbekannten Orgelbauers in der kleinen Vorgängerkirche.
1914 Einbau der alten Orgel aus der Hansaschule Bergedorf.
1959 Neubau Klaus Becker in der alten Kirche
1965 Ausbau der Orgel durch Klaus Becker wegen Neubaus der Kirche
1967 Einbau Klaus Becker in die neue Kirche (drei Zungenregister sind laut Kostenangebot geplant, aber bis 1995 nicht ausgeführt.)

Literatur: Pape „Orgeldatenbank“

MARIEN-KIRCHE

M

Gemeinde:	Ev. luth. Marienkirchengemeinde Fuhlsbüttel
Bezirk:	Nord
Straße:	Am Hasenberge 44
Baujahr der Orgel:	1963
Orgelbauer:	Alfred Führer (Wilhelmshaven)

Disposition

Hauptwerk		**Brustwerk** (Schweller)		**Pedal**	
Quintade	16'	Gedackt	8'	Prinzipal	16'
Prinzipal	8'	Blockflöte	4'	Oktave	8'
Rohrflöte	8'	Rohrquinte	2 2/3'	Oktave	4'
Oktave	4'	Prinzipal	2'	Hintersatz V	2 2/3'
Superoktave	2'	Scharff IV	2/3'	Fagott	16'
Mixtur IV-VI	1 1/3'	Rankett	16'	Posaune	8'
Trompete	8'	Geigenregal	8'	Kornett	4'
		– Tremulant –			

Koppeln:	BW/P, BW/HW
Spieltraktur:	mechanisch
Registertraktur:	mechanisch
Ladensystem:	Schleifladen

Geschichte:

1961 Leihpositiv Alfred Führer (Wilhelmshaven) bis 1963
1965 Lieferung eines Positivs durch Alfred Führer (Wilhelmshaven) für das Altenheim Alsterberg
1992 Umsetzung des Positivs in die Dreifaltigkeitskirche St. Georg

Literatur:

Werkkatalog Führer 1963; 50 Jahre Orgelbau Führer
Pape Orgeldatenbank; Musik und Kirche 1963/3

DOMKIRCHE ST. MARIEN

Gemeinde: Kath. Kirchengemeinde St. Georg/Erzbistum Hamburg
Bezirk: Mitte
Straße: Danziger Straße 60
Baujahr der Orgel: 1967
Orgelbauer: Rudolf von Beckerath (Hamburg)

Disposition

Hauptwerk		**Schwellwerk**		**Kronwerk**		**Pedal**	
Prinzipal	16‘	Gedackt	16‘	Gedackt	8‘	Prinzipal	16‘
Oktave	8‘	Violprinzipal	8‘	Quintadena	8‘	Subbaß	16‘
Spielflöte	8‘	Gemshorn	8‘	Prinzipal	4‘	Quinte	10 2/3‘
Oktave	4‘	Schwebung	8‘	Rohrflöte	4‘	Oktave	8‘
Hohlflöte	4‘	Rohrflöte	8‘	Oktave	2‘	Rohrgedackt	8‘
Quinte	2 2/3‘	Oktave	4‘	Nasat	1 1/3‘	Oktave	4‘
Oktave	2‘	Blockflöte	4‘	Sifflöte	1‘	Nachthorn	2‘
Flachflöte	2‘	Nasat	2 2/3‘	Sesquialtera II		Rauschpfeife III	
Mixtur VI		Waldflöte	2‘	Scharff IV		Mixtur VI	
Zimbel III		Terz	1 3/5‘	Krummhorn	8‘	Fagott	32‘
Trompete	16‘	Septime	1 1/7‘	Schalmei	4‘	Posaune	16‘
Trompete	8‘	Mixtur V		– Tremulant –		Trompete	8‘
		Englisch Horn	16‘			Trompete	4‘
		Oboe	8‘				
		– Tremulant –					

Koppeln: HW/P, SW/P, KW/P, KW/HW, SW/HW
Spieltraktur: mechanisch
Registertraktur: elektrisch
Spielhilfen: 2 Generalsetzer, 2 Setzer je Werk, Zungeneinzelabsteller, organo pleno
Ladensystem: Schleifladen

Geschichte:
1882 von E. F. Walcker Ludwigsburg erbaut
1893 Aufstellung der Notorgel aus dem Ulmer Münster (s. o.)
1920 Neubau Paul Rother (Hamburg)
1926 Erweiterung Paul Rother (Hamburg)
1934 Erweiterung Paul Rother (Hamburg)
1948 Wiederherstellung nach Kriegsschäden Paul Rother (Hamb.)

Literatur:
Werkverzeichnis Rother
v. d. Berg „Neue katholische Orgeln“
Werkverzeichnis v. Beckerath (Scharenberg)

DOMKIRCHE ST. MARIEN

Gemeinde: Kath. Kirchengemeinde St. Georg/Erzbistum Hamburg
Bezirk: Mitte
Straße: Danziger Straße 60
Baujahr der Orgel: 1978 (Truhenpositiv)
Orgelbauer: Rudolf von Beckerath (Hamburg)

Disposition

Manual	
Gedeckt	8‘
Rohrflöte	4‘
Prinzipal	2‘
Quinte	1 1/3‘

Spieltraktur: mechanisch
Registertraktur: mechanisch
Ladensystem: Schleifladen

Literatur: Werkverzeichnis v. Beckerath (Scharenberg)

ST. MARIENKIRCHE

Gemeinde:	Katholische Kirchengemeinde Ottensen
Bezirk:	Altona
Straße:	Bei der Reitbahn 4
Baujahr der Orgel:	1964
Orgelbauer:	Alfred Führer (Wilhelmshaven)

Disposition

Hauptwerk		**Rückpositiv**		**Pedal**	
Prinzipal	8‘	Gedackt	8‘	Subbaß	16‘
Rohrflöte	8‘	Blockflöte	4‘	Praestant	8‘
Oktave	4‘	Praestant	2‘	Oktave	4‘
Gedacktflöte	4‘	Sifflöte	1 1/3‘	Fagott	16‘
Gemshorn	2‘	Oktave	1‘		
Mixtur IV-V	1 1/3‘	Sesquialtera II			
Dulcian	8‘	Scharff III	1/2‘		
		– Tremulant –			

Koppeln:	HW/P, RP/P, RP/HW
Spieltraktur:	mechanisch
Registertraktur:	mechanisch
Ladensystem:	Schleifladen
Geschichte:	1880 Neubau Eberhard Friedrich Walcker & Cie (Ludwigsburg) 1928 Umbau Paul Rother (Hamburg) 1948 Erweiterung Paul Rother (Hamburg) 1963 Leihpositiv Alfred Führer (Wilhelmshaven)
Literatur:	Werkverzeichnis Rother Werkkatalog Führer 1964, 50 Jahre Orgelbau Führer v. d. Berg „Neue katholische Orgeln“

MARIENKRANKENHAUS

Gemeinde:	Katholische Gemeinde Hamburg
Bezirk:	Mitte
Straße:	Alfredstraße 9
Baujahr der Orgel:	1968
Orgelbauer:	Eberhardt-Friedrich Walcker & Cie (Ludwigsburg)

Disposition

Manual I		**Manual II**		**Pedal**	
Gedeckt	8‘	Gemshorn	8‘	Subbaß	16‘
Prinzipal	4‘	Rohrflöte	4‘		
Mixtur II-III		Prinzipal	2‘		
		Quinte	1 1/3‘		

Koppeln:	I/P, II/P, II/I
Spieltraktur:	mechanisch
Registertraktur:	mechanisch
Ladensystem:	Schleifladen
Geschichte:	1910 Aufstellung Paul Rother (Hamburg) 1938 Umbau Paul Rother (Hamburg) 1948 Erweiterung Paul Rother (Hamburg) 1992 Umbau Claus Sebastian (Geesthacht)
Literatur:	Werkverzeichnis Rother

MARKTKIRCHE

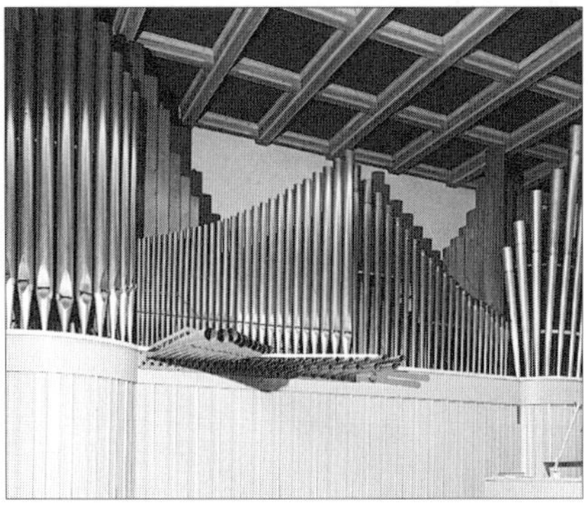

Gemeinde:	Ev. luth. Kirchengemeinde Poppenbüttel
Bezirk:	Wandsbek
Straße:	Poppenbütteler Markt 2
Baujahr der Orgel:	1956
Orgelbauer:	Emanuel Kemper & Sohn (Lübeck)

Disposition

Hauptwerk		**Rückpositiv**		**Chorpositiv**		**Pedal**	
Dulzgedackt	16'	Rohrflöte	8'	Sing. Gedackt	8'	Subbaß	16'
Prinzipal	8'	Quintade	8'	Strichflöte	8'	Gedackt	8'
Spitzflöte	8'	Engprinzipal	4'	Lochflöte	4'	Prinzipal	8'
Gambe	8'	Hohlflöte	4'	Quintade	4'	Choralbaß	4'
Oktave	4'	Waldflöte	2'	Prinzipal	2'	Nachthorn	4'
Gedackt	4'	Oktävlein	1'	Glockenton III		Quintade	2'
Oktave	2'	Sesquialtera III		Scharff IV		Rauschpfeife V	
Mixtur VI		Scharff VI				Posaune	16'
Scharff III		Krummhorn	16'			Schalmey	4'
Span. Trompete	8'	Doppelregal	8'				
– Tremulant –		– Tremulant –					

Koppeln:	HW/P, RP/P, CHPo/P, RP/HW, ChPo/HW
Spieltraktur:	elektrisch
Registertraktur:	elektrisch
Spielhilfen:	3 freie Kombinationen, 2 freie Pedalkombinationen, Crescendowalze, Walze ab, Koppeln aus Walze, Tutti, Zungen ab, Zungeneinzelabsteller
Ladensystem:	Pitmanladen

ST. MARKUS-KIRCHE

Gemeinde:	Ev. luth. Kirchengemeinde St. Markus Hoheluft
Bezirk:	Nord
Straße:	Heider Straße 1
Baujahr der Orgel:	1968
Orgelbauer:	Paul Ott (Göttingen)

Disposition

Hauptwerk		**Brustwerk**		**Pedal**	
Prinzipal	8'	Holzgedeckt	8'	Subbaß	16'
Spillgedackt	8'	Rohrflöte	4'	Prinzipal	8'
Oktave	4'	Prinzipal	2'	Oktave	4'
Blockflöte	4'	Quinte	1 1/3'	Mixtur IV	2 2/3'
Nasat	2 2/3'	Sesquialtera II		Fagott	16'
Gemshorn	2'	Scharff III-IV	1'		
Mixtur IV-VI	1 1/3'	Krummhorn	8'		
Trompete	8'				

Koppeln:	HW/P, BW/P, BW/HW
Spieltraktur:	mechanisch
Registertraktur:	mechanisch
Ladensystem:	Schleifladen
Geschichte:	1902 Neubau Furtwängler & Hammer (Hannover) 1937 Umbau Emil Hammer (Hannover) im Sinne der Orgelbewegung 1943 Zerstörung im Zweiten Weltkrieg 1949 Umsetzung der Rother-Orgel aus dem Bethlehem-Kirchsaal in die Markuskirche Franz Grollmann (Hamburg)
Literatur:	Cortum „Orgelwerke"; Pape Orgeldatenbank

MARTINSKIRCHE

Gemeinde: Ev. luth. Martinskirchengemeinde Horn
Bezirk: Mitte
Straße: Bei der Martinskirche 8
Baujahr der Orgel: 1966
Orgelbauer: Alfred Führer (Wilhelmshaven)

Disposition

Hauptwerk		**Brustwerk**		**Pedal**	
Prinzipal	8'	Gedackt	8'	Subbaß	16'
Rohrflöte	8'	Blockflöte	4'	Prinzipal	8'
Oktave	4'	Prinzipal	2'	Oktave	4'
Oktave	2'	Gemshorn	2'	Nachthorn	2'
Sesquialtera II		Quinte	1 1/3'	Mixtur IV	2 2/3'
Mixtur IV-V	1 1/3'	Scharff III-IV	1 1/3'	Posaune	16'
Trompete	8'	Dulcian	8'	Trompete	8'
		– Tremulant –			

Koppeln: HW/P, BW/P, BW/HW
Spieltraktur: mechanisch
Registertraktur: mechanisch
Ladensystem: Schleifladen

Geschichte: 1905 Neubau Eberhardt-Friedrich Walcker & Cie (Ludwigsburg)
1938 Umbau Emil Hammer (Hannover)
1950 Umbau Eberhardt-Friedrich Walcker & Cie (Ludwigsburg)

Literatur: Cortum „Orgelwerke"
Walcker-Hausmitteilungen Nr. 26; Werkkatalog Führer 1966
50 Jahre Orgelbau Führer

MARTINSKIRCHE

Gemeinde: Ev. luth. Martinskirchengemeinde Horn
Bezirk: Mitte
Straße: Bei der Martinskirche 8
Baujahr der Orgel: 1984
Orgelbauer: Helmut Schröder (Pinneberg)

Disposition

Manual	
Gedackt	8'

Spieltraktur: mechanisch
Ladensystem: Schleifladen

MARTINS-KIRCHE

Gemeinde:	Ev. luth. Martinskirchengemeinde Rahlstedt
Bezirk:	Wandsbek
Straße:	Hohwachter Weg 2
Baujahr der Orgel:	1963
Orgelbauer:	Detlef Kleuker (Brackwede b/Bielefeld)

Disposition

Hauptwerk		**Brustwerk** (Schweller)		**Pedal**	
Prinzipal	8‘	Gedackt	8‘	Subbaß	16‘
Gemshorn	8‘	Rohrflöte	4‘	Oktavbaß	8‘
Oktave	4‘	Prinzipal	2‘	Hohlflöte	4‘
Gedackt	4‘	Quinte	1 1/3‘	Nachthorn	2‘
Waldflöte	2‘	Sesquialtera II		Mixtur V	
Rauschpfeife II		Scharff III		Fagott 16‘	
Mixtur IV		Krummhorn	8‘		
Trompete	8‘	– Tremulant –			

Koppeln:	HW/P, BW/P, BW/HW
Spieltraktur:	mechanisch
Registertraktur:	mechanisch
Ladensystem:	Schleifladen
Geschichte:	1989 Generalüberholung Klaus Becker (Kupfermühle/Tremsbüttel)
	1990 Einbau eines Schwellers für das Brustwerk Michael Becker (Sattenfelde)
	1993 Einbau eines Brustwerkstremulanten Michael Becker (Sattenfelde)
Literatur:	Pape Orgeldatenbank

MARTIN-LUTHER-KIRCHE

Gemeinde:	Alsterdorf
Bezirk:	Nord
Straße:	Bebelallee 156
Baujahr der Orgel:	1967/79
Orgelbauer:	Emil Hammer (Arnum b/Hannover)

Disposition

Manual II		**Manual III**		**Pedal**	
Quintadena	16‘	Gedackt	8‘	Subbaß	16‘
Prinzipal	8‘	Blockflöte	4‘	Prinzipal	8‘
Koppelflöte	8‘	Prinzipal	2‘	Gedackt	8‘
Oktave	4‘	Terz	1 3/5‘	Oktave	4‘
Nasat	2 2/3‘	Quinte	1 1/3‘	Mixtur V	2 2/3‘
Waldflöte	2‘	Cymbel II-III	1/4‘	Posaune	16‘
Mixtur IV-VI	1 1/3‘	Krummhorn	8‘	Trompete	8‘
Trompete	8‘	– Tremulant –		Klarine	4‘

Manual I ist Koppelmanual

Koppeln:	II/P, III/P
Spieltraktur:	mechanisch
Registertraktur:	elektrisch
Spielhilfen:	2 freie Kombinationen
Ladensystem:	Schleifladen

MARTIN-LUTHER-KIRCHE

Gemeinde:	Ev. luth. Kirchengemeinde Eißendorf
Bezirk:	Harburg
Straße:	Kirchenhang 21
Baujahr der Orgel:	1981
Orgelbauer:	Hermann Eule Orgelbau (Bautzen)

Disposition

Hauptwerk		**Brustwerk**		**Pedal**	
Prinzipal	8'	Gedackt	8'	Subbaß	16'
Koppelflöte	8'	Rohrflöte	4'	Oktavbaß	8'
Oktave	4'	Prinzipal	2'	Nachthorn	4'
Nasat	2 2/3'	Quinte	1 1/3'	Prinzipalmixtur III	
Waldflöte	2'	Terz	1 3/5'		
Mixtur IV		Scharff III			
Schalmei	8'	- Tremulant -			

Koppeln:	HW/P, BW/P, BW/HW
Spieltraktur:	mechanisch
Registertraktur:	mechanisch
Ladensystem:	Schleifladen
Geschichte:	1906 Neubau Furtwängler & Hammer (Hannover) 1956 Renovierung Emanuel Kemper & Sohn (Lübeck)
Literatur:	Pape Orgeldatenbank

MARTIN-LUTHER-KIRCHE

Gemeinde:	Ev. luth. Kirchengemeinde Iserbrook
Bezirk:	Altona
Straße:	Schenefelder Landstraße 200
Baujahr der Orgel:	1957
Orgelbauer:	Friedrich Weigle (Echterdingen)

Disposition

Hauptwerk		**Schwellwerk**		**Pedal**	
Pommer	16'	Gedackt	8'	Subbaß	16'
Prinzipal	8'	Prinzipal	4'	Prinzipal	8'
Spillpfeife	8'	Rohrflöte	4'	Gedackt	8'
Oktav	4'	Oktav	2'	Choralflöte	4'
Blockflöte	4'	Terzian II		Rauschpfeife V	
Nasat	2 2/3'	Scharff III-IV		Glöckleinton II	
Waldflöte	2'	Krummhorn	8'	Fagott	16'
Mixtur V-VI		- Tremulant -			

Koppeln:	HW/P, SW/P, SW/HW
Spieltraktur:	mechanisch
Registertraktur:	elektrisch
Spielhilfen:	1 freie Kombination, Handregister zu freier Kombination
Ladensystem:	Schleifladen
Geschichte:	1988 Umbau Hinrich Otto Paschen (Kiel): Das Rückpositiv wurde zum Schwellwerk und erhielt zusätzlich einen Prinzipal 4'. Das Nachthorn 4' im Pedal wurde Choralflöte 4'. Die Hauptwerkmixtur wurde V-VI.
Literatur:	Musik und Kirche 1961/6

MARTIN-LUTHER-KING-KIRCHE

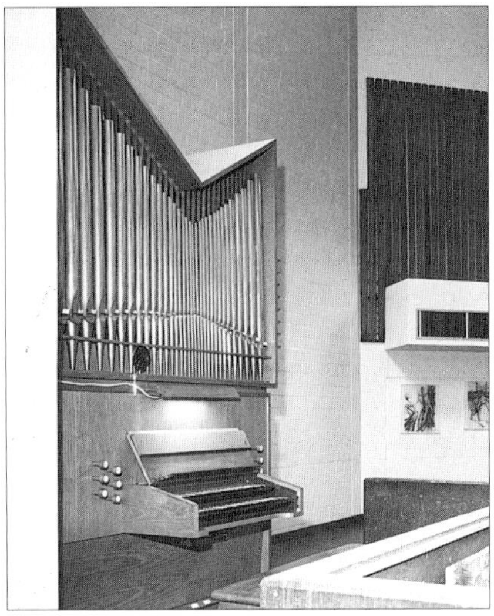

Gemeinde:	Ev. luth. Kirchengemeinde Steilshoop
Bezirk:	Wandsbek
Straße:	Gründgensstraße 28
Baujahr der Orgel:	1974
Orgelbauer:	Eberhard Friedrich Walcker & Cie. (Murrhardt)

Disposition

Manual I		**Manual II**		**Pedal**	
Pommer	8'	Gedackt	8'	Subbaß	16'
Prinzipal	4'	Rohrflöte	4'	Koppelflöte	8'
Mixtur IV		Quinte	2 2/3'	Trompete	8'
		Feldflöte	2'		

Koppeln:	I/P, II/P, II/I
Spieltraktur:	mechanisch
Registertraktur:	mechanisch
Ladensystem:	Schleifladen

ST. MARTINUS-KIRCHE

Gemeinde:	Ev. luth. St. Martinusgemeinde Eppendorf
Bezirk:	Nord
Straße:	Martinistraße 33
Baujahr der Orgel:	1971
Orgelbauer:	Gebr. Jehmlich (Dresden)

Disposition

Hauptwerk		**Schwellwerk**		**Pedal**	
Quintadena	16'	Weitgedackt	8'	Subbaß	16'
Prinzipal	8'	Prinzipal	4'	Prinzipalbaß	8'
Gemshorn	8'	Nachthorn	4'	Gedacktbaß	8'
Oktave	4'	Oktävlein	2'	Choralbaß	4'
Rohrflöte	4'	Sifflet	1'	Rauschpfeife III	
Nasat	2 2/3'	Terzian II		Stillposaune	16'
Waldflöte	2'	Mixtur IV		Trompete	8'
Mixtur VI-VII		Kopfregal	8'		
Zymbel III		– Tremulant –			
Trompete	8'				
– Tremulant –		Zimbelstern			

Koppeln:	HW/P, SW/P, SW/HW
Spieltraktur:	mechanisch
Registertraktur:	elektrisch
Spielhilfen:	2 freie Kombinationen
Ladensystem:	Schleifladen
Geschichte:	1951 Neubau Emanuel Kemper & Sohn (Lübeck)

ST. MARTINUS-KIRCHE

Gemeinde:	Ev. luth. St. Martinusgemeinde Eppendorf
Bezirk:	Nord
Straße:	Martinistraße 33
Baujahr der Orgel:	1963
Orgelbauer:	Alfred Führer (Wilhelmshaven)

Geschichte:

Die Orgel (das Positiv) wurde für das Universitätskrankenhaus Eppendorf gebaut.
1974 wurde es der St. Martinusgemeinde übergeben
1988 wurde es der Gemeinde Franz-von-Assisi in Neu-Allermöhe übergeben
1989 Schenkung eines Positivs der Firma Schmidt & Tiemann (Hannover) durch den Künstler James Last.
Disposition: Gedeckt 8'
Blockflöte 4'
Okarina 2'

MATTHÄUS-KIRCHE

Gemeinde:	Ev. luth. Matthäuskirchengemeinde Winterhude
Bezirk:	Nord
Straße:	Bei der Matthäuskirche
Baujahr der Orgel:	1967
Orgelbauer:	Alfred Führer (Wilhelmshaven)

Disposition

Hauptwerk		**Brustwerk** (Schweller)		**Pedal**	
Quintade	16'	Gedackt	8'	Subbaß	16'
Prinzipal	8'	Blockflöte	4'	Prinzipal	8'
Rohrflöte	8'	Prinzipal	2'	Oktave	4'
Oktave	4'	Sifflöte	2'	Nachthorn	2'
Kleingedackt	4'	Terzian II		Mixtur IV	
Nasard	2 2/3'	Scharff IV		Fagott	16'
Flachflöte	2'	Geigenregal	8'	Trompete	4'
Sesquialtera II		– Tremulant –			
Mixtur IV-VI					
Trompete	8'				

Koppeln:	HW/P, BW/P, BW/HW
Spieltraktur:	mechanisch
Registertraktur:	elektrisch
Spielhilfen:	2 freie Kombinationen
Ladensystem:	Schleifladen
Geschichte:	1912 Neubau Paul Rother (Hamburg) 1927 Erweiterung Paul Rother (Hamburg)
Literatur:	Cortum „Orgelwerke"; Werkverzeichnis Rother; Werkkatalog Führer 1967; 50 Jahre Orgelbau Führer

MATTHIASHAUS

Gemeinde:	Nord-Barmbek
Bezirk:	Nord
Straße:	Hellbrookstraße 18
Baujahr der Orgel:	1961
Orgelbauer:	Alfred Führer (Wilhelmshaven)

Disposition

Manual	
Gedackt	8'
Rohrflöte	4'
Prinzipal	2'
Zimbel II (geteilt in Baß/Diskant)	

Spieltraktur:	mechanisch
Registertraktur:	mechanisch
Ladensystem:	Schleiflade
Geschichte:	Die Orgel wurde 1961 für die Nathanaelkirche in Hamburg-Horn geliefert und 1967 an das Matthiashaus verkauft
Literatur:	50 Jahre Orgelbau Führer

M

MATTHIAS-CLAUDIUS-KIRCHE

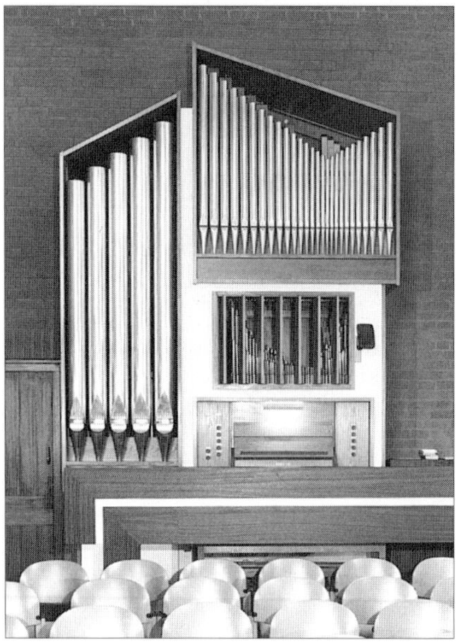

Gemeinde:	Ev. luth. Matthias-Claudius-Kirchengemeinde Rahlstedt
Bezirk:	Wandsbek
Straße:	Wolliner Straße 98
Baujahr der Orgel:	1975
Orgelbauer:	Hermann Eule (Bautzen)

Disposition

Hauptwerk		**Brustwerk** (Schweller)		**Pedal**	
Rohrflöte	8‘	Gedackt	8‘	Subbaß	16‘
Prinzipal	4‘	Rohrflöte	4‘	Nachthorn	4‘
Nasat	2 2/3‘	Prinzipal	2‘		
Gemshorn	2‘	Regal	8‘		
Mixtur III	1 1/3‘	– Tremulant –			

Koppeln:	HW/P, BW/P, BW/HW
Spieltraktur:	mechanisch
Registertraktur:	mechanisch
Ladensystem:	Schleifladen
Geschichte:	1987 Umsetzung aus dem alten Kirchsaal in die neu erbaute Kirche Karl Lötzerich (Ippinghausen b/Kassel), dabei Einbau Regal 8‘ für Zimbel III, einer neuen Traktur und Umsetzung der Mixtur auf 1 1/3‘

MATTHIAS-CLAUDIUS-KIRCHE

Gemeinde:	Ev. luth. Kirchengemeinde Wohldorf-Ohlstedt
Bezirk:	Wandsbek
Straße:	Bredenbekstraße 59
Baujahr der Orgel:	1971
Orgelbauer:	P. A. Flentrop (Zaandam/Niederlande)

Disposition

Hauptwerk		**Brustwerk**		**Pedal**	
Spielflöte	8‘	Gedeckt	8‘	Subbaß	16‘
Prinzipal	4‘	Rohrflöte	4‘	Prinzipal	8‘
Flöte	4‘	Prinzipal	2‘	Gemshorn	4‘
Gemshorn	2‘	Quinte	1 1/3‘	Nachthorn	2‘
Mixtur IV		Sesquialtera II			
Krummhorn	8‘	– Tremulant –			

Koppeln:	HW/P, BW/P, BW/HW
Spieltraktur:	mechanisch
Registertraktur:	mechanisch
Ladensystem:	Schleifladen
Literatur:	Pape Orgeldatenbank

ST. MAXIMILIAN-KOLBE-KIRCHE

Gemeinde:	Katholische Kirchengemeinde Kirchdorf
Bezirk:	Harburg
Straße:	Krieterstraße 9
Baujahr der Orgel:	1978
Orgelbauer:	Gebr. Hillebrandt (Altwarmbüchen)

Disposition

Hauptwerk		**Schwellwerk**		**Pedal**	
Prinzipal	8'	Gedackt	8'	Prinzipal	16'
Rohrflöte	8'	Quintadena	8'	Subbaß	16'
Oktave	4'	Prinzipal	4'	Oktavbaß	8'
Gedeckt	4'	Blockflöte	4'	Gedecktbaß	8'
Quinte	2 2/3'	Oktave	2'	Oktave	4'
Gemshorn	2'	Sesquialtera II		Mixtur IV	
Mixtur VI		Scharff IV		Posaune	16'
Trompete	8'	Dulcian	8'		
– Tremulant –					

Koppeln:	HW/P, SW/P, SW/HW
Spieltraktur:	mechanisch
Registertraktur:	elektrisch
Spielhilfen:	3 freie Kombinationen, 1 freie Pedalkombination, Plenum, Tutti, Auslöser, Handregister, Einzelabsteller für Zungen und Mixturen
Ladensystem:	Schleifladen

MELANCHTHON-KIRCHE

Gemeinde:	Ev. luth. Melanchthonkirchengemeinde Groß-Flottbek
Bezirk:	Altona
Straße:	Ebertallee 30
Baujahr der Orgel:	1958
Orgelbauer:	Paul Ott (Göttingen)

Disposition

Hauptwerk		**Brustwerk** (Schweller)		**Pedal**	
Quintadena	16'	Metallgedeckt	8'	Subbaß	16'
Prinzipal	8'	Prinzipal	4'	Gedacktbaß	16'
Holzflöte	8'	Koppelflöte	4'	Oktave	8'
Oktave	4'	Oktave	2'	Gedackt	8'
Rohrflöte	4'	Waldflöte	2'	Oktave	4'
Nasat	2 2/3'	Sifflöte	1'	Nachthorn	4'
Oktave	2'	Sesquialtera II		Gemsflöte	1'
Mixtur IV-VI		Scharff IV		Mixtur V	
Trompete	8'	Rankett	16'	Posaune	16'
		Krummhorn	8'	Trompete	8'
		– Tremulant –		Cornett	2'

Koppeln:	HW/P, BW/P, BW/HW
Spieltraktur:	mechanisch
Registertraktur:	mechanisch
Ladensystem:	Schleifladen

Geschichte:	1949 Neubau Paul Ott für den Gemeindesaal 1966 Umsetzung dieser Orgel durch Hinrich Otto Paschen (Kiel) über Brecklum nach Kating (Eiderstedt) 1988 Einbau des Brustwerksschwellers durch Hinrich Otto Paschen (Kiel)
Literatur:	Pape Orgeldatenbank

MENNONITENKIRCHE

Gemeinde:	Mennonitengemeinde Altona
Bezirk:	Altona
Straße:	Mennonitenstraße 20
Baujahr der Orgel:	1915
Orgelbauer:	G. F. Steinmeyer & Co. (Oettingen/Bayern)

Disposition

Manual I		**Manual II**		**Pedal**	
Prinzipal	8'	Lieblich Gedeckt	8'	Subbaß	16'
Flöte	8'	Quintade	8'	Oktavbaß	8'
Oktave	4'	Weidenpfeife	4'	Oktave	4'
Gemshorn	4'	Rohrflöte	4'	Gemshorn	4'
Oktave	2'	Waldflöte	2'	Quintade	4'
Mixtur IV		Sifflöte	1'	Nachthorn	1'
Trompete	8'	Sesquialtera II		Dulzian	16'
		Scharff III			
		Oboe	8'		
		– Tremulant –			

An dem reich gestalteten Gehäuse sind in der Mitte des Pfeifenfeldes die Initialen M und S eingeschnitzt.

Koppeln:	I/P, II/P, II/I
Spieltraktur:	pneumatisch
Registertraktur:	pneumatisch
Spielhilfen:	Kollektivknöpfe für Piano, Mezzoforte, Forte, Fortissimo, Tutti. Auslöser, Pianopedal, Crescendowalze, Walze ab. Drei Knöpfe an der Vorsatzleiste des Manual I sind stillgelegt.
Ladensystem:	Taschenladen

Geschichte:
1950 Umbau Emanuel Kemper & Sohn (Lübeck) im Sinne der Orgelbewegung

ST. MICHAELKAPELLE

Gemeinde:	Amalie-Sieveking-Mutterhaus
Bezirk:	Wandsbek
Straße:	Wiesenkamp (Volksdorf)
Baujahr der Orgel:	1979
Orgelbauer:	G. F. Steinmeyer & Co. (Oettingen/Bayern)

Disposition

Hauptwerk		**Brustwerk**		**Pedal**	
Gedeckt	8'	Gemshorn	8'	Subbaß	16'
Prinzipal	4'	Rohrflöte	4'		
Quinte	1 1/3'	Prinzipal	2'		

Koppeln:	HW/P, BW/P, BW/HW
Spieltraktur:	mechanisch
Registertraktur:	mechanisch
Ladensystem:	Schleifladen

Geschichte:
1958 Geschenk eines Positivs der Firma Emanuel Kemper & Sohn (Lübeck) vom Norddeutschen Rundfunk (Hamburg) an die St. Michaelskapelle
1979 Verkauf des Kemper-Positivs an einen Privatbesitzer

ST. MICHAEL-KIRCHE

Gemeinde: Ev. luth. St. Michaelgemeinde Bergedorf
Bezirk: Bergedorf
Straße: Gojenbergsweg 26
Baujahr der Orgel: 1959
Orgelbauer: Franz Grollmann (Hamburg)

Disposition

Hauptwerk		**Brustwerk**		**Pedal**	
Gedackt	8'	Quintadena	8'	Subbaß	16'
Prinzipal	4'	Blockflöte	4'	Gedackt	8'
Rohrflöte	4'	Prinzipal	2'	Choralbaß	4'
Waldflöte	2'	Scharff III		Fagott	16'
Mixtur IV-V		Krummhorn	8'		
		– Tremulant –			

Koppeln: I/P, II/P, II/I
Spieltraktur: mechanisch
Registertraktur: mechanisch
Ladensystem: Schleifladen

MICHAELS-KIRCHE

Gemeinde: Christengemeinschaft Blankenese
Bezirk: Altona
Straße: Schenefelder Landstraße 34
Baujahr der Orgel: 1993
Orgelbauer: Alfred Führer (Wilhelmshaven)

Disposition

Hauptwerk		**Nebenwerk**		**Pedal**	
Prinzipal	8'	Gedackt	8'	Subbaß	16'
Rohrflöte	8'	Flöte	4'	Gemshorn	8'
Oktave	4'	Nasard	2 2/3'	Trompete	8'
Oktave	2'	Waldflöte	2'		
Mixtur III	1 1/3'	Terz	1 3/5'		
Dulcian	8'	Sifflöte	1'		

Koppeln: HW/P, NW/P, NW/HW
Spieltraktur: mechanisch
Registertraktur: mechanisch
Ladensystem: Schleifladen

Geschichte:
1956 Umsetzung eines Positivs der Firma Klaus Becker (Kupfermühle/Tremsbüttel) in den vorher als Notkirche benutzten Raum aus der Johanneskirche Johnsallee
1992 Umsetzung dieses Positivs in den Andachtsraum Bergedorf der Christengemeinschaft

ST. MICHAEL-KIRCHE

Gemeinde: Ev. luth. Kirchengemeinde Sülldorf
Bezirk: Altona
Straße: Sülldorfer Kirchenweg 1
Baujahr der Orgel: 1959
Orgelbauer: Friedrich Weigle (Echterdingen)

Disposition

Hauptwerk		**Schwellwerk**		**Pedal**	
Prinzipal	8'	Gedeckt	8'	Subbaß	16'
Gemshorn	8'	Prinzipal	4'	Offenbaß	8'
Oktave	4'	Rohrflöte	4'	Gedecktbaß	8'
Quinte	2 2/3'	Oktave	2'	Rauschbaß III-IV	5 1/3'
Waldflöte	2'	Terzian I-II		Choralbaß	4'
Quartan	1 1/3'	Scharff IV		Fagott	16'
Mixtur IV-VI		Krummhorn	8'		
Trompete	8'	– Tremulant –			

Koppeln: HW/P, SW/P, SW/HW
Spieltraktur: mechanisch
Registertraktur: mechanisch
Ladensystem: Schleifladen

MICHAELIS-KIRCHE

Gemeinde: Ev. luth. Kirchengemeinde Neugraben
Bezirk: Harburg
Straße: Cuxhavener Straße 321
Baujahr der Orgel: 1961
Orgelbauer: Emanuel Kemper & Sohn (Lübeck)

Disposition

Hauptwerk		**Rückpositiv**		**Pedal**	
Rohrflöte	8'	Gedeckt	8'	Subbaß	16'
Prinzipal	4'	Blockflöte	4'	Oktavbaß	8'
Gemshorn	2'	Oktave	2'	Oktavbaß	4'
Terzian II		Quinte	1 1/3'	Rauschpfeife III	
Mixtur IV-V		Scharff III		Dulzian	16'
		Krummhorn	8'		
		– Tremulant –			

Koppeln: HW/P, RP/P, RP/HW
Spieltraktur: mechanisch
Registertraktur: mechanisch
Ladensystem: Schleifladen

Geschichte: 1911 Neubau Faber & Greve (Salzhemmendorf)
1982 Umbau Alfred Führer (Wilhelmshaven), dabei Auswechslung der beiden Zungenregister

Literatur: 50 Jahre Orgelbau Führer

ST. MICHAELIS-KIRCHE (HAUPTORGEL)

Gemeinde:	Ev. luth. Hauptkirchengemeinde St. Michaelis
Bezirk:	Mitte
Straße:	Englische Planke
Baujahr der Orgel:	1960/61
Orgelbauer:	G. F. Steinmeyer & Co. (Oettingen/Bayern)

Disposition

Hauptwerk I		**Hauptwerk II**		**Bombardenwerk** (Schweller)	
Prinzipal	16‘	Quintadena	16‘	Bourdon	16‘
Oktave	8‘	Prinzipal	8‘	Prinzipal	8‘
Quinte	5 1/3‘	Spitzflöte	8‘	Violflöte	8‘
Oktave	4‘	Oktave	4‘	Schwebung (ab c)	8‘
Quinte	2 2/3‘	Rohrflöte	4‘	Oktave	4‘
Oktave	2‘	Nasat	2 2/3‘	Flûte Travers	4‘
Mixtur VI-VIII	2‘	Oktave	2‘	Quinte	2 2/3‘
Scharff IV	2/3‘	Flachflöte	2‘	Oktave	2‘
Cornett V (ab f)	8‘	Mixtur VI-VIII	1 1/3‘	Terz	1 3/5‘
Trompete	16‘	Cimbel III	1/6‘	Septime	1 1/7‘
Trompete	8‘	Fagott	16‘	Mixtur IV-VI	1 1/3‘
Trompete	4‘	Trompete	8‘	Bombarde	16‘
		Vox humana	8‘	Trompete	8‘
		– Tremulant –		Hautbois	8‘
				Clairon	4‘
				– Tremulant –	

Brustwerk		**Kronwerk**		**Pedal**		
Quintadena	8‘	Hohlflöte	8‘	Prinzipal	32‘	} kombiniert
Gedackt	8‘	Spitzgamba	8‘	Oktave	16‘	} kombiniert
Prinzipal	4‘	Prinzipal	4‘	Gemshorn	16‘	
Blockflöte	4‘	Spitzflöte	4‘	Oktave	8‘	
Oktave	2‘	Nasat	2 2/3‘	Gedackt	8‘	
Quinte	1 1/3‘	Oktave	2‘	Oktave	4‘	
Sesquialtera II		Gemshorn	2‘	Koppelflöte	4‘	
Scharff V-VII	1‘	Oktave	1‘	Nachthorn	2‘	
Cimbel II	1/3‘	Terzian II		Bauernflöte	1‘	
Dulcian	16‘	Scharff VI	1‘	Hintersatz V	4‘	
Bärpfeife	8‘	Regal	16‘	Rauschpf. III	2 2/3‘	
Schalmey	4‘	Krummhorn	8‘	Mixtur VI-VIII	2‘	
– Tremulant –		Zinke	4‘	Posaune	32‘	
		– Tremulant –		Posaune	16‘	
				Dulcian	16‘	
		Zimbelstern		Trompete	8‘	
				Trechterregal	8‘	
				Trompete	4‘	
				Vox humana	4‘	
				Singend Cornett	2‘	

Koppeln:	BoW/P, HW II/P, BoW/HW, HW II/HW I
Spieltraktur:	mechanisch
Registertraktur:	elektrisch
Spielhilfen:	4-facher Setzer für die ganze Orgel 4-facher Setzer für jedes Werk separat Diskettensetzer
Ladensystem:	Schleifladen

Geschichte:

vor 1670 Kleine Orgel vorhanden, gekauft von dem Hamburger Organisten Thomas Selle
1670 Neubau Joachim Richborn (Hamburg)
1712 Neubau Arp Schnitger (Hamburg)
1750 Umbauvorschlag Joachim Wagner (Berlin) und Zerstörung durch den ersten großen Kirchenbrand
1761/69 Neubau Johann Gottfried Hildebrandt (Dresden)
1839/42 Umbau Johann Gottlieb Wolfsteller (Hamburg), dabei Beseitigung der Doppelchöre im Hauptwerk.
1875 Erweiterung d. Windkanäle Chr. Heinrich Wolfsteller (Hamb.)

1906 Zerstörung durch den zweiten großen Kirchenbrand
1912 Neubau Eberhardt-Friedrich Walcker & Cie (Ludwigsburg) als beim Bau größte Orgel der Welt mit V/163
1944 die Orgel erleidet erhebliche Schäden durch Kriegseinwirkung
1960 Verkauf als Schrott an Emanuel Kemper & Sohn (Lübeck) Nur das 1912 dem verbrannten Hildebrandt-Gehäuse mit Erweiterungen nachgebaute Gehäuse blieb in der Kirche und wurde erheblich verändert für die Steinmeyer-Orgel übernommen

Literatur:
Max Allihn „Größte Orgel“; Anonymus „Festschrift“;
Cortum „Orgelwerke“; Cortum „Erinnerungen“;
Dähnert „Hildebrandt“; Flade „Silbermann“;
Fock „Hamburgs Anteil“; Fock „Arp Schnitger“;
Frotscher „Dispositionen“; Helman „Hamburg – some notes“
Jaacks „Orgeln“; Kaufmann „Orgelprospekt“;
Lottermoser „Akustik“; Mattheson „Handleitung“;
Metzler „Romantischer Orgelbau“; Otto „Hamburgs Orgeln“;
Raugel „Nouveau Grand Orgue“; Rother „Michaelisorgel“;
Schmahl „Michaelis“; Schnorr v. Carolsfeld „Michaelis“
Seggermann „Michaelisorgeln“; Sitthard „Michaelisorgeln“
Sitthard „Hauptorgelwerk“ Sumner „St. Michael's“;
Walcker „Erinnerungen“; Acta 1, 18, 22, 23;
Musik und Kirche 1962/5 Ars Organi 1983/3

ST. MICHAELIS-KIRCHE (KONZERTORGEL/HILFSORGEL)

Gemeinde: Ev. luth. Hauptkirchengemeinde St. Michaelis
Bezirk: Mitte
Straße: Englische Planke
Baujahr der Orgel: 1912
Orgelbauer: Marcussen (Abenrå)

Disposition

Hauptwerk		**Positiv**		**Schwellwerk**		**Pedal**	
Quintade	16‘	Gedackt	8‘	Gedackt	16‘	Prinzipal	16‘
Prinzipal	8‘	Quintade	8‘	Prinzipal	8‘	Subbaß	16‘
Gemshorn	8‘	Prinzipal	4‘	Holzflöte	8‘	*Gedeckt	16‘
Rohrflöte	8‘	Blockflöte	4‘	Violflöte	8‘	Quinte	10 2/3‘
Oktave	4‘	Oktave	2‘	Oktave	4‘	Oktavbaß	8‘
Offenflöte	4‘	Quinte	1 1/3‘	Rohrflöte	4‘	Gedackt	8‘
Nasard	2 2/3‘	Scharff IV-VI		Oktave	2‘	Oktave	4‘
Oktave	2‘	Dulzian	16‘	Gemshorn	2‘	Nachthorn	2‘
Mixtur VI-VIII		Krummhorn	8‘	Oktave	1‘	Mixtur VI	
Zimbel III		– Tremulant –		Terzian II		Posaune	16‘
Trompete	8‘			Rauschpfeife II		Trompete	8‘
				Scharff V			
				Oboe	8‘		
				Rohrschalmey	4‘		
				– Tremulant –			

* Transmission aus Schwellwerk

Koppeln: HW/P, Po/P, SW/P, SW/HW, Po/HW, SW/Po
Spieltraktur: elektropneumatisch
Registertraktur: elektropneumatisch
Spielhilfen: Crescendowalze, organo pleno, 2 freie Kombinationen, 1 freie Pedalkombination, Koppeln aus Walze, Walze ab, Zungeneinzelabsteller
Ladensystem: Taschenladen

Geschichte:
1950 Erweiterung Eberhardt-Friedrich Walcker & Cie (Ludwigsburg)
1980 Anbau eines neuen fahrbaren Spieltisches durch G. F. Steinmeyer & Co. (Oettingen/Bayern)

Literatur:
siehe Hauptorgel
Friis „Marcussen“
Musik und Kirche 1947/2

SOLI
DEO
GLORIA

ST. MICHAELIS-KIRCHE (CHORORGEL)

Gemeinde:	Ev. luth. Hauptkirchengemeinde St. Michaelis
Bezirk:	Mitte
Straße:	Englische Planke
Baujahr der Orgel:	1960
Orgelbauer:	Franz Grollmann (Hamburg)

Disposition

Manual		**Pedal**
Gedackt	8'	angehängt
Prinzipal	4'	
Gemshorn	2'	
Mixtur IV		

Spieltraktur:	mechanisch
Registertraktur:	mechanisch
Ladensystem:	Schleifladen
Literatur:	Seggermann „Michaelisorgeln"

ST. MICHAELIS-KIRCHE (GEMEINDESAAL)

Gemeinde:	Ev. luth. Hauptkirchengemeinde St. Michaelis
Bezirk:	Mitte
Straße:	Kreyenkamp
Baujahr der Orgel:	1957
Orgelbauer:	Franz Grollmann (Hamburg)

Disposition

Manual		**Pedal**
Gedeckt	8'	angehängt
Rohrflöte	4'	
Prinzipal	2'	
Quinte	1 1/3'	
Scharff II		

Spieltraktur:	mechanisch
Registertraktur:	mechanisch
Ladensystem:	Schleifladen
Geschichte:	1908 Neubau Paul Rother (Hamburg). 1943 Im Zweiten Weltkrieg zerstört. 1947 Neubau Emanuel Kemper & Sohn (Lübeck). Diese Orgel ist verschwunden.
Literatur:	Musik und Kirche 1947/2

MUSIKWISSENSCHAFTLICHES INSTITUT DER UNIVERSITÄT

Bezirk: Mitte
Straße: Neue Rabenstraße 13
Baujahr der Orgel: 1897
Orgelbauer: Eberhardt-Friedrich Walcker & Cie (Ludwigsburg)

Disposition

Manual I		**Manual II**		**Pedal**	
Bordun	16‘	Geigenprinzipal	8‘	Subbaß	16‘
Prinzipal	8‘	Liebl. Gedackt	8‘	Oktavbaß	8‘
Hohlflöte	8‘	Salicional	8‘		
Viola da Gamba	8‘	Flöte	4‘		
Oktave	4‘	Trompete	8‘		
Rohrflöte	4‘				
Mixtur III	2 2/3‘				

Koppeln: I/P, II/P, II/I
Spieltraktur: pneumatisch
Registertraktur: pneumatisch
Spielhilfen: Forte (F), Piano (P) als Knöpfe unter Manual I
Ladensystem: Taschenladen

Geschichte: 1971 Umsetzung durch Klaus Becker (Kupfermühle/Tremsbüttel) aus dem zum Abbruch bestimmten Lehrerseminar Binderstraße in das musikwissenschaftliche Institut auf Veranlassung von Prof. Jürgen Jürgens.

M

MUSIKHALLE

Bezirk:	Mitte
Straße:	Johannes-Brahms-Platz (ehem. Karl-Muck-Platz)
Baujahr der Orgel:	1950
Orgelbauer:	Rudolf von Beckerath (Hamburg)

Disposition

Hauptwerk		**Oberwerk**		**Rückpositiv**	
Prinzipal	16'	Quintadena	16'	Prinzipal	8'
Oktave	8'	Violflöte	8'	Gedackt	8'
Spielflöte	8'	Koppelflöte	8'	Quintadena	8'
Oktave	4'	Violflöte	4'	Prinzipal	4'
Nachthorn	4'	Blockflöte	4'	Rohrflöte	4'
Oktave	2'	Nasat	2 2/3'	Quinte	2 2/3'
Flachflöte	2'	Waldflöte	2'	Italien. Prinzipal	2'
Rauschpf. II	2 2/3'	Nachthorn	1'	Quinte	1 1/3'
Mixtur VI-VIII	1 1/3'	Nonenkornett III	1 3/5'	Sesquialtera II	
Trompete	16'	Scharff VI	1'	Scharff IV-VI	1'
Trompete	8'	Zimbel III	1/6'	Dulcian	16'
		Feldtrompete	8'	Bärpfeife	8'
		Feldtrompete	4'		
		Vox humana	8'		

Kronwerk		**Pedal**	
Holzgedackt	8'	Prinzipal	16'
Holzprinzipal	4'	Subbaß	16'
Kleinflöte	2'	Quintbaß	10 2/3'
Sifflöte	1'	Oktave	8'
Terzian II		Gedackt	8'
Scharff III-IV	2/3'	Oktave	4'
Dulcian	8'	Nachthorn	2'
		Rauschpfeife III	4'
		Mixtur VI-VIII	2'
		Posaune	32'
		Posaune	16'
		Dulcian	16'
		Trompete	8'
		Trompete	4'
		Kornet	2'

Koppeln:	HW/P, OW/P, SW/P, RP/HW, SW/HW, SW/RP, BW/HW
Spieltraktur:	mechanisch
Registertraktur:	elektropneumatisch
Spielhilfen:	4 Gesamtsetzerkombinationen, je 2 Setzerkombinationen für die einzelnen Manuale, 3 Setzerkombinationen für das Pedal
Ladensystem:	Schleifladen

Geschichte:

1908 Neubau Eberhardt-Friedrich Walcker & Cie (Ludwigsburg) Der Prospekt ist in der Musikhalle erhalten. Die Orgel wurde 1950 an das Thalia-Theater in Wuppertal verkauft. Von dort wurde sie
1953 an die St. Engelhardt-Kirche in Köln-Riehl verkauft, wo sie verändert erhalten ist.
1968 Umbau Rudolf von Beckerath (Hamburg)
1972 Einbau eines neuen Dulzian 16' im Pedal Rudolf von Beckerath (Hamburg)
1992/94 Umbau Rudolf von Beckerath (Hamburg) u. a. Stillegung der Barkermaschine, Ergänzung und Elektrifizierung der Koppeln.

Literatur:

Seggermann „Musikhallenorgel“
Zeitschrift für Instrumentenbau Nr. 32/11.08.1908
Werkverzeichnis v. Beckerath (Scharenberg)

NATHANAEL-KIRCHE

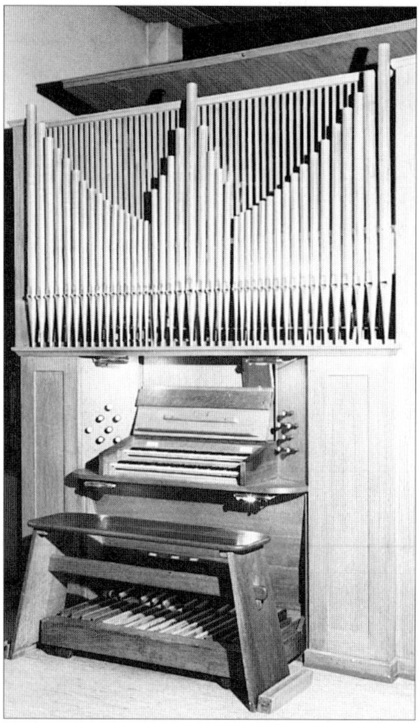

Gemeinde: Ev. luth. Nathanaelkirchengemeinde Horn
Bezirk: Mitte
Straße: Bauerbergsweg (Kleingartenverein 142 Parzelle 65/67)
Baujahr der Orgel: 1953
Orgelbauer: E. F. Walcker & Cie (Ludwigsburg) op. 3128

Disposition

Hauptwerk		**Oberwerk**		**Pedal**	
Flötengedackt	8'	Quintade	8'	Subbaß	16'
Prinzipal	4'	Rohrflöte	4'	Dolcan	4'
Waldflöte	2'	Prinzipal	2'		
Mixtur III		Sifflöte	1 1/3'		
– Tremulant –		Scharff III			
		– Tremulant –			

Koppeln: HW/P, OW/P, OW/HW
Spieltraktur: mechanisch
Registertraktur: mechanisch
Ladensystem: Schleifladen

Geschichte:
1961 Neubau eines Positivs Alfred Führer (Wilhelmshaven)
1967 Verkauf des Positivs an das Matthias-Haus in Nord-Barmbek (Auferstehungsgemeinde)
1967 Umsetzung einer Kemper-Orgel, die 1951 für den Epiphanienkirchsaal Winterhude geliefert wurde, als die Epiphanienkirche ihre große Grollmann-Orgel bekam, in die Nathanael-Kirche
1973 Umbau der Kemper-Orgel Alfred Führer (Wilhelmshaven)
1983 Austausch der Kemper-Orgel gegen die Walcker-Orgel, die bisher als Chororgel in der Hauptkirche St. Katharinen gespielt wurde.

Literatur:
50 Jahre Orgelbau Führer
Bauakte beim Orgelsachverständigen des Kirchenkreises

NEUAPOSTOLISCHE KIRCHE

Gemeinde: Neuapostolische Gemeinde Altona
Bezirk: Altona
Straße: Goethestraße 29
Baujahr der Orgel: 1968
Orgelbauer: Emanuel Kemper & Sohn (Lübeck)

Disposition

Hauptwerk		**Oberwerk** (Schweller)		**Pedal**	
Dulzgedackt	16'	Salicional	8'	Subbaß	16'
Prinzipal	8'	Gedackt	8'	Prinzipal	8'
Spitzflöte	8'	Prinzipal	4'	Quintade	8'
Oktave	4'	Rohrflöte	4'	Oktave	4'
Flöte	4'	(es klingt 1 1/7')		Nachthorn	2'
Nasat	2 2/3'	Sifflöte	1'	Rauschpf. IV	2 2/3'
Oktave	2'	Sesquialtera III		Fagott	16'
Mixtur VI	1 1/3'	Scharff IV	1'		
Trompete	8'	Dulzian	8'		
		Oboe	8'		
		– Tremulant –			

Koppeln: HW/P, OW/P, OW/HW
Spieltraktur: elektrisch
Registertraktur: elektrisch
Spielhilfen: 2 freie Kombinationen, Crescendowalze, Handregister an, Auslöser, Zungenplenum, Zungen ab
Ladensystem: Taschenladen

NEUAPOSTOLISCHE KIRCHE

Gemeinde:	Neuapostolische Gemeinde Barmbek
Bezirk:	Nord
Straße:	Schwalbenstraße 2
Baujahr der Orgel:	1984
Orgelbauer:	Rudi Magunia (Stade)

Disposition

Manual I		**Manual II**		**Pedal**	
Metallgedackt	8‘	Holzgedeckt	8‘	Subbaß	16‘
Prinzipal	4‘	Rohrflöte	4‘	Gedecktbaß	8‘
Nasat (ab c')	2 2/3‘	Prinzipal	2‘	Choralbaß	4‘
Spitzflöte	2‘	Terz (ab c')	1 3/5‘		
Mixtur III		Oberquinte	1 1/3‘		

Koppeln:	I/P, II/P, II/I
Spieltraktur:	elektrisch
Registertraktur:	elektrisch
Spielhilfen:	2 feste Kombinationen, 1 freie Kombination

NEUAPOSTOLISCHE KIRCHE

Gemeinde:	Neuapostolische Gemeinde Bergedorf
Bezirk:	Bergedorf
Straße:	Glindersweg 15
Baujahr der Orgel:	1991
Orgelbauer:	Rudi Magunia (Stade)

Disposition

Hauptwerk		**Oberwerk**		**Pedal**	
Gedeckt	8‘	Gedeckt	8‘	Pommer	16‘
Prinzipal	4‘	Rohrflöte	4‘	Gedecktbaß	8‘
Quinte (ab c')	2 2/3‘	Prinzipal	2‘		
Spitzflöte	2‘	Terz (ab c')	1 3/5‘		
Mixtur II		Aliquot	1 1/3‘		

Koppeln:	HW/P, OW/P, OW/HW
Spieltraktur:	mechanisch
Registertraktur:	mechanisch
Ladensystem:	Schleifladen

NEUAPOSTOLISCHE KIRCHE

Gemeinde:	Neuapostolische Gemeinde Borgfelde
Bezirk:	Mitte
Straße:	Alfredstraße/Claus-Groth-Straße
Baujahr der Orgel:	1979
Orgelbauer:	G. Christian Lobback (Neuendeich b/Hamburg)

Disposition

Hauptwerk		**Schwellwerk**		**Pedal**	
Prinzipal	8‘	Gedackt	8‘	Subbaß	16‘
Rohrflöte	8‘	Harfpfeife	8‘	Prinzipal	8‘
Oktave	4‘	Blockflöte	4‘	Metallgedackt	8‘
Flöte	4‘	Prinzipal	2‘	Piffaro	4‘ + 2‘
Nasat	2 2/3‘	Sifflöte	1‘	Stille Posaune	16‘
Flachflöte	2‘	Sesquialtera II			
Mixtur VI		Scharff III			
Trompete	8‘	– Tremulant –			

Koppeln:	HW/P, SW/P, SW/HW
Spieltraktur:	elektrisch
Registertraktur:	elektrisch
Spielhilfen:	2 freie Kombinationen
Ladensystem:	Schleifladen

Geschichte:	1913 Neubau Paul Rother (Hamburg) 1943 Zerstörung im Zweiten Weltkrieg

NEUAPOSTOLISCHE KIRCHE

Gemeinde: Neuapostolische Gemeinde Eppendorf
Bezirk: Eimsbüttel
Straße: Abendrothsweg 18
Baujahr der Orgel: 1983
Orgelbauer: Rudi Magunia (Stade)

Disposition

Manual I		**Manual II**		**Pedal**	
Prinzipal	8'	Quintade	8'	Subbaß	16'
Metallgedackt	8'	Holzgedackt	8'	Gedacktbaß	8'
Prinzipal	4'	Rohrflöte	4'	Choralbaß	4'
Quinte (ab c')	2 2/3'	Prinzipal	2'		
Spitzflöte	2'	Terz (ab c')	1 3/5'		
Mixtur II-III		Überquinte	1 1/3'		

Koppeln: I/P, II/P, II/I
Spieltraktur: elektrisch
Registertraktur: elektrisch
Spielhilfen: 1 freie Kombination, 2 feste Kombinationen (p, mf)
Handregister
Ladensystem: Schleifladen

NEUAPOSTOLISCHE KIRCHE

Gemeinde: Neuapostolische Gemeinde Harburg
Bezirk: Harburg
Straße: Wattenbergstraße 23
Baujahr der Orgel: 1982
Orgelbauer: Rudi Magunia (Stade)

Disposition

Manual I		**Manual II**		**Pedal**	
Metallgedackt	8'	Holzgedackt	8'	Subbaß	16'
Prinzipal	4'	Rohrflöte	4'	Gedecktbaß	8'
Quinte (ab c')	2 2/3'	Prinzipal	2'	Choralbaß	4'
Spitzflöte	2'	Terz (ab c')	1 3/5'		
Mixtur II-III		Oberquinte	1 1/3'		

Koppeln: I/P, II/P, II/I
Spieltraktur: elektrisch
Registertraktur: elektrisch
Spielhilfen: 3 freie Kombinationen, 2 feste Kombinationen
Ladensystem: Schleifladen

Literatur:Chronik der neuapostolischen Gemeinde Harburg 1884–1984

NIENSTEDTENER KIRCHE

Gemeinde:	Ev. luth. Kirchengemeinde Nienstedten
Bezirk:	Altona
Straße:	Elbchaussee 408
Baujahr der Orgel:	1906
Orgelbauer:	Marcussen (Abenrå)

Disposition

Hauptwerk		**Schwellwerk**		**Pedal**	
Quintadena	16'	Gedackt	16'	Subbaß	16'
Prinzipal	8'	Gedackt	8'	*Zartbaß	16'
Lieblich Gedackt	8'	Prinzipal	4'	Prinzipal	8'
Oktave	4'	Blockflöte	4'	Gedackt	8'
Rohrflöte	4'	Quinte	2 2/3'	Choralbaß	4'
Nasat	2 2/3'	Gemshörnlein	2'	Nachthorn	2'
Oktave	2'	Terz	1 3/5'	Hintersatz III	
Flachflöte	2'	Quinte	1 1/3'	Posaune	16'
Mixtur V-VI		Sifflöte	1'		
Zimbel II		Obertöne II 1 1/7' + 8/9'			
Trompete	8'	Scharff III			
		Bärpfeife	8'	*Transmission aus SW	
		– Tremulant –			

Koppeln:	HW/P, SW/P, SW/HW, SW/HW 16'
Spieltraktur:	elektrisch
Registertraktur:	elektrisch
Spielhilfen:	2 freie Kombinationen, Tutti, Handregister an, Auslöser
Ladensystem:	Taschenladen

Geschichte:

1680 Neubau Arp Schnitger (Hamburg)
1749 Abbau Johann Hinrich Klapmeyer (Glückstadt) wegen Kirchenneubau
1751 Neubau Johann Dietrich Busch (Itzehoe)
1848 Erweiterung Johann C. R. Wohlien (Hamburg)
1906 Neubau Marcussen (Abenrå)
1937 Umbau Karl Schwenger (Hamburg)
1939 Umbau Emil Hammer (Hannover)
1961/67 Umbau Rudolf von Beckerath (Hamburg)

Literatur: Fock „Arp Schnitger"; Friis „Marcussen"; Werkverzeichnis von Beckerath (Scharenberg); Daßler Nienstedten

NIKODEMUS-KIRCHE

Gemeinde: Ev. luth. Kirchengemeinde Ohlsdorf
Bezirk: Nord
Straße: Fuhlsbütteler Straße 658
Baujahr der Orgel: 1964
Orgelbauer: Franz Grollmann (Hamburg)

Disposition

Hauptwerk		**Brustwerk** (Schweller)		**Pedal**	
Quintadena	16'	Gedackt	8'	Subbaß	16'
Prinzipal	8'	Rohrflöte	4'	Prinzipal	8'
Hohlflöte	8'	Prinzipal	2'	Oktave	4'
Oktave	4'	Oktave	1'	Nachthorn	2'
Nasat	2 2/3'	Terzian II		Fagott	16'
Flachflöte	2'	Scharff IV	1/3'	Trompete	8'
Mixtur IV-VI	1 1/3'	Krummhorn	8'	Trompete	4'
Trompete	8'	– Tremulant –			

Koppeln: HW/P, BW/P, BW/HW
Spieltraktur: mechanisch
Registertraktur: mechanisch
Ladensystem: Schleifladen

Geschichte:
1957 Neubau einer Kleinorgel Karl Schuke Berliner Orgelbau
1964 Umsetzung der Kleinorgel in die Justizvollzugsanstalt Fuhlsbüttel. Laut einem Schriftverkehr zwischen Orgelbau Schuke und dem Hamburger Orgelsachverständigen Friedrich Bihn soll
1967 eine Schuke-Kleinorgel in die Apostelkirche Eimsbüttel umgesetzt worden sein. Darüber gibt es in der Apostelkirchengemeinde keine Unterlagen, sodaß dieser Vorgang nicht endgültig zu klären ist.

Literatur:
Pape Orgeldatenbank
Schriftverkehr Bihn im Archiv Schuke (Berlin)

ST. NIKOLAI-KIRCHE

Gemeinde: Altengamme
Bezirk: Bergedorf
Straße: Kirchenstegel 1
Baujahr der Orgel: 1963
Orgelbauer: Emanuel Kemper & Sohn (Lübeck)

Disposition

Hauptwerk		**Oberwerk**		**Pedal**	
Quintade	16'	Gedackt	8'	Subbaß	16'
Prinzipal	8'	Rohrflöte	4'	Prinzipal	8'
Rohrflöte	8'	Gemshorn	2'	Nachthorn	2'
Prinzipal	4'	Sesquialtera II		Mixtur IV	
Oktave	2'	Scharff III		Posaune	16'
Mixtur IV-V		Krumhorn	8'	Trompete	4'
Trompete	8'	– Tremulant –			

Koppeln: HW/P, OW/P, OW/HW
Spieltraktur: mechanisch
Registertraktur: mechanisch
Ladensystem: Schleifladen

Geschichte:
1634 Neubau Gottfried Fritzsche (Hamburg)
1751 Neubau Johann Dietrich Busch (Itzehoe)
1846 Umbau Joh. Gottlieb Wolfsteller (Hamburg)
1882 Umbau Johann Färber (Tönning)
1907 Umbau Paul Rother (Hamburg)
Das Gehäuse von Johann Dietrich Busch ist erhalten

Literatur:
Cortum „Orgelwerke"; Fock „Hamburgs Anteil";
Fock „Arp Schnitger"; „Lichtwark" (Hamburg 1956);
Die Kirchen des Hamburger Landgebietes (Hamburg 1929);
Jaacks „Orgeln"; Acta Nr. 7
Bau- und Kunstdenkmale

N

HE INKROEGER LANDVOIGT
LAVS HEITMAN KIRCH
IN WOBBE WEILANT HAVPTMAN
TÖNNIS BVHR HINRICH
BVHR VND CARST
IM HAUSE DES HERRN BLEIBEN MÖGE
MEIN LEBENLANG, ZU SCHAUEN
DIE SCÖNEN
GOTTES DIENS
UND SEINEN TEMPEL
WÖBCKE HEITMANS ✱ WÖBCKE WULFFS ✱ BECKE HEITMANS ✱ BECKE STEFFENS ✱ BECKE HEITMANS
ANNO
1752

N

ST. NIKOLAI-KIRCHE

Gemeinde:	Altengamme
Bezirk:	Bergedorf
Straße:	Kirchenstegel 1
Baujahr der Orgel:	1996
Orgelbauer:	Martin Harms (Hamburg)

Disposition

Pedal

Rohrflöte	8'
Gedeckt	4'
Oktave	2'
Quinte	1 1/3'

Spieltraktur:	mechanisch
Registertraktur:	mechanisch
Ladensystem:	Schleifladen
Geschichte:	Es handelt sich bei dieser Truhenorgel um das Meisterstück des Orgelbauers

ST. NIKOLAI-KIRCHE

Gemeinde:	Ev. luth. Kirchengemeinde Billwerder
Bezirk:	Bergedorf
Straße:	Billwerder Billdeich 136
Baujahr der Orgel:	1913
Orgelbauer:	Paul Rother (Hamburg)

Disposition

Hauptwerk		**Schwellwerk**		**Pedal**	
Bordun	16'	Gedackt	16'	Violon	16'
Prinzipal	8'	Geigenprinzipal	8'	Subbaß	16'
Gambe	8'	Bordun	8'	Gedacktbaß	16'
Hohlflöte	8'	Flauto amabile	8'	Quintbaß	10 2/3'
Gedackt	8'	Quintatön	8'	Prinzipalbaß	8'
Salicional	8'	Aeoline	8'	Gedacktbaß	8'
Oktave	4'	Vox coelestis	8'	Cello	4'
Spitzflöte	4'	Geigenprinzipal	4'	Posaune	16'
Quinte	2 2/3'	Flauto travers	4'		
Oktave	2'	Waldflöte	2'		
Mixtur IV		Sesquialtera II			
Trompete	8'	Cornett IV			
		– Tremulant –			

Koppeln:	HW/P, SW/P, SW/HW, Superkoppel II, Superkoppel II/I
Spieltraktur:	elektropneumatisch
Registertraktur:	elektropneumatisch
Spielhilfen:	2 freie Kombinationen, organo pleno
Ladensystem:	Kegelladen

Geschichte:

1627 Orgel vorhanden
1739 Neubau Johann Dietrich Busch (Itzehoe)
1870 Umbau und Vergrößerung Christian Heinrich Wolfsteller (Hamburg)
1910 Umbau u. Umsetzung v. d. oberen auf die untere Empore Paul Rother (Hamburg); die obere Empore wurde entfernt.
1913 Neubau Paul Rother (Hamburg) nach Kirchenbrand. Der Prospekt in der nach alten Plänen wiederaufgebauten Kirche wurde dem Prospekt der Busch-Orgel nachempfunden.
1980 Umbau der pneumatischen auf elektrische Traktur mit Einbau eines neuen elektrischen Spieltisches G. F. Steinmeyer & Co. (Oettingen/Bayern). Der alte Rother-Spieltisch ist erhalten. Bei diesem Umbau wurden die Crescendowalze, die Melodiekoppel, das automatische Pianopedal, der Zungenabsteller und die Kollektivknöpfe pp-p-mf-f-ff--Tutti nicht wieder eingebaut.

Literatur: Cortum „Orgelwerke“; Jaacks „Orgeln“; Schmahl „Umbau“

ST. NIKOLAI-KIRCHE

Gemeinde:	Ev. luth. Kirchengemeinde Finkenwerder
Bezirk:	Mitte
Straße:	Norderschulweg 11
Baujahr der Orgel:	1881
Orgelbauer:	Philipp Furtwängler & Söhne (Elze)

Disposition

Hauptwerk		**Oberwerk**		**Pedal**	
Pommer	16'	Hohlflöte	8'	Subbaß	16'
Prinzipal	8'	Spitzflöte	4'	Offenbaß	8'
Gedackt	8'	Prinzipal	2'	Choralbaß	4'
Oktave	4'	Tertian I-II		Rauschpfeife II	
Quinte	2 2/3'	Scharff III		Posaune	16'
Waldflöte	2'	Dulzian	8'		
Mixtur IV					

– Zimbelstern –

Koppeln:	HW/P, OW/P, OW/HW
Spieltraktur:	mechanisch
Registertraktur:	mechanisch
Ladensystem:	Schleifladen

Geschichte:

1696 Neubau Matthias Dropa (Lüneburg)
1765 Neubau Johann Georg Stein (Lüneburg)
1955/61 Umbau Eberhard Tolle (Preetz)
1967/68 Renovierung Emanuel Kemper & Sohn (Lübeck)
1971 Einbau Dulcian 8' Emanuel Kemper & Sohn (Lübeck)
1973 Einbau einer neuen Waldflöte 2' Alfred Führer (Wilhelmshaven)
1976 (laut Kirchenrechnung),
1977 (laut Jubiläumskatalog Führer) Verbesserung der Spielmechanik Alfred Führer (Wilhelmshaven)

Literatur:

Acta 1974/8; Archiv Hammer (Arnum b/Hannover)
Fock „Arp Schnitger"; 50 Jahre Orgelbau Führer;
Pape Dispositionen

ST. NIKOLAI-KIRCHE

Gemeinde:	Ev. luth. Kirchengemeinde Finkenwerder
Bezirk:	Mitte
Straße:	Norderschulweg 11
Baujahr der Orgel:	1954
Orgelbauer:	Alfred Führer (Wilhelmshaven)

Disposition

Manual		**Pedal**
Rohrflöte	8'	angehängt
Pommer	4'	

Spieltraktur:	mechanisch
Registertraktur:	mechanisch
Ladensystem:	Schleiflade

Geschichte:

Das Positiv wurde
1985 aus Privathand an die Kirchengemeinde verkauft. Unterlagen sind nicht vorhanden. Nach Mitteilung von Orgelbau Führer (OBM Fritz Schild) wurde dort nur einmal 1954 ein solches Instrument für die Pädagogische Hochschule Osnabrück gebaut, das 1983 zum Verkauf angeboten wurde.

N

ST. NIKOLAI-KIRCHE

Gemeinde:	Ev. luth. Hauptkirchengemeinde St. Nikolai Harvestehude
Bezirk:	Eimsbüttel
Straße:	Harvestehuder Weg/Abteistraße
Baujahr der Orgel:	1966
Orgelbauer:	Willi Peter (Köln-Mülheim)

Disposition

Hauptwerk		Schwellwerk		Rückpositiv		Kronwerk	
Rohrpommer	16'	Gemshorn	16'	Musiziergedackt	8'	Gedecktflöte	8'
Principal	8'	Bleioctave	8'	Rohrquintade	8'	Koppelflöte	4'
Gemshorn	8'	Rohrgedeckt	8'	Spitzflöte	8'	Gemshorn	2'
Trichtergedeckt	8'	Spitzgambe	8'	Praestant	4'	Terzglockenton IV	1 1/3'
Octave	4'	Octave Nazarda	4'	Nasat	2 2/3'	Cimbel II	1/4'
Rohrflöte	4'	Spitzflöte	4'	Octave	2'	Gemshornregal	8'
Schwiegel	2 2/3'	Spanischer Hintersatz III-IV	4'	Sing. Nachthorn	2'	Helle Trompete	4'
Octave	2'	Sesquialtera III		Terz	1 3/5'	– Tremulant –	
Blockflöte	2'	Doppeloctave	2'	Überblasende Rohrgemsquinte	1 1/3'	– Zimbelstern –	
Großmixtur VIII-XI	2 2/3'	Überblasende Doppelrohrflöte	2'	Octave	1'		
Scharff V	1'	Mixtur VI	1 1/3'	Cimbel V	2/3'		
Trompete	16'	Un-Tredecime II	8/11 + 8/13'	Rohrkrummhorn	16'		
Trompete	8'	Fagott	16'	Vox virginia	8'		
		Kopftrompete	8'	– Tremulant –			
		Clarine	4'				
		– Tremulant –					

Pedal

Prinzipal	16'	Großterzian II	3 1/5' + 2'
Subbaß	16'	Überblasender Dulcian	2'
Quintbaß	10 2/3'	Mixtur V-VI	2'
Octavbaß	8'	Posaune	16'
Rohrtraverse	8'	Dulcian	16'
Octave	4'	Trompete	8'
Schweizerflöte	4'	Helle Trompete	4'
Rauschwerk IV	5 1/3'		

Koppeln:	HW/P, RP/P, SW/P, KW/P, RP/HW, SW/HW, KW/HW, KW/SW
Spieltraktur:	elektrisch
Registertraktur:	elektrisch
Spielhilfen:	128-facher Setzer, Crescendowalze, Tutti frei einstellbar, Zungeneinzelabsteller, stufenloser Jalousieschweller
Ladensystem:	Schleifladen

Geschichte:

1539 Reparatur Gregorius Vogel
1575 Pflege Dirk Hoyer
1630 Umbau und Verlegung der Orgel von Norden auf eine Westempore Gottfried Fritzsche (Hamburg)
1687 Neubau Arp Schnitger (Hamb.), damals größte Orgel der Welt
1750 Verbesserung Johann Jacob Lehnert (Hamburg)
1842 Umbau Johann Gottfried Wolfsteller (Hamburg)
1842 Vernichtung im großen Hamburger Stadtbrand
1863 Neubau einer Interimsorgel Philipp Furtwängler & Söhne (Elze)
1890 Verkauf dieser Orgel nach Hadersleben
1890 Neubau Ernst Röver (Hausneindorf)
1943 Zerstörung im Zweiten Weltkrieg
1988 Anbau eines neuen Spieltisches Heinz Hoffmann (Hamb.)
1994 Umbau Heinz Hoffmann (Hamburg), dabei Einbau von acht neuen Windladen und Auswechseln der alten Sextade 4' gegen eine Spitzflöte 8' im Rückpositiv

Literatur: Adelung „Gegenwart"; Cortum „Orgelwerke"; Fock „Arp Schnitger"; Fock „Hamburgs Anteil"; Frotscher „Dispositionen"; Heß „Dispositionen" Mattheson „Handleitung"; Schmahl „Grundprinzipien" Schwenke „Denkschrift"; Acta 1, 3, 6, 8; Musik und Kirche 1966/5

N

ST. NIKOLAI-KIRCHE

Gemeinde: Ev. luth. Hauptkirchengemeinde St. Nikolai Harvestehude
Bezirk: Eimsbüttel
Straße: Harvestehuder Weg/Abteistraße
Baujahr der Orgel: 1965
Orgelbauer: Franz Grollmann (Hamburg)

Disposition

Manual		**Pedal**
Gedeckt	8'	angehängt
Rohrflöte	4'	
Prinzipal	2'	
Quinte	1 1/3'	
Scharff II		

Spieltraktur: mechanisch
Registertraktur: mechanisch
Ladensystem: Schleifladen

Geschichte:
1539/40 Neubau Gregorius Vogel (Hamburg)
1819 Verkauf an Johann Wilhelm Geycke (Hamburg)

Literatur: Cortum „Orgelwerke"; Fock „Arp Schnitger"
Pape Orgeldatenbank

ST. NIKOLAI-KIRCHE

Gemeinde: Ev. luth. Kirchengemeinde Moorfleet
Bezirk: Bergedorf
Straße: Moorfleeter Kirchenweg 64
Baujahr der Orgel: 1966
Orgelbauer: Alfred Führer (Wilhelmshaven)

Disposition

Hauptwerk		**Brustwerk**		**Pedal**	
Quintade	16'	Gedackt	8'	Subbaß	16'
Prinzipal	8'	Blockflöte	4'	Prinzipal	8'
Rohrflöte	8'	Prinzipal	2'	Oktave	4'
Oktave	4'	Scharff III	2/3'	Mixtur IV	2'
Gedacktflöte	4'	Regal	8'	Posaune	16'
Quinte	2 2/3'				
Oktave	2'				
Mixtur IV-V	1 1/3'				
Trompete	8'				

Koppeln: HW/P, BW/P, BW/HW
Spieltraktur: mechanisch
Registertraktur: mechanisch
Ladensystem: Schleifladen

Geschichte:
1601 Positiv vorhanden
1612 Neubau Antonius Moitzen (Buxtehude)
1683 Neubau Joachim Richborn (Hamburg)
1853/56 Neubau Balthasar Goetzel (Hamburg). Im Prospekt dieser Orgel standen in den Pedaltürmen runde Holzpfeifen, die mit Zinnfolie belegt waren.
1902 Umbau Paul Rother. Das alte Gehäuse von 1683 ist erhalten. Die Pedaltürme von Goetzel wurden 1966 wieder entfernt.

Literatur: Cortum „Orgelwerke"; Fock „Arp Schnitger"; Fock „Hamburgs Anteil"; Pape Orgeldatenbank; Pape „Historische Orgeln"; Werkverzeichnis Rother; Werkkatalog Führer 1966; 50 Jahre Orgelbau Führer; Bau- und Kunstdenkmale

ST. NIKOLAUS-KIRCHE

Gemeinde: Alsterdorfer Anstalten
Bezirk: Nord
Straße: Alsterdorfer Straße 440
Baujahr der Orgel: 1963
Orgelbauer: Eberhardt-Friedrich Walcker & Cie (Ludwigsburg)

Disposition

Hauptwerk		**Rückpositiv**		**Brustwerk** (Schweller)		**Pedal**	
Grobgedackt	16'	Gedackt	8'	Rohrflöte	8'	Subbaß	16'
Praestant	8'	Praestant	4'	Nachthorn	4'	Offenbaß	8'
Oktave	4'	Blockflöte	4'	Prinzipal	2'	Weidenpfeife	8'
Flachflöte	2'	Oktave	2'	Quinte	1 1/3'	Piffaro	4' + 2'
Mixtur VI-VIII	2'	Sesquialtera II		Rankett (1989)	16'	Rauschbaß IV	
Trompete	8'	Rauschquinte	1 1/3' + 1'			Fagott	16'
		Scharff IV	1'				
		Krummhorn					

Koppeln: I/P, II/P, III/P, II/I, III/I
Spieltraktur: mechanisch
Registertraktur: mechanisch
Ladensystem: Schleifladen

Geschichte:
1866 Aus der Schloßkirche Glückstadt wird eine Orgel (Baujahr 1726) über Brunsbüttel in diese Kirche umgesetzt.
1895 Neubau Ernst Röver (Hausneindorf am Harz)
1930/35 Erweiterung durch unbekannten Orgelbauer um drei Register
1952 Umbau Emanuel Kemper & Sohn (Lübeck)
1989 Renovierung und Umbau durch Claus Sebastian (Geesthacht b/Hamburg)

Literatur: Orgelkartei Fock; Walcker-Hausmitteilungen Nr. 36/1966; C. H. Wolf „Brunsbüttel“; Brodde „Erneuerung einer Orgel“; Pape „Orgeldatenbank“

ST. NIKOLAUS-KIRCHE

Gemeinde: Alsterdorfer Anstalten
Bezirk: Nord
Straße: Alsterdorfer Straße 440
Baujahr der Orgel: 1978
Orgelbauer: Karl Schuke Berliner Orgelbau

Disposition

Manual	
Gedeckt	8'
Holzprinzipal	4'
Flöte	4'
Oktave	2'
Quinte	1 1/3'

Spieltraktur: mechanisch
Registertraktur: mechanisch
Ladensystem: Schleifladen

N

NORDDEUTSCHER RUNDFUNK (WELTE-FUNK-ORGEL)

Standort:	Studio I
Bezirk:	Eimsbüttel
Straße:	Rothenbaumchaussee 132
Baujahr der Orgel:	1930
Orgelbauer:	Welte & Söhne (Freiburg/Br.)

Disposition

Hauptorgel	Oktavbereich im Multiplex
Vox humana	8', 4'
Clarinette	8'
Saxophon	8'
Oboe	16', 8'
Feldtrompete	16', 8'
Traversflöte	16', 8', 4', 2'
Quintatön	8', 4'
Quinte	5 1/3', 2 2/3'
Terz	3 1/5', 1 3/5'
Prinzipal	16', 8', 4', 2'
Bordunhorn	8', 4'
Gamba	16', 8'
Vox coelestis	4'
Aeoline	4'
Gemshorn	8', 4'
Viol d'orchestre	8', 4', 2'
Mixtur IV-VI (Einbau 1950)	

Soloorgel	Oktavbereich im Multiplex
Viol d'amour	16', 8', 4', 2'
Unda maris	4'
Wiener Flöte	16', 8', 4', 2'
Tibia clausa	8', 4'
Cor anglais	8'
Trompete	8'
Kinura (Einbau 1950)	8', 4'

Percussion Hauptorgel	Anzahl der Töne
Harfe	54
Xylophon	25
Stahlharmonika	25
Große Glocken	20
Kleine Trommel	
Castagnetten	
Tambourin	
Holzblock	
Tom Tom	
Schlittenschellen	

Percussion Soloorgel	Anzahl der Töne
Marimbaphon	49
Kleine Trommel	
Castagnetten	
Tambourin	
Holzblock	
Tom Tom	
Gong (schwach, stark, Wirbel)	

Die Register der Hauptorgel sind auf alle drei Manuale verteilt, die Register der Soloorgel auf die Manuale I und II. Es werden hier nur die Grundstimmen angegeben; in den einzelnen Oktavreihen lauten die Bezeichnungen teilweise anders.

Koppeln:	I/P, II/P, III/P, III/I, II/I, III/II, II/I 4', I 4', II 4', III 4', III/I 4'
Spieltraktur:	elektrisch
Registertraktur:	elektrisch
Spielhilfen:	Registercrescendo, Schweller Hauptorgel, Schweller Soloorgel, Echo Vox humana, 5 Tremulanten, 2 freie Kombinationen, 8 feste Kombinationen, Tutti
Ladensystem:	Kastenladen mit Pfeifeneinzelansteuerung

Geschichte: Der Spieltisch wurde im Laufe der Jahre dreimal versetzt. Er stand ursprünglich links der Bühne, wanderte dann nach rechts vor die Tonmeisterkabine und steht heute rechts vor der Bühne. Er war ursprünglich mit der vorderen Fußbodenhälfte des Saales bis zur Bühnenhöhe anhebbar. Dies ist heute stillgelegt.

Literatur: Seggermann „Orgel und Kinoorgel";
Kwasnik „Orgel"; Acta Organologica 19/1987
Lamke „Funkorgel"
Die Registertabelle stellte Jürgen Lamke auf.

Zuordnung der Register zu den Grundregistern

Hauptorgel

	Grundregister (rank)	Spielregister Manual I	Spielregister Manual II	Spielregister Manual III	Spielregister Pedal
A	Vox humana	Vox humana 8’	Vox humana 16’	Vox humana 8’	---
	Vox humana 4’		Vox humana 8’	Vox humana 4’	
B	Clarinette	---	Clarinette 16’	Clarinette 8’	---
C	Saxophon	Saxophon 8’	Saxophon 16’	Saxophon 8’	Saxophon 8’
			Saxophon 8’		
D	French Horn/Oboe	Oboe 8’	Oboe 8’	Oboe 16’	Fagottbaß 16’
E	Feldtrompete	Feldtrompete 8’	---	Tuba 16’	Tuba 16’
				Feldtrompete 8’	Trompete 8’
F	Traversflöte	Flöte 16’	Flöte 8’	Flöte 8’	Contrabaß 16’
		Traversflöte 8’	Flöte 4’		Flötenbaß 8’
		Flöte 4’	Piccolo 2’		Flötenbaß 4’
		Flageolet 2’			
G	Quintatön	Quintatön 8’	Quintatön 8’	---	---
		Quintatön 4’	Quintatön 4’		
H	Quinte 5 1/3	Cornett 5 1/3’	Cornett 5 1/3’	Sesquialter 2 2/3’	Cornettbaß 5-1/3’
	mit J Terz 3 1/5	Sesquialter 2 2/3’	Sesquialter 2 2/3’		
J	Terz 3 1/5 allein	---	---	Terz 3 1/5’	---
				Terz 1 3/5’	
K	Prinzipal	Prinzipal 8’	Diapason 16’	Prinzipal 16’	Prinzipalbaß 16’
		Octav 4’	Prinzipal 8’	Prinzipal 8’	Prinzipalbaß 8’
		Superoctav 2’		Octav 4’	
L	Bordun-Horn	Bordun-Horn 8’	Bordun-Horn 8’	---	---
			Horn 4’		
M	Gamba	Geige 8’	Geige 8’	Viola di Gamba 16’	Violon 16’
					Geige 8’
N	Mixtur	Mixtur 4-6fach	Mixtur 4-6fach	Cymbel	---
			Cymbel		
O	Vox coelestis				
	mit M Gamba		Vox coelestis 8’		---
	mit R Viol d’orchestre	Vox coelestis 8’		Vox angelica 8’	
	mit P Aeoline			Vox angelica 4’	
P	Aeoline	---	---	---	---
Q	Gemshorn	---	---	Gemshorn 8’	---
				Gemshorn 4’	
R	Viol d’orchestre	Viol d’orchestre 8’	Aeoline 8’	Aeolsharfe 2’	Cello 8’
		Violine 4’	Quinte 2 2/3’		Violine 4’
		Quinte 2 2/3’	Aeolsharfe 2’		
		Aeolsharfe 2’			

Soloorgel

	Grundregister (rank)	Spielregister Manual I	Spielregister Manual II	Spielregister Manual III	Spielregister Pedal
S	Viol d’amour	Viol d’amour 8’	Viol d’amour 8’	---	Salicetbaß 16’
		Violine 4’			Cello 8’
		Quinte 2 2/3’			Aeoline 2’
		Aeolsharfe 2’			
T	Unda maris				
	mit S Viol d’amour	Unda maris 8’	Unda maris 8’	---	---
U	Wiener Flöte	Flauto amabile 16’	Wiener Flöte 8’	---	Baßflöte 16’
		Wiener Flöte 8’	Flöte 4’		Flöte 8’
		Flageolet 2’	Piccolo 2’		Oktave 4’
W	Tibia (clausa)	Tibia 8’	Tibia 16’	---	---
		Tibia 4’	Tibia 8’		
			Tibia 4’		
			Tibia 2’		
			Quinte 2 2/3’		
			Terz 1 3/5’		
X	Cor anglais	Cor anglais 8’	Cor anglais 16’	---	Cor anglais 8’
			Cor anglais 8’		
Y	Trompete	Trompêtte	Trompêtte	---	Trompete 8’
		à Piston 8’	à Piston 8’		
Z	Kinura	Kinura 8’	Kinura 16’	---	---
		Kinura 4’	Kinura 8’		

Zusammenstellung: Jürgen Lamke

NORDDEUTSCHER RUNDFUNK

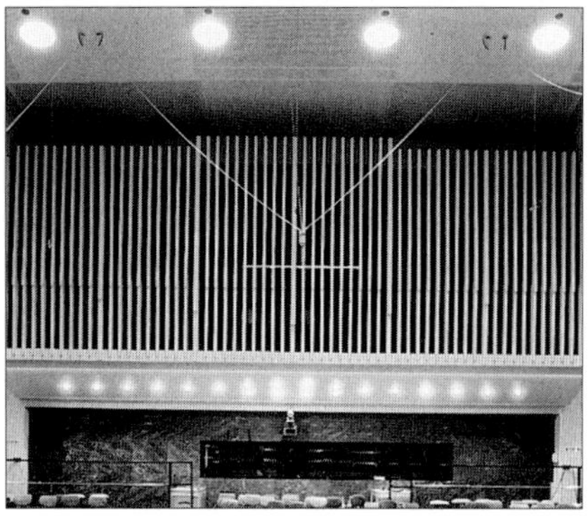

Standort:	Studio 10
Bezirk:	Eimsbüttel
Straße:	Rothenbaumchaussee 132
Baujahr der Orgel:	1951
Orgelbauer:	G. F. Steinmeyer & Co. (Oettingen/Bayern)

Disposition

Manual I (Schweller)		**Manual II** (Schweller)		**Manual III** (Schweller)	
Quintade	16‘	Holzflöte	8‘	Liebl. Gedackt	16‘
Prinzipal	8‘	Quintade	8‘	Zartflöte	8‘
Schweizerpfeife	8‘	Spitzflöte	8‘	Nachthorngedeckt	8‘
Rohrgedeckt	8‘	Prinzipal	4‘	Gemshorn	8‘
Oktav	4‘	Blockflöte	4‘	Gemshornschwebung	8‘
Koppelflöte	4‘	Spitzquinte	2 2/3‘	Weitprinzipal	4‘
Rohrflöte	4‘	Oktav	2‘	Viola	4‘
Nasard	2 2/3‘	Gemshörnlein	2‘	Spitzflöte	4‘
Oktav	2‘	Terz	1 3/5‘	Oktav	2‘
Flachflöte	2‘	Quint	1 1/3‘	Waldflöte	2‘
Cornett V		Sifflöte	1‘	Sesquialtera II	
Glöckleinton II	1‘	Scharff IV	1‘	Furniture IV-VI	2‘
Mixtur IV-VI	1 1/3‘	Dulzian	16‘	Zimbel III	2/5‘
Trompete	16‘	Krummhorn	8‘	Rankett	16‘
Trompete	8‘	Voxhumanaregal	8‘	Oboe	8‘
Schalmei	8‘	– Tremulant –		– Tremulant –	
Clarine	4‘				

Pedal im Manual I		**Pedal im Manual II**		**Pedal im Manual III**	
Kontrabaß	16‘	Subbaß	16‘	Liebl. Gedackt	16‘
Offenbaß	8‘	Quintatön	8‘	(Transmission aus III)	
Oktav	4‘	(Transm. aus II)		Gemshorn	8‘
Nachthorn	2‘	Gedecktbaß	8‘	(Transmission aus III)	
Rauschpf.	2 2/3‘	Flauto	4‘		
Posaune	16‘	Mixtur IV	1‘		
Trompete	8‘	Sordun	32‘		
Schalmei	8‘	Dulcian	16‘ (Transmission aus II)		
(Transm. aus I)		Regal	4‘ (Transmission aus II)		
Clarine	4‘				

Koppeln:	I/P, II/P, II/I, III/I, III/II
Spieltraktur:	elektrisch
Registertraktur:	elektrisch
Spielhilfen:	128-facher Setzer, Registercrescendo, Zungen ab, Zungeneinzelabsteller, Sequenzer für Setzer
Ladensystem:	Taschenladen

Geschichte: 1995 Einbau eines neuen Spieltisches durch Heinz Hoffmann (Hamburg)
Die Register jedes Manuals stehen je in einer besonderen Schwellkammer. Die Pedalregister sind den Kammern der Manuale I und II zugeteilt.

NORWEGISCHE SEEMANNSKIRCHE

Gemeinde: Norwegische Seemannsgemeinde Hamburg
Bezirk: Mitte
Straße: Ditmar-Koel-Straße 4
Baujahr der Orgel: 1959
Orgelbauer: Alfred Führer (Wilhelmshaven)

Disposition

Manual		**Pedal**
Gedeckt	8‘	angehängt
Rohrflöte	4‘	
Praestant	2‘	
Zimbel II (Schleifenteilung in Baß/Diskant)		

Spieltraktur: mechanisch
Registertraktur: mechanisch
Ladensystem: Schleifladen

Literatur: Werkkatalog Führer 1959
50 Jahre Orgelbau Führer

PFLEGEHEIM OBERALTENALLEE

Bezirk: Nord
Straße: Finkenau 19
Baujahr der Orgel: 195...
Orgelbauer: Eberhardt Friedrich Walcker & Cie (Ludwigsburg)

Disposition

Manual	
Gedeckt	8‘
Blockflöte	4‘
*Quinte	2 2/3‘
Prinzipal	2‘
*Mixtur II-III	

*(Schleifenteilung in Baß/Diskant)

Spieltraktur: mechanisch
Registertraktur: mechanisch
Ladensystem: Schleifladen

Geschichte: Das Positiv wurde 1971 in das Pflegeheim Oberaltenallee umgesetzt.

ST. OLAF-KIRCHE

Gemeinde: Katholische Kirchengemeinde Horn
Bezirk: Mitte
Straße: Speckenreye 41
Baujahr der Orgel: 1978
Orgelbauer: Alfred Führer (Wilhelmshaven)

Disposition

Hauptwerk		**Rückpositiv**		**Pedal**	
Quintade	16'	Gedackt	8'	Subbaß	16'
Prinzipal	8'	Prinzipal	4'	Prinzipal	8'
Rohrflöte	8'	Rohrflöte	4'	Oktave	4'
Oktave	4'	Nasard	2 2/3'	Cornett III	2 2/3'
Gemshorn	4'	Prinzipal	2'	Fagott	16'
Oktave	2'	Spitzflöte	2'	Clarine	4'
Quinte	1 1/3'	Terz	1 3/5'		
Mixtur IV-VI	1 1/3'	Scharff III	2/3'		
Dulcian	16'	Krummhorn	8'		
Trompete	8'	– Tremulant –			

Koppeln: HW/P, RP/P, RP/HW
Spieltraktur: mechanisch
Registertraktur: elektrisch
Spielhilfen: 3 Setzer
Ladensystem: Schleifladen

Geschichte: 1967 Positiv Eberhardt-Friedrich Walcker (Ludwigsburg) als Interimsorgel
Literatur: Werkkatalog Führer 1978; 50 Jahre Orgelbau Führer

ONCKEN-KIRCHE

Gemeinde: Evang. freikirchliche Gemeinde Hamburg
Bezirk: Eimsbüttel
Straße: Grindelallee 101
Baujahr der Orgel: 1953
Orgelbauer: Orgelbau Euler (Hofgeismar)

Disposition

Hauptwerk		**Rückpositiv**		**Pedal**	
Prinzipal	8'	Gedackt	8'	Subbaß	16'
Spitzflöte	8'	Rohrflöte	4'	Gedackt	8'
Oktave	4'	Prinzipal	2'	Oktave	4'
Waldflöte	2'	Quinte	1 1/3'	Posaune	16'
Mixtur IV-VI		Sesquialtera III			
Trompete	8'	Scharff III			
		Krummhornregal8'			
		– Tremulant –			

Koppeln: HW/P, RP/P, RP/HW
Spieltraktur: elektrisch
Registertraktur: elektrisch
Spielhilfen: 3 freie Kombinationen, 2 freie Pedalkombinationen, Crescendowalze, Walze ab
Ladensystem: Schleifladen

Geschichte: 1973 Umbau und Erweiterung Emanuel Kemper & Sohn (Lübeck)
Literatur: Festschrift der Gemeinde zur Wiedereinweihung nach dem Umbau Kemper

OSTERKIRCHE

Gemeinde:	Ev. luth. Osterkirchengemeinde Bramfeld
Bezirk:	Wandsbek
Straße:	Bramfelder Chaussee 200
Baujahr der Orgel:	1961
Orgelbauer:	Alfred Führer (Wilhelmshaven)

Disposition

Hauptwerk		**Oberwerk** (Schweller)		**Pedal**	
Prinzipal	8'	Gedackt	8'	Subbaß	16'
Rohrflöte	8'	Rohrflöte	4'	Oktave	8'
Oktave	4'	Oktave	2'	Gedackt	8'
Gedecktflöte	4'	Sifflöte	1 1/3'	Nachthorn	4'
Quinte	2 2/3'	Terzian II		Bauernflöte	2'
Blockflöte	2'	Scharff III		Rauschbaß IV	
Mixtur IV		Regal	8'	Fagott	16'
Zimbel III		– Tremulant –		Schalmei	4'
Dulzian	16'				
Trompete	8'				

Koppeln:	HW/P, OW/P, OW/HW
Spieltraktur:	mechanisch
Registertraktur:	mechanisch
Ladensystem:	Schleifladen
Geschichte:	1914 Neubau Karl Kemper (Lübeck) 1991/92 Umbau Hinrich Otto Paschen (Kiel)
Literatur:	Pape Orgeldatenbank; Werkkatalog Führer 1960/61 50 Jahre Orgelbau Führer

OSTERKIRCHE

Gemeinde:	Ev. luth. Osterkirchengemeinde Eilbek
Bezirk:	Wandsbek
Straße:	Friedensstraße 2
Baujahr der Orgel:	1965
Orgelbauer:	Alfred Führer (Wilhelmshaven)

Disposition

Hauptwerk		**Brustwerk**		**Pedal**	
Rohrflöte	8'	Gedeckt	8'	Subbaß	16'
Prinzipal	4'	Blockflöte	4'	Prinzipal	8'
Flachflöte	2'	Prinzipal	2'	Metallflöte	4'
Mixtur III-IV		Quinte	1 1/3'	Dulcian	16'
Dulcian	8'	– Tremulant –			

Koppeln:	HW/P, BW/P, BW/HW
Spieltraktur:	mechanisch
Registertraktur:	mechanisch
Ladensystem:	Schleifladen
Geschichte:	Die Osterkirche entstand 1962 aus der kriegszerstörten Ruine der Kapelle des Jacobikirchhofs an der Wandsbeker Chaussee. In dieser 1869 Neubau Erdland und Wohlien (Altona) mit Sachberatung und Entwurf von Heinrich Schmahl.
Literatur:	Cortum „Orgeln"; Pape Orgeldatenbank; Schmahl „Kirchhofskapelle"

O

OSTERKIRCHE

Gemeinde:	Ev. luth. Osterkirchengemeinde Langenfelde
Bezirk:	Eimsbüttel
Straße:	Brehmweg 50
Baujahr der Orgel:	1970
Orgelbauer:	Alfred Führer (Wilhelmshaven)

Disposition

Manual		**Pedal**	
Gedackt	8'	Subbaß	16'
Rohrflöte	4'	Nachthorn	4'
Prinzipal	2'		
Quinte	1 1/3'		
Mixtur III			

Koppeln:	I/P
Spieltraktur:	mechanisch
Registertraktur:	mechanisch
Ladensystem:	Schleifladen
	Das Manualwerk steht im Schwellkasten
Geschichte:	1960 Neubau eines Positivs Alfred Führer (Wilhelmshaven) 1969 Schenkung des Positivs an die Gemeinde Stellingen-Molkenbuhrstraße und Aufstellung in der dortigen Friedhofskapelle
Literatur:	50 Jahre Orgelbau Führer, Werkkatalog Führer 1970

OSTERKIRCHE

Gemeinde:	Ev. luth. Osterkirchengemeinde Ottensen
Bezirk:	Altona
Straße:	Bei der Osterkirche 13
Baujahr der Orgel:	1966
Orgelbauer:	Eberhardt-Friedrich Walcker & Cie (Ludwigsburg)

Disposition

Hauptwerk		**Schwellwerk**		**Pedal**	
Pommer	16'	Holzgedackt	8'	Subbaß	16'
Prinzipal	8'	Rohrflöte	4'	Flötenprinzipal	8'
Spitzflöte	8'	Prinzipal	2'	Gedacktbaß	8'
Oktave	4'	Sifflöte	1 1/3'	Hohlflöte	4'
Koppelflöte	4'	Sesquialtera II		Bauernflöte	2'
Nasard	2 2/3'	Scharff IV		Hintersatz IV	
Gemshorn	2'	Trechterregal	8'	Fagott	16'
Rauschpfeife II		– Tremulant –		Schalmey	4'
Mixtur IV-V					
Gedecktrompete	8'				

Koppeln:	HW/P, SW/P, SW/HW
Spieltraktur:	mechanisch
Registertraktur:	elektrisch
Spielhilfen:	3 freie Kombinationen, 2 freie Pedalkombinationen, Zungeneinzelabsteller, Zungen ab, Tutti, Auslöser
Ladensystem:	Schleifladen
Geschichte:	1961 Lieferung eines Positivs der Orgelbauwerkstatt Eberhardt-Friedrich Walcker & Cie (Ludwigsburg) 1966 Verkauf an das Krankenhaus Altona
Literatur:	Walcker-Hausmitteilungen Nr. 26/1961

PÄDAGOGISCHES INSTITUT DER UNIVERSITÄT

Standort:	Universität
Bezirk:	Mitte
Straße:	Von-Melle-Park 8
Baujahr der Orgel:	1962
Orgelbauer:	Paul Ott (Göttingen)

Disposition

Hauptwerk		**Brustwerk**		**Pedal**	
Quintade	16'	Holzgedackt	8'	Subbaß	16'
Prinzipal	8'	Rohrflöte	4'	Oktavbaß	8'
Metallgedackt	8'	Prinzipal	2'	Waldflöte	4'
Oktave	4'	Spitzquinte	1 1/3'	Nachthorn	2'
Nasat	2 2/3'	Sesquialtera II		Rauschpfeife IV	2'
Waldflöte	2'	Scharff III-IV	1/2'	Fagott	16'
Mixtur IV-VI	1 1/3'	Krummhorn	8'	Schalmei	4'
Trompete	8'	– Tremulant –			

Koppeln:	HW/P, BW/P, BW/HW
Spieltraktur:	mechanisch
Registertraktur:	mechanisch
Ladensystem:	Schleifladen
Literatur:	Fock-Kartei

ST. PANKRATIUS-KIRCHE

Gemeinde:	Ev. luth. Kirchengemeinde Neuenfelde
Bezirk:	Harburg
Straße:	Organistenweg 7
Baujahr der Orgel:	1966
Orgelbauer:	Alfred Führer (Wilhelmshaven)

Disposition

Manual	
Gedeckt	8'
Rohrflöte	4'
Prinzipal	2'

Spieltraktur:	mechanisch
Registertraktur:	mechanisch
Ladensystem:	Schleifladen

P

ST. PANKRATIUS-KIRCHE

Gemeinde:	Ev. luth. Kirchengemeinde Neuenfelde
Bezirk:	Harburg
Straße:	Organistenweg 7
Baujahr der Orgel:	1683/88
Orgelbauer:	Arp Schnitger (Hamburg)

Disposition

Hauptwerk		**Rückpositiv**		**Pedal**	
Quintaden	16'	Gedackt	8'	Principal	16'
Principal	8'	Quintade	8'	Octave	8'
Rohrflöte	8'	Principal	4'	Octave	4'
Octave	4'	Blockflöte	4'	Flöte	4'
Spitzflöte	4'	Quintflöte	3'	Nachthorn	2'
Nasat	3'	Octave	2'	Rauschpfeife II	
Octave	2'	Sifflöte	1 1/2'	Mixtur IV-VI	
Spielflöte	2'	Sesquialtera II		Posaune	16'
Rauschpfeife II		Terzian II		Trompete	8'
Mixtur V-VI		Scharff IV-VI		Cornet	2'
Cimbel III		Krummhorn	8'		
Trompete	8'	– Tremulant –		2 Zimbelsterne	
Vox humana	8'				

Koppeln:	RP/HW
Spieltraktur:	mechanisch
Registertraktur:	mechanisch
Ladensystem:	Schleifladen

Geschichte:
1672/73 Neubau Hans-Christoph Fritzsche (Hamburg)
1867 Umbau Johann Hinrich Röver (Stade)
1925/26 Restaurierung Karl Kemper (Lübeck), Sachberatung: Hans-Henny Jahnn
1938 Überholung Paul Ott (Göttingen)
1951 Überholung Rudolf von Beckerath (Hamburg)
1955/78 Restaurierung Paul Ott (Göttingen)

Literatur:
Fock „Hamburgs Anteil"; Fock „Arp Schnitger";
Pape „Historische Orgeln"; Roscher „Arp-Schnitger-Orgel";
Seggermann „Elbe-Weser"
Fock „Arp-Schnitger-Geburtstag";
Roscher „St. Pankratius"

ünd züchtiget üns, daß wir sollen Verleügnen das Ungöttliche Wesen ünd die Weltliche Lüste ünd

ST. PANKRATIUS-KIRCHE

(siehe Umschlagabbildung)

Gemeinde:	Ev. luth. Kirchengemeinde Ochsenwerder
Bezirk:	Bergedorf
Straße:	Alter Kirchdeich 8
Baujahr der Orgel:	1966
Orgelbauer:	Rudolf von Beckerath (Hamburg)

Disposition

Hauptwerk		**Brustwerk**		**Pedal**	
Prinzipal	8'	Quintadena	8'	Prinzipal	16'
Rohrflöte	8'	Gedackt	8'	Octave	8'
Octave	4'	Prinzipal	4'	Octave	4'
Spitzflöte	4'	Blockflöte	4'	Nachthorn	2'
Nasat	2 2/3'	Waldflöte	2'	Mixtur IV	
Octave	2'	Sifflöte	1 1/3'	Posaune	16'
Mixtur IV-VI		Sesquialtera II		Trompete	8'
Trompete	8'	Scharff IV			
		Dulcian	8'		
		– Tremulant –			

Koppeln:	HW/P, BW/P, BW/HW
Spieltraktur:	mechanisch
Registertraktur:	mechanisch
Ladensystem:	Schleifladen

Geschichte:

1632 Es ist ein Positiv vorhanden
1708 Neubau Arp Schnitger (Hamburg)
1783 Umbau George Christoph Seyffert (Hamburg)
1884 Umbau Christian Heinrich Wolfsteller (Hamburg)
1911 Umbau Paul Rother (Hamburg), dabei Einbau einer pneumatischen Traktur und neuer Laden
1966 Der Umbau von Beckerath lehnt sich an die Disposition Arp Schnitgers an; fünf Register Schnitgers und das Gehäuse mit Prospektpfeifen sind erhalten; nach Brinckmann 10 alte Register (1944)

Literatur: Cortum „Orgelwerke"; Fock „Arp Schnitger"; Seggermann „Nord- u. Ostsee"; Seggermann „Orgelbrevier"; Pape „Historische Orgeln"; Werkverzeichnis v. Beckerath (Scharenberg) Bau- und Kulturdenkmale

PAUL-GERHARDT-KIRCHE

Gemeinde:	Ev. luth. Paul-Gerhardt-Gemeinde Ottensen
Bezirk:	Altona
Straße:	Bei der Paul-Gerhardt-Kirche 4
Baujahr der Orgel:	1960
Orgelbauer:	D. A. Flentrop (Zaandam/Holland)

Disposition

Hauptwerk		**Brustwerk**		**Pedal**	
Quintade	16'	Gedackt	8'	Bourdon	16'
Prinzipal	8'	Koppelflöte	4'	Prinzipal	8'
Rohrflöte	8'	Prinzipal	2'	Gedackt	8'
Oktave	4'	Quinte	1 1/3'	Waldflöte	4'
Flöte	4'	Sesquialtera II		Mixtur IV	2'
Quinte	2 2/3'	Cymbel III	2/3'	Fagott	16'
Gemshorn	2'	Rankett	16'	Trompete	4'
Mixtur V	1 1/3'	Viola da Gamba	8'		
Trompete en Chamade	8'	– Tremulant –			

Koppeln:	HW/P, BW/P, BW/HW
Spieltraktur:	mechanisch
Registertraktur:	mechanisch
Ladensystem:	Schleifladen

Literatur: Musik und Kirche 1962/4
Pape „Orgeldatenbank"

PAUL-GERHARDT-KIRCHE

Gemeinde:	Ev. luth. Paul-Gerhardt-Kirchengemeinde Wilhelmsburg
Bezirk:	Harburg
Straße:	Georg-Wilhelm-Straße 121
Baujahr der Orgel:	1962
Orgelbauer:	Gebr. Hillebrandt (Altwarmbüchen b/Hannover)

Disposition

Hauptwerk		**Brustwerk**		**Pedal**	
Quintadena	16'	Holzgedackt	8'	Subbaß	16'
Prinzipal	8'	Sonorflöte	4'	Oktave	8'
Rohrflöte	8'	Spitzflöte	2'	Oktave	4'
Oktave	4'	Quinte	1 1/3'	Nachthorn	2'
Gedackt	4'	Sesquialtera II		Rauschpfeife II	
Nasat	2 2/3'	Scharff III-IV		Mixtur IV	
Oktave	2'	Regal	8'	Posaune	16'
Waldflöte	2'	– Tremulant –		Trompete	8'
Mixtur IV-VI	1 1/3'				
Trompete	8'				

Koppeln:	HW/P, BW/HW
Spieltraktur:	mechanisch
Registertraktur:	mechanisch
Ladensystem:	Schleifladen

Geschichte: 1983 Renovierung Claus Sebastian (Geesthacht), dabei Umbau eines Nachthorn 1' in Nachthorn 2' im Pedal

PAUL-GERHARDT-KIRCHE

Gemeinde:	Ev. luth. Paul-Gerhardt-Kirchengemeinde Wilstorf
Bezirk:	Harburg
Straße:	Eigenheimweg 50 a
Baujahr der Orgel:	1938
Orgelbauer:	Emil Hammer (Hannover)

Disposition

Hauptwerk		**Rückpositiv**		**Pedal**	
Quintade	16'	Gedackt	8'	Subbaß	16'
Prinzipal	8'	Prinzipal	4'	Prinzipal	8'
Metallflöte	8'	Rohrflöte	4'	Oktave	4'
Oktave	4'	Oktave	1'	Mixtur III	
Gedackt	4'	Terzian II		Dulzian	16'
Gemshorn	2'	Scharff II-IV		Trompete	8'
Sesquialtera II		Krummhorn	8'	Schalmei	4'
Mixtur IV-V					
Trompete	8'				

Koppeln:	HW/P, RP/P, RP/HW
Spieltraktur:	elektrisch
Registertraktur:	elektrisch
Spielhilfen:	2 freie Kombinationen, Handregister, Auslöser
Ladensystem:	Schleifladen

Geschichte: 1982 Anbringen von Stütznähten an den kleinen horngestimmten Pfeifen durch Rudolf von Beckerath (Hamburg)

P

PAUL-GERHARDT-KIRCHE

Gemeinde: Ev. luth. Paul-Gerhardt-Kirchengemeinde Winterhude
Bezirk: Nord
Straße: Braamkamp 51
Baujahr der Orgel: 1966
Orgelbauer: Alfred Führer (Wilhelmshaven)

Disposition

Hauptwerk		**Oberpositiv**		**Pedal**	
Quintade	16‘	Gedackt	8‘	Subbaß	16‘
Prinzipal	8‘	Prinzipal	4‘	Prinzipal	8‘
Rohrflöte	8‘	Blockflöte	4‘	Oktave	4‘
Oktave	4‘	Gemshorn	2‘	Mixtur IV	2‘
Quinte	2 2/3‘	Quinte	1 1/3‘	Posaune	16‘
Oktave	2‘	Oktave	1‘	Trompete	8‘
Mixtur IV-VI	1 1/3‘	Sesquialtera II			
Trompete	8‘	Scharff III	2/3‘		
		Dulcian	8‘		
		– Tremulant –			

Koppeln: HW/P, OP/P, OP/HW
Spieltraktur: mechanisch
Registertraktur: mechanisch
Ladensystem: Schleifladen

Geschichte: 1936 Neubau Wilhelm Sauer/Inh. Dr. h.c. Oscar Walcker (Frankfurt/Oder)
1966 Umsetzung nach dem Bau der Kirche in die Simeonkirche Hamburg-Hamm

Literatur: Werkkatalog Führer 1966;
50 Jahre Orgelbau Führer; Pape Orgeldatenbank

ST. PAULI-KIRCHE

Gemeinde: Ev. luth. Kirchengemeinde St. Pauli-Süd
Bezirk: Altona
Straße: Pinnasberg 80
Baujahr der Orgel: 1967
Orgelbauer: Emil Hammer (Arnum b/Hannover)

Disposition

Manual		**Pedal**	
Gedackt	8‘	Subbaß	16‘
Prinzipal	4‘		
Rohrflöte	4‘		
Waldflöte	2‘		
Mixtur III (Schleifenteilung in Baß/Diskant)			

Koppeln: Manual/Pedal
Spieltraktur: mechanisch
Registertraktur: mechanisch
Ladensystem: Schleifladen

Geschichte: Die Orgel wurde für die Auferstehungskapelle in der Paulinenstraße gebaut und 1970 in die St. Pauli-Kirche umgesetzt.

ST. PAULI-KIRCHE

Gemeinde:	Ev. luth. Kirchengemeinde St. Pauli-Süd
Bezirk:	Altona
Straße:	Pinnasberg 80
Baujahr der Orgel:	1931/32
Orgelbauer:	Wilhelm Sauer (Inh. Dr. h.c. Oscar Walcker) Frankfurt/Oder Disposition und Mensuren Hans-Henny Jahnn

Disposition

Manual I		**Manual II**		**Manual III**		**Pedal**	
Quintade	16'	Holzgedackt	8'	Liebl. Gedackt	16'	Subbaß	16'
Prinzipal	8'	Quintade	8'	Gedackt	8'	Pommer	16'
Rohrflöte	8'	Weitprinzipal	4'	Salicional	8'	Oktave	8'
Oktave	4'	Gedackt	4'	Prinzipal	4'	Rohrflöte	8'
Blockflöte	4'	Schweizerpfeife	2'	Rohrflöte	4'	Choralbaß	4'
Quinte	2 2/3'	Terzian II		Nasat	2 2/3'	Portunal	2'
Oktave	2'	Scharff IV		Nachthorn	2'	Mixtur IV	
Mixtur V		Krummhorn	8'	Terz	1 3/5'	Stillposaune	16'
Trompete	8'			Sifflöte	1 1/3'	Regal	4'
				Scharff V			
				Trompete	8'		
				Trompete	4'		
				– Tremulant –			

Koppeln:	I/P, II/P, III/P, II/I, III/I, III/II
Spieltraktur:	elektrisch
Registertraktur:	elektrisch
Spielhilfen:	3 freie Kombinationen, 1 freie Pedalkombination, Tutti, Zungeneinzelabsteller, Zungenabsteller
Ladensystem:	Schleifladen

Geschichte:

1687 Neubau Arp Schnitger (Hamburg)
1718/21 Neubau Otto Dietrich Richborn (Hamburg). Dies war sein einziger Orgelneubau.
1813 Zerstörung von Kirche und Orgel durch die Franzosen
1821 Neubau Johann Hinrich Wohlien (Hamburg) in der neu erbauten Kirche.
1905 Reparatur Paul Rother (Hamburg)
1952 Umbau der Orgel. Dabei Stillegung der Crescendowalze und des Schwellers für das Manual III
1968 Ruinierung der Orgel durch übermäßiges Heizen.
1977 Es werden erste Gelder für den Wiederaufbau bewilligt durch die Orgelbaukommission der damaligen Hamburgischen Landeskirche.
1992 Gründung eines Fördervereins zur Rettung der Orgel Erste Sicherstellungsmaßnahmen durch G. Christian Lobback (Neuendeich b/Hamburg)

Literatur:

Protokolle der Orgelbaukommission 1976/77
Cortum „Orgelwerke"

P

PAULUSKIRCHE

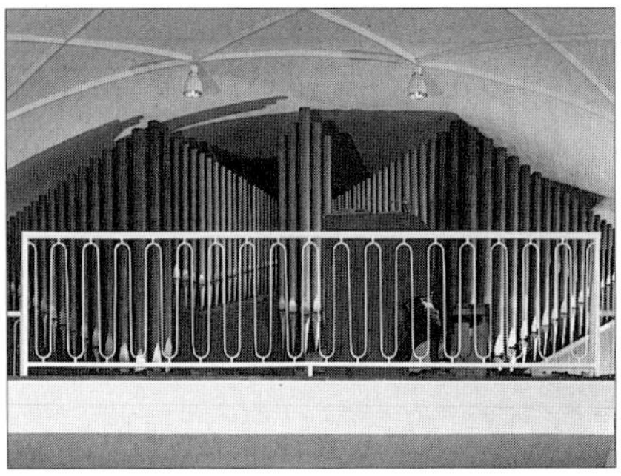

Gemeinde: Ev. luth. Paulus-Kirchengemeinde Altona
Bezirk: Altona
Straße: Bei der Pauluskirche 4/6
Baujahr der Orgel: 1963
Orgelbauer: Emanuel Kemper & Sohn (Lübeck)

Disposition

Manual I		**Manual II**		**Manual III**	
Prinzipal	8'	Offenflöte	8'	Gedeckt	8'
Flöte	8'	Quintade	8'	Rohrflöte	4'
Prinzipal	4'	Blockflöte	4'	Prinzipal	2'
Gemshorn	4'	Gemshorn	2'	Quinte	1 1/3'
Waldflöte	2'	Sesquialtera III		Scharff III	
Mixtur VI		Zimbel III		Doppelregal	8'
Trompete	8'	Krummhorn	8'	– Tremulant –	
– Tremulant –					

Pedal		**Fliegendes Manual** (Schweller)	
Subbaß	16'	Rohrflöte	8'
Oktavbaß	8'	Salicet	8'
Gedeckt	8'	Prinzipal	4'
Choralbaß	4'	Lochflöte	4'
Nachthorn	2'	Scharfoktave	2'
Rauschpfeife IV-VI		Septime	1 1/7'
Fagott	16'	Zwergzimbel V	
Clarine	4'	Schalmey	4'

Das Schwellwerk ist als „Fliegendes Manual" konzipiert und kann mittels der FL-Koppeln auf allen Manualen und dem Pedal gespielt werden. Das Manual II hängt als „Chororgel" südlich des Altars.

Koppeln: I/P, II/P, III/P, II/I, III/I, III/II; FL/I, FL/II, FL/III, FL/P
Spieltraktur: elektrisch
Registertraktur: elektrisch
Spielhilfen: 3 freie Kombinationen, 2 freie Pedalkombinationen, Tutti, Crescendowalze, Walze ab, Pedal an, Zungeneinzelabsteller, Zungengesamtabsteller, Koppeln aus Walze.
Ladensystem: Taschenladen
Geschichte: 1926 Neubau Friedrich Klassmeyer (Lemgo) im Kirchsaal (Beratung Hans-Henny Jahnn)
1931 Erweiterung Friedrich Klassmeyer (Lemgo)
Literatur: Pape „Orgeldatenbank"; Archiv der Pauluskirche

PAULUSKIRCHE

Gemeinde: Ev. luth. Paulusgemeinde Altona
Bezirk: Altona
Straße: Bei der Pauluskirche 4/6
Baujahr der Orgel: 1978
Orgelbauer: Alfred Führer (Wilhelmshaven)

Disposition

Manual	
Gedeckt	8'
Flöte	4'
Prinzipal	2'

Spieltraktur: mechanisch
Registertraktur: mechanisch
Ladensystem: Schleifladen

Geschichte: 1978 wurde die Orgel (das Positiv) für einen privaten Besitzer in Hamburg-Schenefeld gebaut und zehn Jahre später an die Paulusgemeinde Altona verkauft.
Literatur: Werkkatalog Führer 1978
50 Jahre Orgelbau Führer

ST. PAULUSKIRCHE

Gemeinde:	Katholische Gemeinde Billstedt
Bezirk:	Mitte
Straße:	Öjendorfer Weg 10
Baujahr der Orgel:	1960
Orgelbauer:	Alfred Führer (Wilhelmshaven)

Disposition

Manual I		Manual II		Pedal	
Rohrflöte	8'	Gedackt	8'	Subbaß	16'
Prinzipal	4'	Rohrflöte	4'	Pommer	8'
Flachflöte	2'	Oktave	1'	Nachthorn	2'
Mixtur IV		Tertian II			
– Tremulant –					

Koppeln:	I/P, II/P, II/I
Spieltraktur:	mechanisch
Registertraktur:	mechanisch
Ladensystem:	Schleifladen
Geschichte:	1960 Bau dieser Orgel für die Kirche in Bremen-Sebaldsbrück durch Alfred Führer 1964 Umsetzung in die St. Pauluskirche Hamburg-Billstedt durch Alfred Führer.
Literatur:	v. d. Berg „Neue katholische Orgeln"; 50 Jahre Orgelbau Führer; Werkkatalog Führer 1960; Pape „Orgeldatenbank"

PAULUS-KIRCHE

Gemeinde:	Ev. luth. Pauluskirchengemeinde Hamm
Bezirk:	Mitte
Straße:	Quellenweg/Caspar-Voght-Straße
Baujahr der Orgel:	1975
Orgelbauer:	Karl Lötzerich (Ippinghausen b/Kassel)

Disposition

Hauptwerk		Schwellwerk		Rückpositiv		Pedal	
Prinzipal	8'	Gedackt	8'	Violflöte	8'	Subbaß	16'
Oktave	4'	Rohrflöte	4'	Prinzipal	4'	Prinzipal	8'
Mixtur IV-V		Prinzipal	2'	Blockflöte	2'	Piffaro II	4' + 2'
Trompete	8'	Quinte	1 1/3'	Scharff III-IV	1'	Posaune	16'
		Trichterdulzian	16'	Regal	8'	Schalmei	8'
		– Tremulant –		– Tremulant –			

Der Schweller öffnet nach vorn und zur seitlichen Chorempore

Koppeln:	HW/P, SW/P, RP/P, RP/HW, SW/HW
Spieltraktur:	mechanisch
Registertraktur:	elektrisch
Spielhilfen:	3 freie Kombinationen, Pleno
Ladensystem:	Schleifladen
Geschichte:	1958 Neubau Emanuel Kemper & Sohn (Lübeck)
Literatur:	Seggermann „Lötzerichorgeln"; Ars Organi 1983/3

PAULUS-KIRCHE

Gemeinde:	Ev. luth. Pauluskirchengemeinde Hamm
Bezirk:	Mitte
Straße:	Quellenweg/Caspar-Voght-Straße
Baujahr der Orgel:	1975
Orgelbauer:	Karl Lötzerich (Ippinghausen b/Kassel)

Disposition

Manual	
Gedackt	8'
Rohrflöte	4'
Prinzipal	2'
Quinte	1 1/3'

Spieltraktur:	mechanisch
Registertraktur:	elektrisch
Ladensystem:	Schleifladen
Literatur:	Seggermann „Lötzerichorgeln" Ars Organi 1983/3

ST. PAULUS-KIRCHE

Gemeinde: Ev. luth. St. Pauluskirchengemeinde Heimfeld
Bezirk: Harburg
Straße: Petersweg 1
Baujahr der Orgel: 1907
Orgelbauer: Ernst Röver (Hausneindorf)

Disposition

Manual I		**Schwellwerk**		**Pedal**	
Quintadena	16'	Gedackt	8'	Subbaß	16'
Prinzipal	8'	Quintadena	8'	Prinzipal	8'
Rohrflöte	8'	Prinzipal	4'	Oktave	4'
Oktave	4'	Spitzflöte	4'	Oktave	2' + 1'
Flöte	4'	Quintflöte	2 2/3'	Mixtur V	
Nasat	2 2/3'	Piccolo	2'	Fagott	16'
Oktave	2'	Terz	1 3/5'		
Koppelflöte	2'	Quinte	1 1/3'		
Rauschpfeife II		Scharff III			
Mixtur VI		Krummhorn	8'		
Zimbel III					
Trompete	8'				

Koppeln: I/P, SW/P, SW/I
Superkoppel II, Subkoppel I, omnia copula sind stillgelegt
Spieltraktur: pneumatisch
Registertraktur: pneumatisch
Spielhilfen: Crescendowalze, 4 Kollektivdrücker am Vorsatzbrett
Manual I sind stillgelegt
Ladensystem: Kastenladen

Geschichte: 1955 Umbau Rudolf von Beckerath (Hamburg) im Sinne der Orgelbewegung
1992 Generalreinigung Rudolf von Beckerath (Hamburg)
Literatur: Gemeindebriefe 1992 Nr. 5, 6, 7, 8
Werkverzeichnis v. Beckerath (Scharenberg)

ST. PETER-KIRCHE

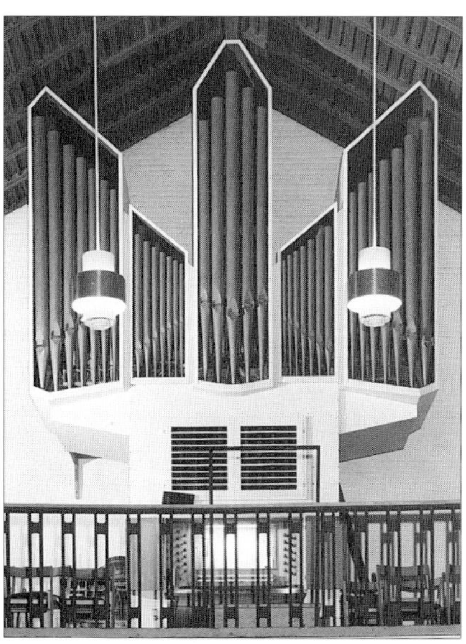

Gemeinde: Ev. luth. Kirchengemeinde Groß Borstel
Bezirk: Nord
Straße: Borsteler Chaussee 139
Baujahr der Orgel: 1963
Orgelbauer: Alfred Führer (Wilhelmshaven)

Disposition

Hauptwerk		**Brustwerk**		**Pedal**	
Quintadena	16'	Gedackt	8'	Subbaß	16'
Prinzipal	8'	Quintadena	8'	Prinzipal	8'
Rohrflöte	8'	Blockflöte	4'	Gedackt	8'
Oktave	4'	Prinzipal	2'	Oktave	4'
Nasard	2 2/3'	Quinte	1 1/3'	Rauschpf. V	2 2/3'
Flachflöte	2'	Sesquialtera II		Posaune	16'
Mixtur V-VI	1 1/3'	Scharff IV	1/2'	Trompete	8'
Trompete	8'	Krummhorn	8'	Trompete	4'
		– Tremulant –			

Koppeln: HW/P, BW/P, BW/HW
Spieltraktur: mechanisch
Registertraktur: mechanisch
Ladensystem: Schleifladen

Geschichte: 1947 Neubau Emanuel Kemper & Sohn (Lübeck) im Kirchsaal
1971 Abbruch der Kemperorgel
Literatur: Werkkatalog Führer 1963;
Pape Orgeldatenbank; 50 Jahre Orgelbau Führer
Protokoll der Orgelbaukommission (Archiv Kiel)

ST. PETRI-KIRCHE

Gemeinde:	Ev. luth. Petri-Kirchengemeinde Altona
Bezirk:	Altona
Straße:	Schillerstraße 24
Baujahr der Orgel:	1963
Orgelbauer:	Karl Schule – Berliner Orgelbau (Berlin)

Disposition

Hauptwerk		**Oberwerk**		**Pedal**	
Gedacktpommer	16'	Gedackt	8'	Prinzipal	16'
Prinzipal	8'	Quintadena	8'	Subbaß	16'
Spielflöte	8'	Prinzipal	4'	Oktave	8'
Rohrflöte	8'	Blockflöte	4'	Gemshorn	8'
Oktave	4'	Waldflöte	2'	Oktave	4'
Flöte	4'	Sifflöte	1 1/3'	Nachthorn	2'
Quinte	2 2/3'	Sesquialtera II		Mixtur IV-V	
Oktave	2'	Scharff IV		Posaune	16'
Mixtur IV-VI		Rankett	16'	Trompete	8'
Trompete	8'	Krummhorn	8'	Cornett	4'
Schalmei	8'	– Tremulant –			
– Tremulant –					

Koppeln:	HW/P, OW/P, OW/HW
Spieltraktur:	mechanisch
Registertraktur:	elektrisch
Spielhilfen:	4 freie Kombinationen
Ladensystem:	Schleifladen

Geschichte:	1883 Neubau Marcussen (Abenrå) 1904 Größere Reparatur Paul Rother (Hamburg) 1925 Neubau Friedrich Klassmeyer (Lemgo) 1962 Abbruch der Orgel
Literatur:	Heinrich Schmahl „Petri Altona"

ST. PETRI-KIRCHE

Gemeinde:	Ev. luth. Petri-Kirchengemeinde Altona
Bezirk:	Altona
Straße:	Schillerstraße 24
Baujahr der Orgel:	1979
Orgelbauer:	D. A. Flentrop (Zaandam/Holland)

Disposition

Manual	
Gedackt	8'
Flöte	4'
Flöte	2'
Prinzipal (ab c^1)	1'

Spieltraktur:	mechanisch
Registertraktur:	mechanisch
Ladensystem:	Schleifladen

Geschichte:	1993 Renovierung und Nachintonation Claus Sebastian (Geesthacht)

P

ST. PETRI- UND PAULI-KIRCHE

Gemeinde:	Ev. luth. Kirchengemeinde Bergedorf
Bezirk:	Bergedorf
Straße:	Bergedorfer Schloßstraße 5
Baujahr der Orgel:	1962
Orgelbauer:	Alfred Führer (Wilhelmshaven)

Disposition

Hauptwerk		**Oberpositiv**		**Brustwerk**		**Pedal**	
Quintade	16'	Metallgedackt	8'	Gedackt	8'	Subbaß	16'
Principal	8'	Principal	4'	Rohrflöte	4'	Oktave	8'
Rohrflöte	8'	Spitzflöte	4'	Principal	2'	Oktave	4'
Oktave	4'	Flachflöte	2'	Blockflöte	2'	Nachthorn	2'
Gedacktflöte	4'	Sesquialtera II		Quinte	1 1/3'	Mixtur IV	2 2/3'
Quinte	2 2/3'	Mixtur IV	1'	Scharff III	1/2'	Posaune	16'
Superoktave	2'	Dulcian	8'	Regal	8'	Trompete	4'
Mixtur VI	1 1/3'	– Tremulant –		– Tremulant –			
Trompete	8'						

Zimbelstern

Koppeln:	HW/P, OP/P, BW/P, BW/HW, OP/HW
Spieltraktur:	mechanisch
Registertraktur:	mechanisch
Ladensystem:	Schleifladen

Geschichte:

1282 Erwähnung einer Orgel
1593 Neubau Hans Scherer der Ältere (Hamburg)
1614 Reparatur Levin Albrecht (Lamstedt)
1673 Reparatur Michael Beriegel (Lübeck)
1681 Reparatur Arp Schnitger (Hamburg)
1741 Reparatur Johann Diedrich Busch (Itzehoe)
1856 Neubau Johann Friedrich Schulze (Paulinzella)
1880 Einbau eines Schwellers für die ganze Orgel Johann Färber (Tönning)
1932 Umbau Emil Hammer (Hannover), Sachberatung Hans-Henny Jahnn
1935 Erweiterung Wilhelm Sauer (Frankfurt/Oder)
1973 Umintonation Alfred Führer (Wilhelmshaven)

Literatur:

Behrmann „St. Petri und Pauli"
Fock „Hamburgs Anteil"
Fock „Arp Schnitger"
Hamburg Bauten
Werkkatalog Führer 1962
50 Jahre Orgelbau Führer

ST. PETRI-KIRCHE

Gemeinde:	Ev. luth. Hauptkirchengemeinde St. Petri
Bezirk:	Mitte
Straße:	Mönckebergstraße/Bergstraße
Baujahr der Orgel:	1955
Orgelbauer:	Rudolf von Beckerath (Hamburg)

Disposition

Hauptwerk		**Oberwerk**		**Rückpositiv**	
Prinzipal	16'	Gedackt	16'	Prinzipal	8'
Oktave	8'	Violprinzipal	8'	Quintadena	8'
Spielflöte	8'	Holzflöte	8'	Gedackt	8'
Oktave	4'	Gemshorn	8'	Oktave	4'
Nachthorn	4'	Oktave	4'	Rohrflöte	4'
Quinte	2 2/3'	Koppelflöte	4'	Quintflöte	2 2/3'
Superoktave	2'	Nasat	2 2/3'	Oktave	2'
Flachflöte	2	Nachthorn	2'	Terz	1 3/5'

Mixtur VI	1 1/3'	Kornett V ab c	8'	Quinte	1 1/3'
Scharff IV	1/2'	Mixtur IV-VI	1 1/3'	Sifflöte	1'
Trompete	16'	Klingende Zimbel III		Scharff V	1'
Trompete	8'	Rankett	16'	Dulcian	16'
		Trompete	8'	Bärpfeife	8'
		Schalmey	4'	– Tremulant –	
		– Tremulant –			

Brustwerk (Schweller)		**Pedal**	
Holzgedackt	8'	Prinzipal	16'
Holzprinzipal	4'	Gedackt	8'
Quintadena	4'	Oktave	8'
Prinzipal	2'	Oktave	4'
Quinte	1 1/3'	Nachthorn	2'
Schlagtöne III		Rauschpfeife III	4'
(Terz, Sept, None)		Mixtur VI	2'
Scharff III-VI	2/3'	Kontrafagott	32'
Oboe	8'	Posaune	16'
– Tremulant –		Dulcian	16'
		Trompete	8'
		Trompete	4'
		Kornett	2'

Koppeln: HW/P, OW/P, RP/P, OW/HW, RP/HW, BW/HW

Spieltraktur: mechanisch

Registertraktur: elektrisch

Spielhilfen: 3 Generalsetzer, ein nach Werken getrennter Setzer, 2 Setzer nur für das Pedal
Plenum, zweites Schaltpult links für einen Assistenten

Ladensystem: Schleifladen

Geschichte:

1467 Neubau Johann van Kollen (Hamburg)
1507/12 Neubau Jacob Iversand und Harmen Stüven (Hamburg)
1548 Umbau Niehof und Johansen (t'Hertogenbosch), dabei Anlage eines Rückpositivs
1603 Umbau Hans Scherer der Ältere (Hamburg)
1633 Umbau Gottfried Fritzsche (Hamburg)
1679 Umbau Friedrich Besser (Braunschweig)
1726/29 Umbau Caspar Sperling (Rostock)
1771 Schenkung eines Glockenspiels
1842 Zerstörung im Hamburger Brand
1848 Neubau Johann Gottlieb Wolfsteller (Hamburg)
1852 Erweiterung Johann Gottlieb Wolfsteller (Hamburg)
1859 Erweiterung Johann Gottlieb Wolfsteller (Hamburg)
1884 Neubau Eberhardt-Friedrich Walcker & Cie (Ludwigsburg) Die Wolfsteller-Orgel wird an die St. Thomaskirche in Hamburg-Rothenburgsort verkauft.
1912 Umbau Eberhardt-Friedrich Walcker & Cie (Ludwigsburg)
1935 Umbau Eberhardt-Friedrich Walcker & Cie (Ludwigsburg)
1970 Einbau einer Radialpedalklaviatur Alfred Führer (Wilhelmshaven)
1979 Umbau Rudolf von Beckerath (Hamburg)

Literatur:

Armbrust „Neue Orgel"; Cortum „Orgelwerke";
Dähnert „Hildebrandt"; Fock „Hamburgs Anteil";
Fock „Arp Schnitger"; Jaacks „Orgeln";
Kaufmann „Prospekt"; Matheson „Handleitung";
Praetorius „Organographia"; Riemann „Katechismus";
Seggermann „Petriorgeln"; Schumann „Schleswig";
Vente „Brabanter Orgel";
Musik und Kirche 1956/Heft 2; Acta 1, 3, 13, 18;
Werkverzeichnis v. Beckerath (Scharenberg)

P

ST. PETRI-KIRCHE (CHORORGEL)

Gemeinde:	Ev. luth. Hauptkirchengemeinde St. Petri
Bezirk:	Mitte
Straße:	Mönckebergstraße/Bergstraße
Baujahr der Orgel:	1973
Orgelbauer:	Rudolf von Beckerath (Hamburg)

Disposition

Hauptwerk		**Brustwerk** (Schweller)		**Pedal**	
Prinzipal	8'	Holzgedackt	8'	Subbaß	16'
Oktave	4'	Rohrflöte	4'	Oktavbaß	8'
Oktavflöte	2'	Prinzipal	2'	Choralbaß	4'
Mixtur V		Terz	1 3/5'		
Dulzian	8'	Quinte	1 1/3'		
		Scharff III			
		– Tremulant –			

Koppeln:	HW/P, BW/P, BW/HW
Spieltraktur:	mechanisch
Registertraktur:	elektrisch
Spielhilfen:	3 Setzerkombinationen
Ladensystem:	Schleifladen
Literatur:	Seggermann „Petriorgeln" Werkverzeichnis v. Beckerath (Scharenberg)

ST. PETRI-KIRCHE (MARTINSKAPELLE)

Gemeinde:	Ev. luth. Hauptkirchengemeinde St. Petri
Bezirk:	Mitte
Straße:	Mönckebergstraße/Bergstraße
Baujahr der Orgel:	1976
Orgelbauer:	Rudolf von Beckerath (Hamburg)

Disposition

Manual	
Gedeckt	8'
Rohrflöte	4'
Prinzipal	2'
Quinte	1 1/3'
Scharff III	1/2'

Spieltraktur:	mechanisch
Registertraktur:	mechanisch
Ladensystem:	Schleifladen
Literatur:	Werkverzeichnis v. Beckerath (Scharenberg)

ST. PETRUS-KIRCHE

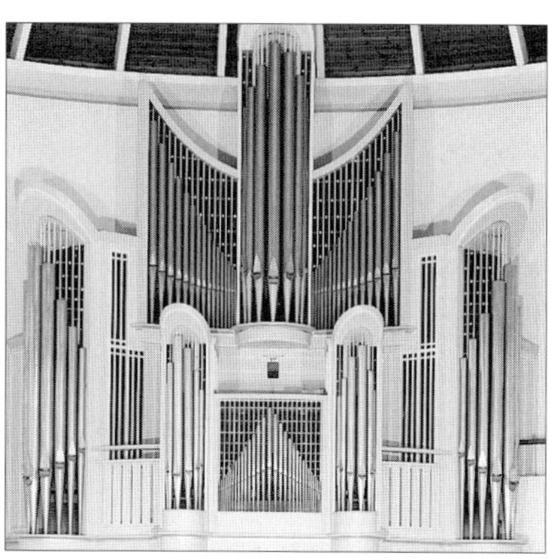

Gemeinde:	Katholische Kirchengemeinde Finkenwerder
Bezirk:	Mitte
Straße:	Norderkirchenweg 71
Baujahr der Orgel:	1966
Orgelbauer:	Rudolf von Beckerath (Hamburg)

Disposition

Hauptwerk		**Rückpositiv**		**Pedal**	
Prinzipal	8'	Holzgedackt	8'	Subbaß	16'
Rohrflöte	8'	Prinzipal	4'	Oktavbaß	8'
Salicional	8'	Rohrflöte	4'	Offenflöte	4'
Oktave	4'	Oktave	2'	Fagott	16'
Spielflöte	4'	Sesquialtera II			
Waldflöte	2'	Scharff III			
Mixtur IV		Krummhorn	8'		
		– Tremulant –			

Koppeln: HW/P, RP/P, RP/HW
Spieltraktur: mechanisch
Registertraktur: mechanisch
Ladensystem: Schleifladen

Geschichte: 1983 Generalreinigung Andreas Andresen (Neumünster)
Literatur: Pape „Orgeldatenbank“
Adelung „Orgeln der Gegenwart“
Werkverzeichnis v. Beckerath (Scharenberg)

ST. PETRUS-KIRCHE

Gemeinde: Ev. luth. St. Petruskirchengemeinde Heimfeld
Bezirk: Harburg
Straße: Haakestraße 100
Baujahr der Orgel: 1982
Orgelbauer: Orgelbau Rieger (Schwarzach/Österreich)

Disposition

Hauptwerk		**Oberwerk**		**Pedal**	
Metallgedackt	8‘	Holzgedackt	8‘	Subbaß	16‘
Prinzipal	4‘	Gemshorn	2‘		

Koppeln: HW/P, OW/P, OW/HW
Spieltraktur: mechanisch
Registertraktur: mechanisch
Ladensystem: Schleifladen

Geschichte: 1979 Einbau einer Leihorgel aus Berlin Klaus Becker (Kupfermühle/Tremsbüttel)
1980 Ausbau der Leihorgel Klaus Becker (Kupfermühle/Tremsbüttel)

ST. PETRUS-KIRCHE

Gemeinde: Ev. luth. St. Petruskirchengemeinde Lokstedt
Bezirk: Eimsbüttel
Straße: Winfriedweg 22
Baujahr der Orgel: 1970
Orgelbauer: Detlef Kleuker (Brackwede b/Bielefeld)

Disposition

Hauptwerk		**Schwellwerk**		**Brustwerk**		**Pedal**	
Prinzipal	8‘	Gedeckt	16‘	Gedackt	8‘	Prinzipal	16‘
Rohrflöte	8‘	Koppelflöte	8‘	Rohrflöte	4‘	Subbaß	16‘
Oktave	4‘	Salicional	8‘	Prinzipal	2‘	Quintbaß	10 2/3‘
Offenflöte	4‘	Voix céleste	8‘	Terzian II		Oktavbaß	8‘
Nasard	2 2/3‘	Prinzipal	4‘	Scharfzimbel IV		Gedacktbaß	8‘
Waldflöte	2‘	Gemshorn	4‘	Vox humana	8‘	Choralbaß	4‘
Rauschpfeife II	2‘	Oktave	2‘	– Tremulant –		Nachthorn	2‘
Mixtur VI	1 1/3‘	Sifflöte	1 1/3‘			Hintersatz V	2 2/3‘
Dulzian	16‘	Sesquialtera II				Posaune	16‘
Trompete	8‘	Aliquot III	1 1/7‘			Trompete	8‘
– Tremulant –		Scharfmixtur V	1 1/3‘			Schalmei	4‘
		Hautbois	8‘				
		– Tremulant –					

Koppeln: HW/P, SW/P, BW/P, SW/HW, BW/HW, BW/SW
Spieltraktur: mechanisch
Registertraktur: elektrisch
Spielhilfen: Crescendowalze, Walze ab, 4 freie Kombinationen, 2 freie Pedalkombinationen, Tutti, Zungen ab, Manual 16‘ ab, Handregister zu freier Kombination, Auslöser, Koppeln aus Walze
Ladensystem: Drehzylinderschleifen
Geschichte: 1965–1969 als Interimsorgel ein Positiv der Orgelbaufirma von Beckerath (Hamburg)
Literatur: Pape Orgeldatenbank;
Werkverzeichnis von Beckerath (Scharenberg)

P

PHILEMON-GEMEINDEZENTRUM

Gemeinde: Ev. luth. Philemonkirchengemeinde Poppenbüttel
Bezirk: Wandsbek
Straße: Tegelsbarg 1
Baujahr der Orgel: 1990
Orgelbauer: G. Christian Lobback (Neuendeich b/Hamburg)

Disposition

Hauptwerk		**Schwellwerk**		**Pedal**	
Prinzipal	8‘	Rohrgedackt	8‘	Subbaß	16‘
Gedackt	8‘	Blockflöte	4‘	*Prinzipal	8‘
Oktave	4‘	Nasat	2 2/3‘	*Gedackt	8‘
Gemshorn	4‘	Prinzipal	2‘	*Gemshorn	4‘
Oktave	2‘	Terz	1 3/5‘		
Mixtur IV	1 1/3‘	Sifflöte	1‘		
		Rohrschalmei	8‘	*Transmission aus HW	
		– Tremulant –			

Koppeln: HW/P, SW/P, SW/HW
Spieltraktur: mechanisch
Registertraktur: mechanisch
Ladensystem: Schleifladen

PHILIPPUS-KIRCHE

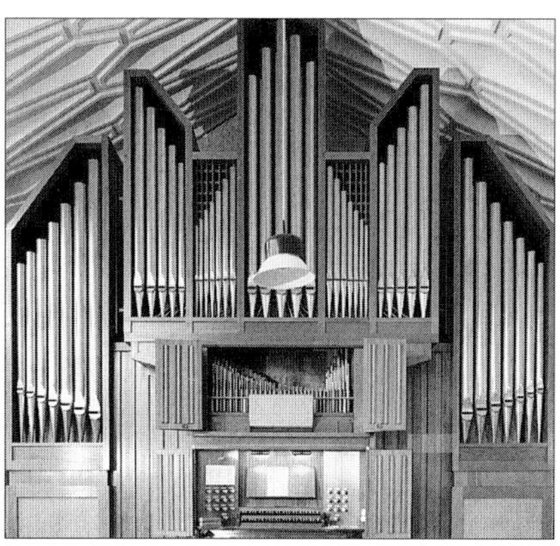

Gemeinde: Ev. luth. Philippuskirchengemeinde Horn
Bezirk: Mitte
Straße: Manshardtstraße 105 e
Baujahr der Orgel: 1960
Orgelbauer: Franz Grollmann (Hamburg)

Disposition

Hauptwerk		**Brustwerk**		**Pedal**	
Prinzipal	8‘	Gedackt	8‘	Subbaß	16‘
Rohrflöte	8‘	Blockflöte	4‘	Prinzipal	8‘
Oktave	4‘	Prinzipal	2‘	Oktave	4‘
Quinte	2 2/3‘	Waldflöte	2‘	Mixtur IV	
Oktave	2‘	Sifflöte	1 1/3‘	Fagott	16‘
Mixtur IV-VI		Scharff III		Trompete	8‘
Trompete	8‘	Regal	8‘	Kornett	2‘
		– Tremulant –			

Koppeln: HW/P, BW/P, BW/HW
Spieltraktur: mechanisch
Registertraktur: mechanisch
Ladensystem: Schleifladen

Literatur: Pape Orgeldatenbank

ST. RAPHAEL-KIRCHE

Gemeinde:	Ev. luth. St. Raphaelkirchengemeinde Wilhelmsburg
Bezirk:	Harburg
Straße:	Wehrmannstraße 9
Baujahr der Orgel:	1951/52
Orgelbauer:	Emanuel Kemper & Sohn (Lübeck)

Disposition

Hauptwerk		**Brustwerk**		**Pedal**	
Spitzgedackt	8'	Gedackt	8'	Subbaß	16'
Prinzipal	4'	Rohrflöte	4'	Prinzipal	8'
Nasat	2 2/3'	Prinzipal	2'	Oktave	4'
Querflöte	2'	Zimbel III		Sesquialtera II	
Mixtur IV-V		Regal	8'		
		– Tremulant –			

Koppeln:	HW/P, BW/P, BW/HW
Spieltraktur:	mechanisch
Registertraktur:	mechanisch
Ladensystem:	Schleifladen

Geschichte:
1913 Neubau Faber & Greve (Salzhemmendorf)
1943 Zerstörung im Zweiten Weltkrieg
Die Kirche trug bis zum Zweiten Weltkrieg den Namen „Bahnhofkirche“

RAUTENBERGSAAL

Gemeinde:	Ev. luth. Kirchengemeinde St. Georg
Bezirk:	Mitte
Straße:	Alexanderstraße 3
Baujahr der Orgel:	1972
Orgelbauer:	Karl Lötzerich (Ippinghausen b/Kassel)

Disposition

Manual	
Gedeckt	8'
Blockflöte	4'
Prinzipal	2'
Quinte	1 1/3'

Spieltraktur:	mechanisch
Registertraktur:	mechanisch

REFORMIERTE KIRCHE ALTONA

Gemeinde:	Ev. reformierte Gemeinde Altona
Bezirk:	Altona
Straße:	Palmaille 2
Baujahr der Orgel:	1969
Orgelbauer:	Ahrendt und Brunzema (Leer-Logabirum)

Disposition

Hauptwerk		**Oberwerk**		**Pedal**	
Praestant	8'	Holzgedackt	8'	Subbaß	16'
Gedackt	8'	Holzflöte	4'	Oktave	4'
Oktave	4'	Rohrflöte	2'	Trompete	8'
Flöte	4'	Oktave	1'		
Oktave	2'	Regal	8'		
Mixtur					
Trompete	8'				

Koppeln:	HW/P, OW/P, OW/HW
Spieltraktur:	mechanisch
Registertraktur:	mechanisch
Ladensystem:	Schleifladen

Geschichte:
1687 Neubau Arp Schnitger (Hamburg)
1730 Umbau Johann Dietrich Busch (Itzehoe)
1832 Verkauf nach Blankenhagen (Mecklenburg)
1832 Neubau Hinrich Rasch(k)e (Hamburg)
1866 Umbau Johann C. R. Wohlien (Hamburg)
1900 Umbau Paul Rother (Hamburg)
1912 Neubau Paul Rother (Hamburg)
1949 Reparatur Emanuel Kemper & Sohn (Lübeck)
1965 Abbau wegen Kirchenneubau

Literatur: Fock „Arp Schnitger"; Werkverzeichnis Rother

REFORMIERTE KIRCHE

Gemeinde:	Ev. reformierte Kirchengemeinde Altstadt
Bezirk:	Mitte
Straße:	Ferdinandstraße 21
Baujahr der Orgel:	1970
Orgelbauer:	Alfred Führer (Wilhelmshaven)

Disposition

Hauptwerk		**Brustwerk**(Schweller)		**Pedal**	
Gedackt	16'	Gedackt	8'	Subbaß	16'
Prinzipal	8'	Prinzipal	4'	Offenbaß	8'
Rohrflöte	8'	Rohrflöte	4'	Oktave	4'
Oktave	4'	Oktave	2'	Nachthorn	2'
Blockflöte	4'	Quinte	1 1/3'	Rauschpf. IV	2 2/3'
Nasard	2 2/3'	Sesquialtera II		Fagott	16'
Waldflöte	2'	Scharff IV	1/2'	Schalmei	4'
Terz	1 3/5'	Krummhorn	8'		
Mixtur IV-VI	1 1/3'	– Tremulant –			
Trompete	8'				
Vox humana	8'				
– Tremulant –					

Koppeln:	HW/P, BW/P, BW/HW
Spieltraktur:	mechanisch
Registertraktur:	elektrisch
Spielhilfen:	5-facher Setzer
Ladensystem:	Schleifladen

Geschichte:
1856 Neubau Johann Heinrich Wolfsteller (Hamburg)
1910 Neubau Paul Rother (Hamburg)
1943 zerstört im Zweiten Weltkrieg
1950 Neubau Emanuel Kemper & Sohn (Lübeck)

Literatur: Fock „Arp Schnitger"; Werkkatalog Führer 1970;
50 Jahre Orgelbau Führer; Musik und Kirche 1952/6;

RIMBERT-KIRCHE

Gemeinde: Ev. luth. Rimbert-Kirchengemeinde Billstedt
Bezirk: Mitte
Straße: Sturmvogelweg 16
Baujahr der Orgel: 1995
Orgelbauer: G. Christian Lobback (Neuenkirchen b/Hamburg)

Disposition

Hauptwerk		**Schwellwerk**		**Pedal**	
Prinzipal	8'	Koppelflöte	8'	Subbaß	16'
Holzgedeckt	8'	Rohrflöte	4'	*Oktave	8'
Oktave	4'	Quinte	2 2/3'	*Gedackt	8'
Schwegel	2'	Prinzipal	2'	*Oktave	4'
Mixtur III	1 1/3'	Nachthorn	2'		
		Terz	1 3/5'	*Transmission aus Hauptwerk	

Koppeln: HW/P, SW/P, SW/HW
Spieltraktur: mechanisch
Registertraktur: mechanisch
Ladensystem: Schleifladen

Geschichte:
1988 Ankauf eines Positivs der Firma Steinmann (Vlotho-Wehrendorf) aus Bodenwerder, gebaut 1986/op. 630
1994 Verkauf des Positivs an die Kreuzkirche Wandsbek
Beim Orgelneubau wurde der Spieltisch der alten Orgel aus der Wichernkirche wieder verwendet.

KIRCHE AM ROCKENHOF

Gemeinde: Ev. luth. Kirchengemeinde am Rockenhof Volksdorf
Bezirk: Wandsbek
Straße: Rockenhof 6
Baujahr der Orgel: 1953/54
Orgelbauer: Emanuel Kemper & Sohn (Lübeck)

Disposition

Hauptwerk		**Schwellwerk**		**Rückpositiv**		**Pedal**	
Pommer	16'	Rohrflöte	8'	Gedackt	8'	Subbaß	16'
Prinzipal	8'	Quintadena	8'	Rohrflöte	4'	Oktavbaß	8'
Spillpfeife	8'	Grobflöte	4'	Prinzipal	2'	Spitzflöte	8'
Oktave	4'	Nachthorn	2'	Hornzimbel IV		Quintatön	4'
Querflöte	4'	Terzflöte	1 3/5'	Krummhorn	8'	Nachthorn	2'
Nasat	2 2/3'	Sifflöte	1 1/3'	– Tremulant –		Rauschpfeife V	
Waldflöte	2'	Scharff IV				Posaune	16'
Mixtur IV-VI		Trechterregal	8'			– Tremulant –	
Trompete	8'	Schalmei	4'				
– Tremulant –		– Tremulant –					

Koppeln: HW/P, SW/P, RP/P, RP/HW, SW/HW
vorbereitet im Spieltisch CH/P, CH/HW, CH/SW, CH/RP
Spieltraktur: elektrisch
Registertraktur: elektrisch
Spielhilfen: Crescendowalze, Walze an, Koppeln aus Walze, Pedal an, 3 freie Kombinationen, 2 freie Pedalkombinationen, Handregister, Tutti, Auslöser
Ladensystem: Schleifladen

Geschichte: 1961 Umbau der ursprünglich mechanischen auf elektrische Spieltraktur. Eine für einen 2. Bauabschnitt geplante Chororgel wurde bisher nicht gebaut. Im Spieltisch sind dafür elf Registerwippen eingebaut, aber ohne Beschriftung, sodaß die geplante Disposition nicht erkennbar wird.

ROGATEKIRCHE

Gemeinde: Ev. luth. Rogatekirchengemeinde Meiendorf
Bezirk: Wandsbek
Straße: Wildschwanbrook 5 b
Baujahr der Orgel: 1975
Orgelbauer: Rudolf von Beckerath (Hamburg)

Disposition

Hauptwerk		**Oberwerk**		**Pedal**	
Rohrflöte	8'	Holzgedackt	8'	Subbaß	16'
Prinzipal	4'	Rohrflöte	4'	*Gedackt	8'
Waldflöte	2'	Quintflöte	2 2/3'	*Flöte	4'
Mixtur III-IV	1'	Prinzipal	2'		
Musette	8'	Terz	1 3/5'		
		Quinte	1 1/3'		
		– Tremulant –			

*Transmission aus Hauptwerk

Koppeln: HW/P, BW/P, BW/HW
Spieltraktur: mechanisch
Registertraktur: mechanisch
Ladensystem: Schleifladen

Literatur: Werkverzeichnis v. Beckerath (Scharenberg)

RUDOLF STEINER-SCHULE HARBURG

Bezirk: Harburg
Straße: Ehestorfer Heuweg 82
Baujahr der Orgel: 1988/90
Orgelbauer: Wolfram Quittmann und Schüler der Oberstufe

Disposition

Manual	
Gedeckt	8'
Rohrflöte	4'
Prinzipal	2'

Spieltraktur: mechanisch
Registertraktur: mechanisch
Ladensystem: Schleifladen

Geschichte: Beim Bau dieser Orgel handelt es sich um ein Projektthema im Rahmen des Oberstufenmusikunterrichts. Sämtliche Pfeifen wurden aus Holz gefertigt.
Die Schule ist in dem früheren Jugendheim „Heideburg" der ev. luth. Landeskirche Hamburg untergebracht. Ein 1969 aus Curslack dorthin geliefertes Positiv der Firma Führer (Wilhelmshaven) ist verschwunden.

ST. SEVERINI-KIRCHE

S

Gemeinde:	Ev. luth. Kirchengemeinde Kirchwerder
Bezirk:	Bergedorf
Straße:	Kirchenheerweg 6
Baujahr der Orgel:	1958/59
Orgelbauer:	Rudolf von Beckerath (Hamburg)

Disposition

Hauptwerk		**Brustwerk**		**Pedal**	
Quintadena	16‘	Gedackt	8‘	Subbaß	16‘
Prinzipal	8‘	Gedacktflöte	4‘	Prinzipal	8‘
Gedackt	8‘	Prinzipal	2‘	Oktave	4‘
Oktave	4‘	Quinte	1 1/3‘	Nachthorn	2‘
Spitzflöte	4‘	Scharff III		Posaune	16‘
Nasat	2 2/3‘	Krummhorn	8‘		
Waldflöte	2‘	– Tremulant –			
Mixtur IV-VI					
Trompete	8‘				

Koppeln:	HW/P, BW/P, BW/HW
Spieltraktur:	mechanisch
Registertraktur:	mechanisch
Ladensystem:	Schleifladen

Geschichte:

1628 Erste Erwähnung einer Orgel
1641 Neubau Hinrich Spetern (Hamburg)
1681 Umbau Arp Schnitger (Hamburg)
1730 Umbau Reinerus Caspary (Altona)
1753 Umbau Johann Dietrich Busch (Itzehoe)
1784 Umbau Johann Paul Geycke (Hamburg), dabei Umsetzung auf eine neue Westempore und Gestaltung des heutigen Prospekts zusammen mit Balthasar Wohlien (Hamburg)
1808 Reparatur Johann Wilhelm Geycke (Hamburg)
1831 Reparatur Johann Wilhelm Geycke (Hamburg)
1843 Reparatur Johann Gottfried Wolfsteller (Hamburg)
1904 Neubau Paul Rother (Hamburg), dabei Verwendung alter Register
1948 Versetzung des Spieltisches auf die Seitenempore Paul Rother (Hamburg)
1958/59 Verwendung alter Register durch Rudolf von Beckerath (Hamburg)

Literatur:

Cortum „Orgelwerke“; Fock „Arp Schnitger“;
Wachler „Orgel Kirchwerder“; Wachler „Kirchwerder“;
Werkverzeichnis Rother; Pape „Historische Orgeln“ (Acta 7)
Werkverzeichnis v. Beckerath (Scharenberg)

SIMEON-KIRCHE

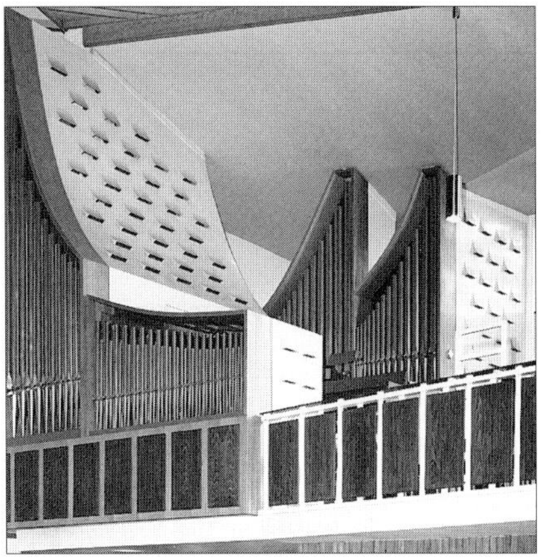

Gemeinde: Ev. luth. Simeon-Kirchengemeinde Bramfeld
Bezirk: Wandsbek
Straße: Am Stühm Süd 85
Baujahr der Orgel: 1970
Orgelbauer: Eberhardt-Friedrich Walcker & Cie (Ludwigsburg)

Disposition

Hauptwerk (Schweller)		**Rückpositiv**		**Pedal**	
Quintade	16‘	Gedeckt	8‘	Subbaß	16‘
Prinzipal	8‘	Prinzipal	4‘	Oktave	8‘
Gemshorn	8‘	Rohrflöte	4‘	Pommer	8‘
Rohrflöte	8‘	Waldflöte	2‘	Gemshorn	4‘
Oktave	4‘	Quinte	1 1/3‘	Nachthorn	2‘
Blockflöte	4‘	Sesquialtera II		Hintersatz II	
Gemshorn	2‘	Scharff IV-V		Mixtur IV	
Schwiegel	1‘	Krummhorn	8‘	Posaune	16‘
Sextan II		– Tremulant –		Klarine	4‘
Rauschpfeife II				– Tremulant –	
Mixtur V-VI					
Trompete	8‘				
Oboe	8‘				
– Tremulant –					

Koppeln: HW/P, RP/P, RP/HW
Spieltraktur: mechanisch
Registertraktur: elektrisch
Spielhilfen: 3 freie Kombinationen, Crescendowalze, Walze ab, Auslöser, Tutti, Zungeneinzelabsteller
Ladensystem: Schleifladen

Literatur: Pape Orgeldatenbank

SIMEON-KIRCHE

Gemeinde: Ev. luth. Simeonkirchengemeinde Hamm
Bezirk: Mitte
Straße: Sievekingsallee 12 c
Baujahr der Orgel: 1972
Orgelbauer: Karl Lötzerich (Ippinghausen b/Kassel)

Disposition

Hauptwerk		**Rückpositiv**		**Pedal**	
Prinzipal	8‘	Gedackt	8‘	Subbaß	16‘
Koppelflöte	8‘	Prinzipal	4‘	Oktave	8‘
Oktave	4‘	Rohrflöte	4‘	Spitzgedackt	8‘
Hohlflöte	4‘	Oktave	2‘	Oktave	4‘
Oktave	2‘	Blockflöte	2‘	Cornett III	
Sesquialtera II		Quinte	1 1/3‘	Posaune	16‘
Mixtur IV-VI		Scharff IV		Trompete	8‘
Dulzian	16‘	Krummhorn	8‘	Schalmei	4‘
Trompete	8‘	– Tremulant –			
– Tremulant –					

Koppeln: HW/P, RP/P, RP/HW
Spieltraktur: mechanisch
Registertraktur: mechanisch
Ladensystem: Schleifladen

Geschichte:
1966 Positiv der Firma Wilhelm Sauer (Frankfurt/Oder) aus der Paul-Gerhardt-Kirche Winterhude hierher übergeben (Baujahr 1936)
1974 Laut Protokoll der Orgelbaukommission vom 21.1.1974 an die Hochschule für Musik und darstellende Kunst übergeben. Dort heute nicht mehr vorhanden.

Literatur: Seggermann „Lötzerichorgeln“

SIMEON-KIRCHE

Gemeinde:	Ev. luth. Kirchengemeinde Alt-Osdorf
Bezirk:	Altona
Straße:	Am Osdorfer Born 3
Baujahr der Orgel:	1961
Orgelbauer:	Emanuel Kemper & Sohn (Lübeck)

Disposition

Hauptwerk		**Schwellwerk**		**Pedal**	
Dulzgedackt	16‘	Gedackt	8‘	Subbaß	16‘
Prinzipal	8‘	Rohrflöte	4‘	Oktavbaß	8‘
Gemshorn	8‘	Oktave	2‘	Gedackt	8‘
Oktave	4‘	Quinte	1 1/3‘	Nachthorn	4‘
Spitzflöte	4‘	Sesquialtera II		Rauschpfeife IV	
Quinte	2 2/3‘	Scharff IV		Fagott	16‘
Waldflöte	2‘	Krummhorn	8‘		
Mixtur V-VI		– Tremulant –			
Trompete	8‘				

Koppeln:	HW/P, SW/P, SW/HW
Spieltraktur:	mechanisch
Registertraktur:	elektrisch
Spielhilfen:	2 freie Kombinationen
Ladensystem:	Schleifladen

Geschichte: 1988 Renovierung Heinrich Jud (Metzingen), dabei Austausch einer Blockflöte 2‘ gegen die Quinte 1 1/3‘ im Schwellwerk

SIMON-PETRUS-KIRCHE

Gemeinde:	Ev. luth. Simon-Petrus-Kirchengemeinde Poppenbüttel
Bezirk:	Wandsbek
Straße:	Harksheider Straße 156
Baujahr der Orgel:	1973
Orgelbauer:	Orgelbau Eule (Bautzen)

Disposition

Hauptwerk		**Brustwerk** (Schweller)		**Pedal**	
Rohrflöte	8‘	Holzgedackt	8‘	Subbaß	16‘
Prinzipal	4‘	Rohrflöte	4‘	Gemshorn	8‘
Nasat	2 2/3‘	Prinzipal	2‘	Prinzipalflöte	4‘
Waldflöte	2‘	Sifflöte	1 1/3‘	Rauschpfeife IV	
Terz	1 3/5‘	Scharff III		Fagott	8‘
Mixtur IV-V		Musette	8‘		
Krummhorn	16‘	– Tremulant –			
– Tremulant –					

Koppeln:	HW/P, BW/P, BW/HW
Spieltraktur:	mechanisch
Registertraktur:	elektrisch
Spielhilfen:	2 freie Kombinationen, 1 freie Pedalkombination
Ladensystem:	Schleifladen

S

SINSTORFER KIRCHE

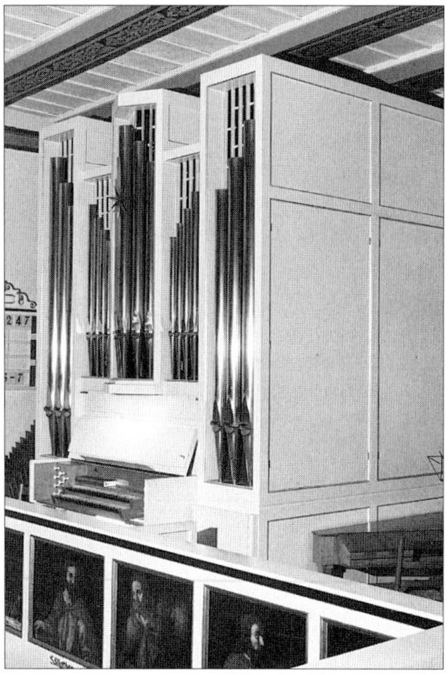

Gemeinde: Ev. luth. Kirchengemeinde Sinstorf
Bezirk: Harburg
Straße: Sinstorfer Weg 90
Baujahr der Orgel: 1976
Orgelbauer: Rudolf von Beckerath (Hamburg)

Disposition

Hauptwerk		**Oberwerk**		**Pedal**	
Prinzipal	8'	Gedackt	8'	Subbaß	16'
Rohrflöte	8'	Rohrflöte	4'	Offenflöte	8'
Oktave	4'	Prinzipal	2'	Choralbaß	4'
Waldflöte	2'	Quinte	1 1/3'	Fagott	16'
Sesquialtera II		Trompete	8'		
Mixtur IV		– Tremulant –			
Zimbelstern					

Koppeln: HW/P, OW/P, OW/HW
Spieltraktur: mechanisch
Registertraktur: mechanisch
Ladensystem: Schleifladen

Geschichte: Beim Brand des Pfarrhauses anno 1884 sind alle Akten verbrannt. Nur eine handschriftliche Chronik des Pastors Pott ist erhalten. Darin wird berichtet (Abschrift Pastor Timm):

1657 Es soll eine Orgel vorhanden gewesen sein
1691 Neubau einer Orgel durch unbekannten Orgelbauer aus Hamburg. Zu dieser Zeit wirkte in Hamburg nur Arp Schnitger als Orgelbauer. Es handelt sich bei der Sinstorfer Orgel offenbar um eine bisher nicht bekannte Schnitgerorgel.
1730 Reparatur durch unbekannten Orgelbauer
1776 Reparatur Johann Georg Stein (Lüneburg)
1785 Reparatur Johann Georg Stein (Lüneburg)
1867 Neubau E. W. Meyer & Söhne (Hannover)
1937 Umbau Emil Hammer (Hannover)
1955 Im Mai wurden nachts 500 Pfeifen ausgehoben. Reparatur durch Rudolf von Beckerath (Hamburg)
1977 Versteigerung der alten Pfeifen.

Literatur: Kirchenkreisarchiv Harburg Sig. 513
Pfarramt Moisburg Orgelakte; Pape Orgeldatenbank
Werkverzeichnis v. Beckerath (Scharenberg)

ST. SOPHIENKIRCHE

Gemeinde:	Kath. Kirchengemeinde West-Barmbek
Bezirk:	Nord
Straße:	Weidestraße 53
Baujahr der Orgel:	1995/97
Orgelbauer:	Siegfried Sauer (Ottbergen b/Höxter)

Disposition

Hauptwerk

Prinzipal	16'
Prinzipal	8'
Holzflöte	8'
Gamba	8'
Biffaria	8'
Oktave	4'
Spitzflöte	4'
Quinte	2 2/3'
Oktave	2'
Cornett V (ab f⁰)	8'
Mixtur V-VI	2'
Kleinmixtur III	2/3'
Trompete	16'
Trompete	8'
– Tremulant –	

Schwellwerk

Rohrbordun	16'
Geigenprinzipal	8'
Flûte harmonique	8'
Bleigedeckt	8'
Salicional	8'
Vox coelestis	8'
Prinzipal	4'
Traversflöte	4'
Violine	4'
Nasat	2 2/3'
Oktavin	2'
Terz	1 3/5'
Septime	1 1/7'
Sifflet	1'
Harmonia aeterea III	4'
Fourniture V	2 2/3'
Basson	16'
Trompete harmonique	8'
Hautbois	8'
Vox humana	8'
Clairon	4'
– Tremulant –	

Pedal

Untersatz	32'
Prinzipal	16'
Violon	16'
Subbaß	16'
Oktavbaß	8'
Gedacktpommer	8'
Cello	8'
Choralbaß	4'
Spillpfeife	4'
Nachthorn	2'
Hintersatz IV	2 2/3'
Posaune	16'
Holztrompete	8'
Zink	4'

Rückpositiv

Prinzipal	8'
Holzgedeckt	8'
Quintade	8'
Praestant	4'
Koppelflöte	4'
Oktave	2'
Quinte	1 1/3'
Sesquialtera II	
Scharff IV	
Dulzian	16'
Krummhorn	8'
– Tremulant –	

Solowerk

Rohrflöte	8'
Offenflöte	4'
Quinte	2 2/3'
Waldflöte	2'
Terz	1 3/5'
Trompette en chamade	8'
Trompette harmonique	4'
– Tremulant –	

Koppeln:	HW/P, SW/P, RP/P, So/P, SW/HW, RP/HW, So/HW, RP/SW, So/SW, So/RP
Spieltraktur:	mechanisch
Registertraktur:	elektrisch
Spielhilfen:	64 Setzerkombinationen, Sequenzer, Crescendowalze mit 3 frei einstellbaren Crescendi
Ladensystem:	Schleifladen
Geschichte:	1911 Umbau Paul Rother 1943 kriegszerstört 1957 Neubau Emanuel Kemper & Sohn (Lübeck) 1990 Ausbau dieser Orgel
Literatur:	v. d. Berg „Neue katholische Orgeln“ Werkverzeichnis Rother

SOPHIE-BARAT-SCHULE

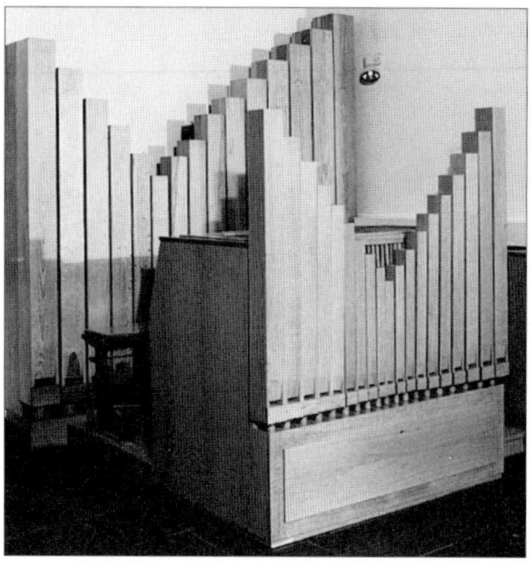

Bezirk:	Eimsbüttel
Straße:	Warburgstraße 39
Baujahr der Orgel:	1982
Orgelbauer:	Eberhardt-Friedrich Walcker & Cie (Kleinblittersdorf)

Disposition

Manual		**Pedal**	
Gedackt	8‘	Subbaß	16‘
Rohrflöte	4‘		
Prinzipal	2‘		
Quinte	1 1/3‘	(Schleifenteilung Baß/Diskant)	
Scharff III-IV			

Koppeln:	Manual/Pedal
Spieltraktur:	mechanisch
Registertraktur:	mechanisch
Ladensystem:	Schleifladen

SCHRÖDERSTIFTKAPELLE (ALT)

Gemeinde:	Altes Schröderstift von 1852
Bezirk:	Eimsbüttel
Straße:	Schröderstiftstraße 34
Baujahr der Orgel:	1904 (op. 56)
Orgelbauer:	Ernst Röver (Hausneindorf am Harz)

Disposition

Manual I		**Manual II**		**Pedal**	
Quintadena	16‘	Gedackt	8‘	Subbaß	16‘
Prinzipal	8‘	Flöte	4‘	Oktavbaß	8‘
Rohrflöte	8‘	Prinzipal	2‘	Oktave	4‘
Oktave	4‘	Terzian II		Nachthorn	2‘
Nasat	2 2/3‘	Scharff III		Dulzian	16‘
Waldflöte	2‘	Krummhorn	8‘		
Mixtur IV-VI		– Vacant –			

Koppeln:	I/P, II/P, II/I
Spieltraktur:	pneumatisch
Registertraktur:	pneumatisch
Spielhilfen:	5 Löcher ehemaliger Kollektivdrücker unter der Klaviatur des Manual I sind durch Stopfen verschlossen
Ladensystem:	Kastenlade

Geschichte:

1954 Umbau durch Rudolf von Beckerath (Hamburg) im Sinne der Orgelreformbewegung. Seit
1972 wird die Orgel nicht gespielt, da in der Kapelle griechich-orthodoxe Gottesdienste gefeiert werden. Der Motor stand in einer Wohnung des benachbarten Stifts und wurde bei Umbaumaßnahmen ausgebaut und ersatzlos beseitigt. Das Bild im Prospekt wurde
1882 gemalt. Die Kapelle wurde
1904 vergrößert und mit einer Orgelempore versehen. Wenn die Orgel nicht von einem früheren Standort in die Kapelle verbracht wurde, erscheint das angegebene Orgelbaudatum am wahrscheinlichsten. Akten sind nicht auffindbar.

SCHRÖDERSTIFTKAPELLE (NEU)

Gemeinde:	Neues Schröderstift
Bezirk:	Nord
Straße:	Kiwittsmoor 26
Baujahr der Orgel:	1972
Orgelbauer:	Alfred Führer (Wilhelmshaven)

Disposition

Manual I		**Manual II**		**Pedal**	
Gedackt	8‘	Violflöte	8‘	Subbaß	16‘
Prinzipal	4‘	Rohrflöte	4‘		
Quinte	1 1/3‘	Prinzipal	2‘		

Koppeln:	I/P, II/P, II/I
Spieltraktur:	mechanisch
Registertraktur:	mechanisch
Ladensystem:	Schleifladen

Geschichte: Nach Umzug des Schröderstifts nach Langenhorn wurde die Führer-Orgel gebaut. In der alten Schröderstiftkapelle in Eimsbüttel finden griechisch-orthodoxe Gottesdienste statt. Die dortige Röver-Orgel wird seit 1972 nicht mehr gespielt.

Literatur: Werkverzeichnis Führer 1972
50 Jahre Orgelbau Führer

STAATSOPER

Bezirk:	Mitte
Straße:	Dammtorstraße 36
Baujahr der Orgel:	1956
Orgelbauer:	G. F. Steinmeyer & Co. (Oettingen/Bayern)

Disposition

Manual I		**Manual II**		**Pedal**	
Prinzipal	8‘	Gedeckt	8‘	Subbaß	16‘
Rohrflöte	8‘	Salicional	8‘	Oktavbaß	8‘
Oktave	4‘	Nachthorn	4‘	Posaune	16‘ (ab c Transmission aus Trompete 8)
Waldflöte	2‘	Quinte	2 2/3‘		
Mixtur IV	1 1/3‘	Superoktave	2‘		
Trompete	8‘	Terz	1 3/5‘		
		– Tremulant –			

Die gesamte Orgel steht in einem Schwellkasten im Bühnenbereich

Koppeln:	I/P, II/P, II/I, Superoktavkoppel II/I (durchgebaut in Gedeckt 8‘, Salicional 8‘, Nachthorn 4‘), Suboktavkoppel II/I
Spieltraktur:	elektrisch
Registertraktur:	elektrisch
Spielhilfen:	Tutti, Zungen ab.
Ladensystem:	Taschenladen

Geschichte: 1926 Neubau G. F. Steinmeyer & Co. (Oettingen/Bayern)
Diese Orgel ist verschwunden.

Literatur: Werkverzeichnis Steinmeyer 1972

STEINBEKER KIRCHE

Gemeinde:	Ev. luth. Kirchengemeinde Steinbek
Bezirk:	Mitte
Straße:	Steinbeker Berg 3
Baujahr der Orgel:	1997
Orgelbauer:	Thomas Jann (Laberweinting)

Disposition

Hauptwerk		**Schwellwerk**		**Pedal**		
Principal	16‘	Bourdon	16‘	Untersatz	32‘	
Principal	8‘	Doppelflöte	8‘	Principalbaß	16‘	
Rohrflöte	8‘	Gedeckt	8‘	Subbaß	16‘	
Flûte harmonique	8‘	Viola da Gamba	8‘	Octave	8‘	
Octave	4‘	Voix céleste	8‘	Flöte	8‘	(aus Rohrflöte 8‘)
Holzflöte	4‘	Principal	4‘	Octave	4‘	
Quinte	2 2/3‘	Flûte octaviante	4‘	Mixtur V	2 2/3‘	
Doublette	2‘	Nasard	2 2/3‘	Posaune	16‘	
Cornett III	2 2/3‘	Waldflöte	2‘	Trompete	8‘	(Transmission aus
Mixtur IV-V	1 1/3‘	Terz	1 3/5‘	Clairon	4‘	Hauptwerk)
Trompete	8‘	Quinte	1 1/3‘			
Vox humana	8‘	Mixtur IV	2‘			
– Tremulant –		Scharff III	1‘			
		Trompette harmonique	8‘			
		Oboe	8‘			
		– Tremulant –				

Koppeln:	Koppelmanual, HW/P, SW/P
Spieltraktur:	mechanisch
Registertraktur:	Doppelregistratur
Spielhilfen:	2 x 64-facher Setzer mit Sequenzer
Ladensystem:	Schleifladen
	Der Untersatz 32‘ besteht von C-H aus einem 10 2/3‘, ab c geht er in den Subbaß über

Geschichte:

In alten Akten heißt der Standort der Kirche Kirchsteinbek
1556 Erwähnung einer Orgel
1570 Erweiterung Dirk Hoyer (Hamburg)
1580 Erweiterung auf ein volles Pedal Dirk Hoyer (Hamburg)
1646 Zerstörung durch Kirchenbrand
1648 Ankauf einer alten Orgel aus Bergedorf. Aufbau und Vergrößerung durch Hans Riege (Hamburg)
1881 Zerstörung durch Kirchenbrand
1885 Neubau durch Marcussen (Abenrå)
1955 Umbau durch Emanuel Kemper & Sohn (Lübeck)
1971 Reparatur Alfred Führer (Wilhelmshaven)
1977 Reparatur Alfred Führer (Wilhelmshaven) nach Einbruch
1980 Umbau durch Heinz Hoffmann (Hamburg)
1996 Abbruch der Orgel

Literatur: Fock „Arp Schnitger“; 50 Jahre Orgelbau Führer

KIRCHE STELLINGEN

Gemeinde: Ev. luth. Kirchengemeinde Stellingen
Bezirk: Eimsbüttel
Straße: Molkenbuhrstraße/Eschenholt
Baujahr der Orgel: 1954/55
Orgelbauer: Emanuel Kemper & Sohn (Lübeck)

Disposition

Hauptwerk		Oberwerk		Rückpositiv		Pedal	
Prinzipal	8'	Quintade	8'	Gedeckt	8'	Subbaß	16'
Gemshorn	8'	Holzflöte	8'	Rohrflöte	4'	Oktavbaß	8'
Oktave	4'	Prinzipal	4'	Quinte	2 2/3'	Gedeckt	8'
Gedeckt	4'	Blockflöte	2'	Prinzipal	2'	Choralbaß	4'
Oktave	2'	Quinte	1 1/3'	Terz	1 3/5'	Rauschpfeife V	
Mixtur VI		Scharff III		Zimbel III		Posaune	16'
Trompete	8'	Krummhorn	8'	Regal	8'	– Tremulant –	
– Tremulant –		– Tremulant –		– Tremulant –			

Koppeln: HW/P, OW/P, RP/P, OW/HW, RP/HW, OW/RP
Spieltraktur: elektrisch
Registertraktur: elektrisch
Spielhilfen: 3 freie Kombinationen, 2 freie Pedalkombinationen, Crescendowalze, Walze ab, Tutti, Koppeln aus Walze, Zungeneinzelabsteller, Handregister zu freier Kombination
Ladensystem: Taschenladen

Geschichte: In der Zeitschrift „Musik und Kirche“ wird im Hauptwerk für Gemshorn Strichflöte u. für Gedeckt 4' Gemshorn 4' angegeben. Gebaut wurde aber letztendlich die hier mitgeteilte Disposition.

Literatur: Musik und Kirche 1955/4

ST. STEPHANUS-KIRCHE

Gemeinde: Ev. luth. St. Stephanus-Kirchengemeinde Eimsbüttel
Bezirk: Eimsbüttel
Straße: Lutterothstraße 98
Baujahr der Orgel: 1963
Orgelbauer: Paul Ott (Göttingen)

Disposition

Hauptwerk		Brustwerk		Pedal	
Quintadena	16'	Quintade	8'	Subbaß	16'
Prinzipal	8'	Gedackt	8'	Prinzipal	8'
Gemshorn	8'	Rohrflöte	4'	Gedackt	8'
Oktave	4'	Holzprinzipal	4'	Oktave	4'
Blockflöte	4'	Weite Oktave	2'	Nachthorn	2'
Quinte	2 2/3'	Quinte	1 1/3'	Mixtur IV-V	2'
Oktave	2'	Sesquialtera II		Posaune	16'
Waldflöte	2'	Scharff IV	2/3'	Cornett	4'
Mixtur V-VI	1 1/3'	Rankett	16'		
Trompete	8'	Krummhorn	8'		
– Tremulant –		– Tremulant –			

Koppeln: HW/P, BW/P, BW/HW
Spieltraktur: mechanisch
Registertraktur: mechanisch
Ladensystem: Schleifladen

Geschichte: 1915 Neubau Emanuel Kemper (Lübeck)

Literatur: Cortum „Orgeln“
Fock „Orgelkartei“

ST. STEPHANUS-KIRCHE

Gemeinde:	Ev. luth. Kirchengemeinde Wandsbek-Gartenstadt
Bezirk:	Wandsbek
Straße:	Stephanstraße 117
Baujahr der Orgel:	1958
Orgelbauer:	Eberhardt Friedrich Walcker & Cie (Ludwigsburg)

Disposition

Hauptwerk		**Schwellwerk**		**Pedal**	
Prinzipal	8'	Gedeckt	8'	Subbaß	16'
Gemshorn	8'	Gambe abc	8'	Oktavbaß	8'
Oktave	4'	Rohrflöte	4'	Flötbaß	4'
Nachthorn	4'	Prinzipal	2'	Fagott	16'
Waldflöte	2'	Spitzquinte	1 1/3'		
Sesquialtera II		Scharffzimbel III	1/2'		
Norabzug	1 1/3'	Krummhorn	8'		
Mixtur IV-V	1 1/3'	– Tremulant –			
– Tremulant –					

Koppeln:	HW/P, SW/P, SW/HW
Spieltraktur:	mechanisch
Registertraktur:	mechanisch
Ladensystem:	Schleifladen

Geschichte: 1995 Umbau Rudolf von Beckerath, dabei Änderung der sechsfachen Hauptwerksmixtur in 4-5-fach. Der Zinkprinzipal 8' im Hauptwerk wurde in Zinn ersetzt und für den hölzernen Oktavbaß 8' ins Pedal versetzt. Der Hintersatz IV im Pedal wurde gegen Fagott 16' ausgetauscht. Klaviaturen und Traktur wurden erneuert. Gambe 8' im SW geplant.

Literatur: Walcker-Hausmitteilungen 1961/Nr. 26
Werkverzeichnis von Beckerath (Scharenberg)

TABEA

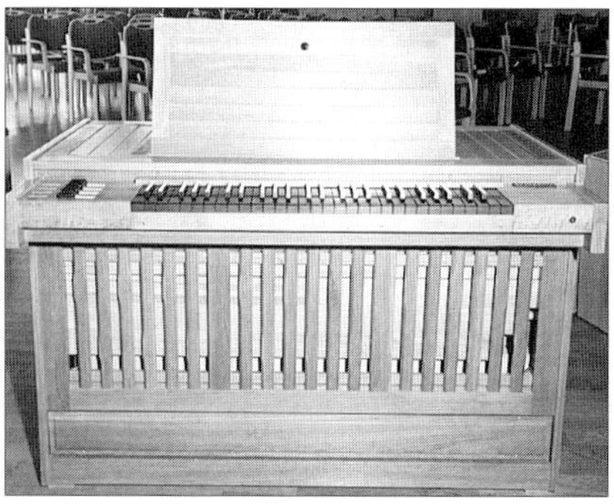

Gemeinde:	Diakoniewerk Tabea e. V.
Bezirk:	Altona
Straße:	Am Isfeld 19
Baujahr der Orgel:	1991
Orgelbauer:	Rudolf von Beckerath (Hamburg)

Disposition

Manual	
Gedeckt	8'
Rohrflöte	4'
Prinzipal	2'
Quinte	1 1/3'
Scharff III	1/2'

Spieltraktur:	mechanisch
Registertraktur:	mechanisch
Ladensystem:	Schleifladen

Geschichte: 1973 Aufstellung eines kleinen Positivs durch Rudolf von Beckerath (Hamburg)
1991 Verkauf an privat

Literatur: Werkverzeichnis von Beckerath (Scharenberg)

THEOLOGISCHES SEMINAR

Gemeinde: Ev. freikirchliche Gemeinde
Bezirk: Mitte
Straße: Rennbahnstraße 115
Baujahr der Orgel: 1958
Orgelbauer: Tromsdorf (Wedel)

Disposition

Manual

Gedeckt	8'
Prinzipal	4'
Rohrflöte	4'
Prinzipal	2'
Quinte	1 1/3'

Spieltraktur: mechanisch
Registertraktur: mechanisch
Ladensystem: Schleifladen

Geschichte: 1958 Neubau der Orgel für die ev. freikirchliche Gemeinde Heimhuderstraße 18. Von dort gelangte sie zunächst in die ev. freikirchliche Gemeinde Wandsbeker Chaussee 62 a und dann in das theologische Seminar.

ST. THERESIENKIRCHE

Gemeinde: Kath. St. Theresien-Kirchengemeinde Altona
Bezirk: Altona
Straße: Dohrnweg 8
Baujahr der Orgel: 1984/85
Orgelbauer: Klaus Becker (Kupfermühle/Tremsbüttel)

Disposition

Hauptwerk		**Rückpositiv**		**Pedal**	
Prinzipal	8'	Gedackt	8'	Subbaß	16'
Rohrflöte	8'	Prinzipal	4'	Prinzipal	8'
Oktave	4'	Rohrflöte	4'	*Rohrflöte	8'
Blockflöte	4'	Waldflöte	2'	Choralbaß	4'
Oktave	2'	Sesquialtera II		Fagott	16'
Mixtur IV	1 1/3'	Scharff IV		*Trompete	8'
Trompete	8'	Krummhorn	8'		
		– Tremulant –			

*Transmission aus Hauptwerk

Koppeln: HW/P, RP/P, RP/HW
Spieltraktur: mechanisch
Registertraktur: mechanisch
Ladensystem: Schleifladen

Geschichte: 1920 Neubau Johannes Klais (Bonn)
1950 Neubau Johannes Klais (Bonn)

T

THOMAS-KIRCHE

Gemeinde:	Ev. luth. Thomaskirchengemeinde Bramfeld
Bezirk:	Wandsbek
Straße:	Haldesdorfer Straße 28
Baujahr der Orgel:	1970
Orgelbauer:	Emil Hammer (Arnum b/Hannover)

Disposition

Hauptwerk		**Schwellwerk**		**Pedal**	
Gedacktpommer	16'	Holzgedackt	8'	Subbaß	16'
Prinzipal	8'	Quintade	8'	Flötenprinzipal	8'
Spitzflöte	8'	Prinzipal	4'	Choralbaß	4'
Oktave	4'	Rohrflöte	4'	Rauschbaß	IV
Koppelflöte	4'	Oktave	2'	Fagott	16'
Nasat	2 2/3'	Sifflöte	1 1/3'	Cornett	4'
Waldflöte	2'	Sesquialtera II			
Rauschpfeife II		Scharff IV			
Mixtur V		Dulzian	8'		
Trompete	8'	– Tremulant –			
– Tremulant –					

Koppeln:	I/P, II/P, II/I
Spieltraktur:	mechanisch
Registertraktur:	elektrisch
Spielhilfen:	10-facher Setzer
Literatur:	Pape Orgeldatenbank

THOMAS-KIRCHE

Gemeinde:	Ev. luth. Thomaskirchengemeinde Bramfeld
Bezirk:	Wandsbek
Straße:	Haldesdorfer Straße 28
Baujahr der Orgel:	1969
Orgelbauer:	Alfred Führer (Wilhelmshaven)

Disposition

Manual		**Pedal**
Gedackt	8'	angehängt
Rohrflöte	4'	
Prinzipal	2'	

Zimbel II (Schleifenteilung Baß/Diskant bei b/h)

Spieltraktur:	mechanisch
Registertraktur:	mechanisch
Ladensystem:	Schleifladen

Geschichte:
1957 Lieferung eines Positivs Alfred Führer (Wilhelmshaven).
1972 wurde dieses Positiv gegen das hier beschriebene Positiv in Preußisch Oldendorf ausgetauscht. Das Positiv von 1957 wurde 1973 von Preußisch Oldendorf nach Belum (Unterelbe) verkauft.

Literatur:
50 Jahre Orgelbau Führer
Werkkatalog Führer 1969

ST. THOMAS-KIRCHE

Gemeinde:	Ev. luth. Kirchengemeinde Hausbruch
Bezirk:	Harburg
Straße:	Lange Striepen 5
Baujahr der Orgel:	1968
Orgelbauer:	Alfred Führer (Wilhelmshaven)

Disposition

Hauptwerk		**Schwellwerk**		**Pedal**	
Quintadena	16'	Holzgedackt	8'	Subbaß	16'
Prinzipal	8'	Prinzipal	4'	Oktave	8'
Rohrflöte	8'	Blockflöte	4'	Oktave	4'
Oktave	4'	Oktave	2'	Nachthorn	2'
Gedacktflöte	4'	Quinte	1 1/3'	Mixtur IV	2'
Nasard	2 2/3'	Sesquialtera II		Posaune	16'
Waldflöte	2'	Scharff III	2/3'	Trompete	8'
Mixtur IV-VI	1 1/3'	Krummhorn	8'	Trompete	4'
Zimbel III	1/3'	– Tremulant –			
Trompete	8'				

Koppeln:	HW/P, SW/P, SW/HW
Spieltraktur:	mechanisch
Registertraktur:	mechanisch
Ladensystem:	Schleifladen

Literatur:	Werkkatalog Führer 1968 50 Jahre Orgelbau Führer

ST. THOMAS-KIRCHE

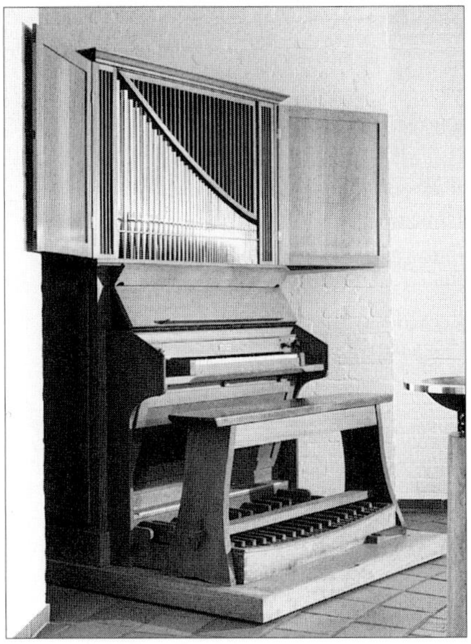

Gemeinde:	Ev. luth. Kirchengemeinde Hausbruch
Bezirk:	Harburg
Straße:	Lange Striepen 5
Baujahr der Orgel:	1959
Orgelbauer:	Alfred Führer (Wilhelmshaven)

Disposition

Manual		**Pedal**
Gedackt	8'	angehängt
Rohrflöte	4'	
Prinzipal	2'	

Scharff III (Schleifenteilung in Baß/Diskant)

Spieltraktur:	mechanisch
Registertraktur:	mechanisch
Ladensystem:	Schleifladen

Literatur:	Werkkatalog Führer 1959 50 Jahre Orgelbau Führer

THOMAS-KIRCHE

Gemeinde: Ev. luth. Thomaskirchengemeinde Meiendorf
Bezirk: Wandsbek
Straße: Meiendorfer Straße 47
Baujahr der Orgel: 1961
Orgelbauer: Friedrich Weigle (Echterdingen) op. 1096

Disposition

Hauptwerk		**Rückpositiv**		**Pedal**	
Harfpommer	8'	Gedackt	8'	Subbaß	16'
Gemshorn	8'	Rohrflöte	4'	Prinzipal	8'
Prinzipal	4'	Prinzipal	2'	Gedackt	8'
Waldflöte	2'	Sifflöte	1'	Quintatön	4'
Mixtur IV-V	2 2/3'	Sesquialtera II		Rauschpf. II	2 2/3'
Dulzian	16'	Zimbel	1/2'		
		Doppelregal	8'		
		– Tremulant –			

Koppeln: HW/P, RP/P, RP/HW
Spieltraktur: mechanisch
Registertraktur: mechanisch
Ladensystem: Schleifladen

Geschichte: 1990 Umbau der Sesquialtera von ursprünglich 3 Chören auf 2 Chöre Heinrich Jud (Metzingen)

Literatur: Pape Orgeldatenbank

ST. THOMAS-KIRCHE

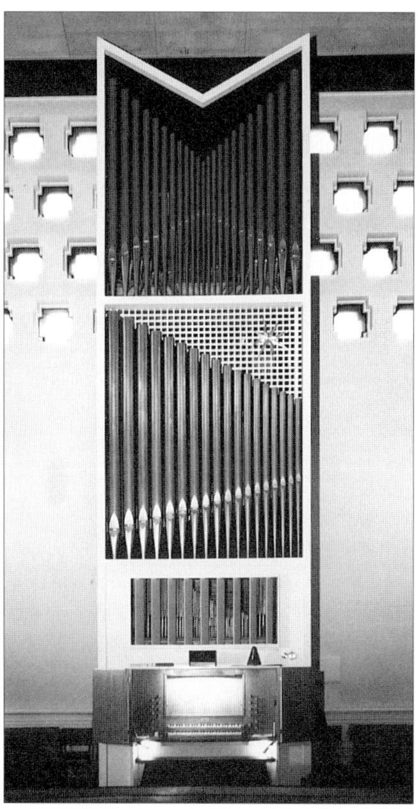

Gemeinde: Ev. luth. Kirchengemeinde Rothenburgsort
Bezirk: Mitte
Straße: Vierländer Damm 3
Baujahr der Orgel: 1967
Orgelbauer: Alfred Führer (Wilhelmshaven)

Disposition

Hauptwerk		**Brustwerk**		**Pedal**	
Prinzipal	8'	Gedackt	8'	Subbaß	16'
Rohrflöte	8'	Blockflöte	4'	Prinzipal	8'
Oktave	4'	Prinzipal	2'	Oktave	4'
Gemshorn	2'	Quinte	1 1/3'	Labialkornett III (2' + 1' + 2/3')	
Sesquialtera II		Scharff III	1/2'	Fagott	16'
Mixtur IV-V	1 1/3'	Dulcian	8'	Schalmey	4'
Trompete	8'	– Tremulant –			

Koppeln: HW/P, BW/P, BW/HW
Spieltraktur: mechanisch
Registertraktur: mechanisch
Ladensystem: Schleifladen

Geschichte:
1884 Umsetzung der Wolfstellerorgel von 1848 aus der Hauptkirche St. Petri Hamburg durch Christian Heinrich Wolfsteller (Hamburg) in diese Kirche
1929 Erweiterung Paul Rother (Hamburg)
1943 Zerstörung im Zweiten Weltkrieg

Literatur: Cortum „Orgelwerke"; Cortum „Thomasorgel"; Seggermann „Petriorgeln"; Werkkatalog Führer 1967; 50 Jahre Orgelbau Führer

ST. THOMAS-MORUS-KIRCHE

Gemeinde:	Katholische Kirchengemeinde Stellingen
Bezirk:	Eimsbüttel
Straße:	Koppelstraße 16
Baujahr der Orgel:	1986
Orgelbauer:	Matthias Kreienbrink (Osnabrück)

Disposition

Hauptwerk		**Schwellwerk**		**Pedal**	
Prinzipal	8‘	Rohrflöte	8‘	Subbaß	16‘
Metallgedackt	8‘	Gamba	8‘	Prinzipalbaß	8‘
Oktav	4‘	Principal	4‘	Gedacktbaß	8‘
Rohrflöte	4‘	Blockflöte	4‘	Oktavbaß	8‘
Quinte	2 2/3‘	Waldflöte	2‘	Mixtur IV	2 2/3‘
Oktav	2‘	Nasard	1 1/3‘	Fagott	16‘
Mixtur IV-VI	1 1/3‘	Sesquialtera II			
Trompete	8‘	Scharff IV	1‘		
– Tremulant –		Dulcian	8‘		
		– Tremulant –			

Koppeln:	HW/P, SW/P, SW/HW
Spieltraktur:	mechanisch
Registertraktur:	mechanisch
Ladensystem:	Schleifladen

TIMOTHEUS-KIRCHE

Gemeinde:	Ev. luth. Timotheuskirchengemeinde Horn
Bezirk:	Mitte
Straße:	Stengelestraße 36
Baujahr der Orgel:	1965
Orgelbauer:	Alfred Führer (Wilhelmshaven)

Disposition

Hauptwerk		**Brustwerk** (Schweller)		**Pedal**	
Quintadena	16‘	Gedackt	8‘	Subbaß	16‘
Prinzipal	8‘	Rohrflöte	4‘	Prinzipal	8‘
Hohlflöte	8‘	Prinzipal	2‘	Oktave	4‘
Oktave	4‘	Quinte	1 1/3‘	Nachthorn	2‘
Gemshorn	4‘	Sesquialtera II		Mixtur IV	2‘
Quinte	2 2/3‘	Scharff III		Posaune	16‘
Oktave	2‘	Dulcian	8‘	Trompete	8‘
Mixtur IV-V	1 1/3‘	– Tremulant –		Schalmey	4‘
Trompete	8‘				

Koppeln:	HW/P, BW/P, BW/HW
Spieltraktur:	mechanisch
Registertraktur:	mechanisch
Ladensystem:	Schleifladen

Literatur:	Werkkatalog Führer 1965 50 Jahre Orgelbau Führer

KIRCHE TONNDORF

Gemeinde: Ev. luth. Kirchengemeinde Tonndorf
Bezirk: Wandsbek
Straße: Stein-Hardenberg-Straße 68
Baujahr der Orgel: 1978
Orgelbauer: Alfred Führer (Wilhelmshaven)

Disposition

Hauptwerk		**Schwellwerk**		**Pedal**	
Prinzipal	8‘	Gedackt	8‘	Subbaß	16‘
Rohrflöte	8‘	Holzflöte	4‘	Flötenbaß	8‘
Oktave	4‘	Prinzipal	2‘	Oktave	4‘
Spitzflöte	4‘	Quinte	1 1/3‘	Fagott	16‘
Waldflöte	2‘	Sesquialtera II			
Mixtur IV	2‘	Scharff III	2/3‘		
Schalmey	8‘	Krummhorn	8‘		
– Tremulant –		– Tremulant –			

Koppeln: HW/P, SW/P, SW/HW
Spieltraktur: mechanisch
Registertraktur: mechanisch

Literatur: Werkkatalog Führer 1978; 50 Jahre Orgelbau Führer

ST. TRINITATIS-KIRCHE

Gemeinde: Hauptkirchengemeinde St. Trinitatis Altona
Bezirk: Altona
Straße: Kirchenstraße 40
Baujahr der Orgel: 1972
Orgelbauer: Detlef Kleuker (Brackwede b/Bielefeld)

Disposition

Hauptwerk		**Schwellwerk**		**Positiv**		**Pedal**	
Gedacktpommer	16‘	Liebl. Gedackt	16‘	Gedackt	8‘	Prinzipal	16‘
Prinzipal	8‘	Prinzipal	8‘	Quintade	8‘	Subbaß	16‘
Rohrflöte	8‘	Koppelflöte	8‘	Prinzipal	4‘	Quinte	10 2/3‘
Oktave	4‘	Weidenpfeife	8‘	Rohrflöte	4‘	Oktave	8‘
Blockflöte	4‘	Oktave	4‘	Sesquialtera II		Gemshorn	8‘
Quinte	2 2/3‘	Offenflöte	4‘	Oktave	2‘	Choralbaß	4‘
Oktave	2‘	Nasat	2 2/3‘	Quinte	1 1/3‘	Hohlflöte	4‘
Mixtur VI	1 1/3‘	Schwegel	2 ,	Scharffzimbel IV	2/3‘	Bauernflöte	2‘
Zimbel III	1/3‘	Septnone	1 1/7‘ + 8/9‘	Bärpfeife	8‘	Hintersatz	4‘
Dulzian	16‘	Cornett III-V		– Tremulant –		Posaune	16‘
Trompete	8‘	Scharffmixtur V	2‘			Trompete	8‘
		Fagott	16‘			Trompete	4‘
		Franz. Oboe	8‘				
		– Tremulant –					

Koppeln: I/P, II/P, III/P, II/I, III/I, III/II
Spieltraktur: mechanisch
Registertraktur: elektrisch
Spielhilfen: 4 freie Kombinationen, 1 freie Pedalkombination, Crescendowalze, Walze ab.
Ladensystem: Schleifladen

Geschichte:
1650 Orgel vorhanden
1702/03 Umbau Arp Schnitger (Hamburg)
1742 Abbruch wegen Kirchenneubau
1743 Neubau Johann Dietrich Busch (Itzehoe)
1762 Johann J. Lehnert (Hamburg) baut neue Trompete
1833 Umbau Johann Hinrich Wohlien (Hamburg)
1866 Erweiterung Joh. Hinrich Wohlien (Hamburg)
1904 Neubau Eberhardt-Friedrich Walcker & Cie (Ludwigsburg)
1924 Erweiterung Paul Rother (Hamburg)
1943 Zerstörung im Zweiten Weltkrieg

Literatur: Fock „Arp Schnitger“; Festschrift Trinitatis Hamburg Bauten; Jaacks „Orgeln“; Musik und Kirche 1973/Heft 3

TRINITATISKIRCHE

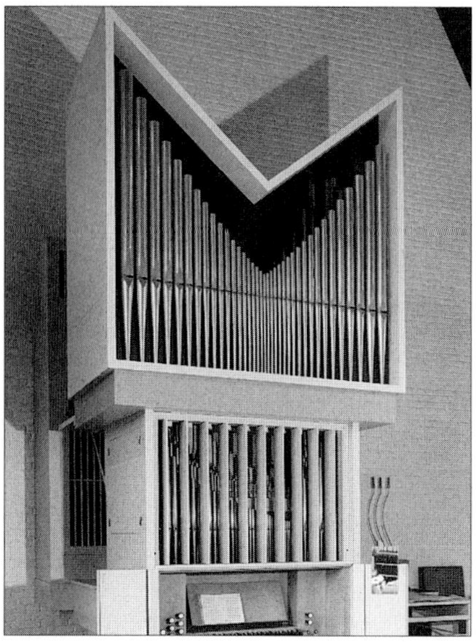

Gemeinde:	Ev. luth. Kirchengemeinde Hohenhorst				
Bezirk:	Wandsbek				
Straße:	Halenseering 6				
Baujahr der Orgel:	1971				
Orgelbauer:	Emil Hammer (Arnum b/Hannover)				
	Disposition				
Hauptwerk		**Schwellwerk**		**Pedal**	
Koppelflöte	8'	Gedackt	8'	Subbaß	16'
Prinzipal	4'	Rohrflöte	4'	Gedacktbaß	8'
Waldflöte	2'	Prinzipal	2'		
Mixtur III-IV		Terzian II			
Krummhorn	8'	– Tremulant –			

Koppeln: HW/P, SW/P, BW/HW
Spieltraktur: mechanisch
Registertraktur: mechanisch
Ladensystem: Schleifladen

UNIVERSITÄTSKRANKENHAUS EPPENDORF

Bezirk: Nord
Straße: Martinistraße 52
Baujahr der Orgel: 1963
Orgelbauer: Alfred Führer (Wilhelmshaven)

Disposition

Manual		**Pedal**
Gedeckt	8'	angehängt
Rohrflöte	4'	
Praestant	2'	
Scharff II (Schleifenteilung Baß/Diskant)		

Spieltraktur: mechanisch
Registertraktur: mechanisch
Ladensystem: Schleifladen

Geschichte: 1974 Umsetzung in die St. Martinusgemeinde Eppendorf
1988 Umsetzung in die Gemeinde Franz v. Assisi in Neu-Allermöhe

UNTERSUCHUNGSHAFTANSTALT

Bezirk: Mitte
Straße: Holstenglacis 3
Baujahr der Orgel: 1966
Orgelbauer: Rudolf von Beckerath (Hamburg)

Disposition

Manual	
Gedeckt	8'
Rohrflöte	4'
Prinzipal	2'
Quinte	1 1/3'
Scharff III	

Spieltraktur: mechanisch
Registertraktur: mechanisch
Ladensystem: Schleifladen

Literatur: Werkverzeichnis von Beckerath (Scharenberg)

UHLENHOF

Gemeinde:	Ev. luth. Kirchengemeinde Finkenwerder
Bezirk:	Mitte
Straße:	Norderschulweg 11
Baujahr der Orgel:	1936
Orgelbauer:	Karl Kemper (Bartenstein)

Disposition

Manual

Gedeckt	8'
Prinzipal	4'
Waldflöte	2'
Sifflöte	1 1/3'

Spieltraktur:	mechanisch
Registertraktur:	mechanisch
Ladensystem:	Schleifladen

Geschichte: Nach dem Katalog „50 Jahre Orgelbau Führer" ist das Positiv von Orgelbau Wilhelm Sauer (Inhaber Dr. h. c. Oscar Walcker) Frankfurt/Oder gebaut. Akten darüber sind nicht auffindbar. 1967 wurde das Positiv aus einer abgebrochenen Predigtstätte Walthershof in die Finkenwerder Kirchengemeinde überführt und in der Predigtstätte Uhlenhof aufgestellt.

Literatur: 50 Jahre Orgelbau Führer

VERHEISSUNGSKIRCHE

Gemeinde:	Ev. luth. Verheißungskirchengemeinde Niendorf
Bezirk:	Eimsbüttel
Straße:	Sachsenweg 3
Baujahr der Orgel:	1969
Orgelbauer:	Alfred Führer (Wilhelmshaven)

Disposition

Hauptwerk		**Brustwerk** (Schweller)		**Pedal**	
Prinzipal	8'	Gedackt	8'	Subbaß	16'
Spitzflöte	8'	Quintade	8'	Oktave	8'
Oktave	4'	Blockflöte	4'	Offenflöte	4'
Rohrflöte	4'	Prinzipal	2'	Rauschpfeife IV	2'
Nasard	2 2/3'	Tertian II		Fagott	16'
Waldflöte	2'	Scharff III-IV	2/3'	Schalmey	4'
Mixtur IV-V	1 1/3'	Trichterregal	16'		
Trompete	8'	Krummhorn	8'		
– Tremulant –		– Tremulant –			

Koppeln:	HW/P, BW/P, BW/HW
Spieltraktur:	mechanisch
Registertraktur:	mechanisch
Ladensystem:	Schleifladen

Geschichte: 1965 Neubau eines Positivs Alfred Führer (Wilhelmshaven)
1970 Verkauf des Positivs an die Kirche am Markt in Hamburg-Niendorf

Literatur: Werkkatalog Führer 1969
50 Jahre Orgelbau Führer

VERSÖHNUNGSKIRCHE

Gemeinde:	Ev. luth. Versöhnungskirchengemeinde Eilbek
Bezirk:	Wandsbek
Straße:	Eilbektal 15
Baujahr der Orgel:	1921
Orgelbauer:	Paul Rother

Disposition

Manual I		**Manual II** (Schweller)		**Manual III**		**Pedal**	
Pommer	16‘	Gedackt	16‘	Gedackt	8‘	Prinzipal	16‘
Prinzipal	8‘	Schweizerpfeife	8‘	Rohrflöte	4‘	Subbaß	16‘
Quintade	8‘	Holzflöte	8‘	Waldflöte	2‘	Oktavbaß	8‘
Gemshorn	8‘	Prinzipal	4‘	Quinte	1 1/3‘	Flötbaß	8‘
Oktave	4‘	Strichflöte	4‘	Sesquialtera II		Choralbaß	4‘
Gedackt	4‘	Nasat	2 2/3‘	Scharff III		Nachthorn	2‘
Quinte	2 2/3‘	Blockflöte	2‘	Trechterregal	8‘	*Mixtur VI-VIII	
Oktave	2‘	Terz	1 3/5‘	– Tremulant –		Posaune	16‘
Mixtur VI-VIII		Sedez	1‘			*Trompete	8‘
Trompete	8‘	Scharff V				– Tremulant –	
– Tremulant –		Krummhorn	16‘				
		Dulcian	8‘				
		Regal	4‘				
		– Tremulant –					

* Transmission aus Manual I

Koppeln:	I/P, II/P, III/P, II/I, III/I, III/II, II/I 4‘.
Spieltraktur:	elektrisch
Registertraktur:	elektrisch
Spielhilfen:	3 freie Kombinationen, 2 freie Pedalkombinationen, Crescendowalze, Walze ab, Zungeneinzelabsteller
Ladensystem:	Taschenladen
Geschichte:	1934 Erweiterung Paul Rother (Hamburg) 1944 Reparatur Paul Rother (Hamburg) 1958 Umbau Emanuel Kemper & Sohn (Lübeck)
Literatur:	Cortum „Orgeln“; Pape Orgeldatenbank Werkverzeichnis Rother

VICELIN-KIRCHE

Gemeinde:	Ev. luth. Vicelinkirchengemeinde Sasel
Bezirk:	Wandsbek
Straße:	Ilsenweg 13
Baujahr der Orgel:	1996
Orgelbauer:	Alfred Führer (Wilhelmshaven)

Disposition

Hauptwerk		**Brustwerk** (Schweller)		**Pedal**	
Bourdon	16‘	Gedeckt	8‘	Subbaß	16‘
Prinzipal	8‘	Rohrflöte	4‘	Flötenprinzipal	8‘
Rohrflöte	8‘	* Nasat	2 2/3‘	** Choralbaß	4‘
Oktave	4‘	Prinzipal	2‘	Piffaro	4‘ u. 2‘
Oktave	2‘	Quinte	1 1/3‘	Posaune	16‘
Mixtur IV-VI		Sesquialtera II		Trompete	8‘
Trompete	8‘	Scharff III		(Transmission aus HW)	
		Oboe	8‘		

* Vorabzug aus Sesquialtera
** Vorabzug aus Piffaro

Koppeln:	HW/P, BW/P, BW/HW
Spieltraktur:	mechanisch
Registertraktur:	mechanisch
Ladensystem:	Schleifladen
Geschichte:	1962 Neubau Emanuel Kemper & Sohn (Lübeck) für den Kirchsaal. 1967/68 Erweiterung Emanuel Kemper & Sohn (Lübeck) um sechs Register und Umsetzung in die neu erbaute Kirche.
Literatur:	Werkkatalog Führer 1996

ST. VINZENZ-KAPELLE

Gemeinde:	Kath. St. Maria-Gemeinde Harburg	
Bezirk:	Harburg	
Straße:	Lichtenauerweg 9	
Baujahr der Orgel:	1979	
Orgelbauer:	Kreienbrink Orgelbau (Osnabrück-Hellern)	

Disposition

Hauptwerk		**Brustwerk**		**Pedal**	
Sing. Prinzipal	8'	Rohrgedackt	8'	Subbaß	16'
Koppelflöte	8'	Blockflöte	4'	Gedacktpommer	8'
Praestant	4'	Oktave	2'	Clarine	4'
Flachflöte	2'	Terzian III			
Mixtur IV-V					

Koppeln:	HW/P, BW/P, BW/HW
Spieltraktur:	mechanisch
Registertraktur:	mechanisch
Ladensystem:	Schleifladen

WICHERN-KIRCHE

Gemeinde:	Ev. luth. Wichernkirchengemeinde Hamm
Bezirk:	Mitte
Straße:	Wichernsweg 16
Baujahr der Orgel:	1984
Orgelbauer:	G. Christian Lobback (Neuendeich b/Hamburg)

Disposition

Manual I		**Manual II**		**Pedal**	
Prinzipal	8'	Gedackt	8'	Subbaß	16'
Rohrflöte	8'	Rohrflöte	4'	*Prinzipal	8'
Oktave	4'	Prinzipal	2'	Gemshorn	8'
Waldflöte	2'	Quinte	1 1/3'	Choralbaß	4'
Mixtur IV		Dulzian	8'	Fagott	16'
		– Tremulant –		*Transmission aus Manual I	

Koppeln:	I/P, II/P, II/I
Spieltraktur:	mechanisch
Registertraktur:	mechanisch
Ladensystem:	Schleifladen

Geschichte:
1931/33 Neubau Eberhardt Friedrich Walcker (Ludwigsburg) in der Wichernkapelle
1955 Neubau Emanuel Kemper & Sohn (Lübeck). Der Spieltisch der Kemperorgel wurde in der Orgel der Rimbertkirche wieder verwendet.

Literatur:
Pape Orgeldatenbank
Musik und Kirche 1985/5

ST. WILHELM-KIRCHE

Gemeinde: Katholische Kirchengemeinde Bramfeld
Bezirk: Wandsbek
Straße: Hohnerkamp 22
Baujahr der Orgel: 1975
Orgelbauer: Detlef Kleuker (Brackwede/Bielefeld)

Disposition

Hauptwerk		**Positiv**		**Pedal**	
Prinzipal	8'	Gedackt	8'	Subbaß	16'
Rohrflöte	8'	Hohlflöte	4'	Prinzipalflöte	8'
Oktave	4'	Prinzipal	2'	Choralbaß	4'
Gedackt	4'	Quinte	1 1/3'	Rauschpf. II	2 2/3'
Waldflöte	2'	Sesquialtera II		Fagott	16'
Mixtur IV-V	2'	Zimbel III	1/2'		
Kopftrompete	8'	– Tremulant –			

Koppeln: HW/P, Po/P, Po/HW
Spieltraktur: mechanisch
Registertraktur: mechanisch
Ladensystem: Schleifladen

Geschichte:
1968 Positiv vorhanden. Wurde nach Farmsen Heiliggeistkirche verkauft
1968 Kauf eines Positivs, gebaut von Alfred Führer 1954 für Nordhorn-Blanke

Literatur: Pape „Orgeldatenbank"; 50 Jahre Orgelbau Führer

ZIONSKIRCHE

Gemeinde: Selbständige ev. luth. Gemeinde Hohenfelde
Bezirk: Nord
Straße: Wandsbeker Stieg 29
Baujahr der Orgel: 1988 (nach Jaehn 1982)
Orgelbauer: Hans-Heinrich Steinmann (Vlotho)

Disposition

Hauptwerk		**Oberwerk**		**Pedal**	
Prinzipal	8'	Gedackt	8'	Subbaß	16'
Rohrpfeife	8'	Quintade	8'	Spitzprinzipal	8'
Oktave	4'	Prinzipal	4'	Oktave	4'
Metallgedackt	4'	Gemshorn	4'	vacat	
Oktave	2'	Querflöte	2'	vacat	
Sesquialtera II		Quinte	1 1/3'		
Mixtur IV	1 1/3'	Scharff III	1'		
		Krummhorn	8'		
		– Tremulant –			

Koppeln: HW/P, OW/P, OW/HW
Spieltraktur: mechanisch
Registertraktur: mechanisch
Ladensystem: Schleifladen

Geschichte:
1915 Neubau Paul Rother (Hamburg)
1943 Zerstörung im Zweiten Weltkrieg
1956 Einbau einer Orgel der Firma Marcussen (Abenrå) durch Emanuel Kemper & Sohn (Lübeck). Diese Orgel wurde 1904 für die Ernestinenschule Lübeck gebaut.
1982 Ankauf der Marcussen-Orgel durch Orgelbau Becker und Verwendung beim Orgelneubau in der Herz-Jesu-Kirche, Düsseldorf.

Literatur: Festschrift zur Einweihung der Steinmannorgel (Eigenverlag der Gemeinde)
Ars organi 1983/3

Z

ZU DEN ZWÖLF APOSTELN

Gemeinde: Ev. luth. Kirchengemeinde „Zu den 12 Aposteln" Lurup
Bezirk: Altona
Straße: Elbgaustraße 140
Baujahr der Orgel: 1963
Orgelbauer: Marcussen (Abenrå)

Disposition

Hauptwerk		**Brustwerk** (Schweller)		**Pedal**	
Rohrflöte	8'	Gedackt	8'	Subbaß	16'
Prinzipal	4'	Blockflöte	4'	Gedackt	8'
Quintadena	4'	Prinzipal	2'	Koppelflöte	4'
Gemshorn	2'	Nasat	1 1/3'	Waldflöte	2'
Sesquialtera II		Scharff II		Fagott	16'
Mixtur IV		Krummhorn	8'	Regal	4'
		– Tremulant –			

Koppeln: HW/P, BW/P, BW/HW
Spieltraktur: mechanisch
Registertraktur: mechanisch
Ladensystem: Schleifladen

Literatur: Pape Orgeldatenbank

ZUM GUTEN HIRTEN

Gemeinde: Ev. luth. Kirchengemeinde Anscharhöhe Eppendorf
Bezirk: Nord
Straße: Tarpenbekstraße 107
Baujahr der Orgel: 1971
Orgelbauer: Eberhardt-Friedrich Walcker & Cie (Ludwigsburg)

Disposition

Manual I		**Manual II**		**Pedal**	
Rohrflöte	8'	Gemshorn	8'	Subbaß	16'
Prinzipal	4'	Rohrflöte	4'	Holzgedackt	8'
Sesquialtera I-II		Prinzipal	2'	Trompete	8'
Mixtur II-III		Quinte	1 1/3'		
		– Tremulant –		Zimbelstern	

Koppeln: I/P, II/P, II/I
Spieltraktur: mechanisch
Registertraktur: mechanisch
Ladensystem: Schleifladen

Geschichte: 1899 Neubau Furtwängler & Hammer (Hannover)
1996 Umbau Claus Sebastian (Geesthacht)
Literatur: Pape Orgeldatenbank

ZUM GUTEN HIRTEN

Gemeinde: Ev. luth. Kirchengemeinde Anscharhöhe Eppendorf
Bezirk: Nord
Straße: Tarpenbekstraße 1907
Baujahr der Orgel: 1992
Orgelbauer: Claus Sebastian (Geesthacht)

Disposition

Manual

Gedeckt ab c^0 8'

Spieltraktur: mechanisch
Registertraktur: mechanisch
Ladensystem: Schleiflade

ZUM GUTEN HIRTEN

Gemeinde:	Ev. luth. Kirchengemeinde Anscharhöhe Eppendorf
Bezirk:	Nord
Straße:	Tarpenbekstraße 107
Baujahr der Orgel:	ca. 1960
Orgelbauer:	Gebr. Hillebrandt (Altwarmbüchen b/Hannover)

Disposition

Manual

Gedeckt	8'
Rohrflöte	4'
Prinzipal	2'
Quinte	1 1/3'

Spieltraktur:	mechanisch
Registertraktur:	mechanisch
Ladensystem:	Schleiflade

Geschichte: Das Positiv wurde für die Kirchengemeinde Winsen/Luhe gebaut und stand in der Kirche Ramelsloh. Umsetzung in die Kirche ZUM GUTEN HIRTEN 1997 durch Claus Sebastian (Geesthacht).

ZUM GUTEN HIRTEN

Gemeinde:	Ev. luth. Kirchengemeinde Langenfelde
Bezirk:	Eimsbüttel
Straße:	Försterweg 14
Baujahr der Orgel:	1962
Orgelbauer:	Alfred Führer (Wilhelmshaven)

Disposition

Hauptwerk		**Rückpositiv**		**Brustwerk**		**Pedal**	
Quintade	16'	Rohrflöte	8'	Sing. Gedackt	8'	Subbaß	16'
Prinzipal	8'	Prinzipal	4'	Rohrflöte	4'	Prinzipal	8'
Gedackt	8'	Spitzflöte	4'	Prinzipal	2'	Gedacktbaß	8'
Oktave	4'	Blockflöte	2'	Terzian II		Choralbaß	4'
Nasard	2 2/3'	Quinte	1 1/3'	Zimbel III		Nachthorn	2'
Oktave	2'	Sesquialtera II		Regal	8'	Mixtur V	
Mixtur IV-VI		Scharff IV				Posaune	16'
Trompete	8'	Krummhorn	8'			Trompete	8'
		– Tremulant –		– Zimbelstern –			

Koppeln:	HW/P, RP/P, BW/P, RP/HW, BW/HW
Spieltraktur:	mechanisch
Registertraktur:	mechanisch
Ladensystem:	Schleifladen

Geschichte:
1961 Ausleihe eines Positivs der Orgelbauwerkstatt Alfred Führer (Wilhelmshaven), das 1959 an die Friedenskirche Eilbek geliefert wurde.
1972 Reinigung Alfred Führer (Wilhelmshaven)
1974 Weitergabe des Leihpositivs an den Friedhof in Osterholz-Scharmbek

Literatur:
Werkkatalog Führer 1962
50 Jahre Orgelbau Führer

STANDORTE DER ORGELN · REGISTER

41 Christianeum	Othmarschen	Altona	Otto-Ernst-Straße 34
42 Christians-Kirche	Ottensen	Altona	Elbchaussee 68
44 Christophorus-Kirche	Altona	Altona	Helenenstraße 14
45 Christophorus-Kirche	Großlohe	Wandsbek	Großlohering 49
45 Christophorus-Kirche	Hummelsbüttel	Wandsbek	Poppenbütteler Stieg 25
46 Christophorus-Kirche	Nettelnburg	Bergedorf	Friedrich-Franck-Bogen 31
46 St. Christophorus-Kirche	Lohbrügge	Bergedorf	Riehlstraße 64
47 Christus-Kirche	Altona	Altona	Suttnerstraße 18
47 Christus-Kirche	Eidelstedt	Eimsbüttel	Halstenbeker Weg 22
48 Christus-Kirche	Eimsbüttel	Eimsbüttel	Bei der Christuskirche
49 Christus-Kirche	Hamm	Mitte	Carl-Petersen-Straße 59
48 Christus-Kirche	Harburg	Harburg	Maretstraße 24
49 Christus-Kirche	Othmarschen	Altona	Walderseestraße/Roosensweg
50 Christus-Kirche	Wandsbek	Wandsbek	Schloßstraße 78
51 Cornelius-Kirche	Fischbek	Harburg	Dritte Meile 19
52 Dänische Seemannskirche	Neustadt	Mitte	Ditmar-Koel-Straße 2
52 Dankeskirche	Hamm	Mitte	Süderstraße 312
52 Dankeskirche	Rahlstedt	Wandsbek	Hegeneck 2
53 Der Gute Hirte	Jenfeld	Wandsbek	Rodigallee 205
54 Dietrich-Bonhoeffer-Kirche	Dulsberg	Nord	Dulsberg-Süd 16
54 Dietrich-Bonhoeffer-Kirche	Rahlstedt	Wandsbek	Greifenberger Straße 56
55 Dreieinigkeitskirche	Allermöhe	Bergedorf	Allermöher Deich 99
55 Dreieinigkeitskirche	Borgfelde	Mitte	Burgstraße 10
56 Dreieinigkeitskirche	St. Georg	Mitte	St. Georgskirchhof 19
57 Dreifaltigkeitskirche	Hamm	Mitte	Horner Weg 15
58 Dreifaltigkeitskirche	Harburg	Harburg	Am Tie 9
59 Ebenezer-Kirche	Eppendorf	Eimsbüttel	Abendrothsweg 43
59 Edith-Stein-Kirche	Neu-Allermöhe	Bergedorf	Edith-Stein-Platz 1
59 Eirene-Kirche	Langenhorn	Nord	Willersweg 31
60 Elisabeth-Kirche	Eidelstedt	Eimsbüttel	Eidelstedter Dorfstraße 9
60 St. Elisabeth-Kirche	Harvestehude	Eimsbüttel	Oberstraße 65
61 Emmaus-Kirche	Hinschenfelde	Wandsbek	Walddörferstraße 369
61 Emmauskirche	Lurup	Altona	Kleiberweg 115
62 Emmauskirche	Wilhelmsburg	Harburg	Mannesallee 21 a
63 English Church of St.Thomas à. Beckett	Neustadt	Mitte	Zeughausmarkt
64 Epiphanienkirche	Winterhude	Nord	Wiesendamm 12
64 St. Erich-Kirche	Rothenburgsort	Mitte	Marckmannstraße 40
65 Erlöserkirche	Borgfelde	Mitte	Jungestraße 7
66 Erlöserkirche	Farmsen	Wandsbek	Bramfelder Weg 25 b
66 Erlöserkirche	Lohbrügge	Bergedorf	Lohbrügger Kirchstraße 9
67 Ev. freikirchliche Gemeinde	Wandsbek	Wandsbek	Auf dem Königslande 36
67 Evangelisches Zentrum	Rissen	Altona	Iserbarg 1
67 Finnische Seemannskirche	Neustadt	Mitte	Ditmar-Koel-Straße 16
68 Flußschifferkirche	Rothenburgsort	Mitte	Ausschläger Elbdeich
69 St. Franz-Josef-Kirche	Harburg	Harburg	Reeseberg 10
68 St. Franziskus-Kirche	Barmbek	Nord	Lämmersieth 38
69 Franz-von-Assisi-Kirche	Neu-Allermöhe	Bergedorf	Ebner-Eschenbach-Weg 41
70 Freie evang. Gemeinde Holstenwall	Neustadt	Mitte	Michaelispassage 1
71 Friedenskirche	Altona	Altona	Am Brunnenhof 36
71 Friedenskirche	Berne	Wandsbek	Berner Allee 68
72 Friedenskirche	Eilbek	Wandsbek	Papenstraße 7
72 Friedenskirche	Jenfeld	Wandsbek	Görlitzer Straße 12
78 Friedhof (Alter)	Wandsbek	Wandsbek	Kirchhofstraße
75 Friedhof (Neuer)	Harburg	Harburg	Bremer Straße
76 Friedhof (Neuer)	Niendorf	Eimsbüttel	Promenadenstraße 8
73 Friedhofskapelle Bergstedt	Bergstedt	Wandsbek	Volksdorfer Damm 261
73 Friedhofskapelle Billstedt	Billstedt	Mitte	Schiffbeker Weg 144

73	Friedhofskapelle Blankenese	Blankenese	Altona	Sülldorfer Kirchenweg 151
74	Friedhofskapelle Bornkamp	Bornkamp	Altona	Ruhrstraße 103
74	Friedhofskapelle Bramfeld	Bramfeld	Wandsbek	Berner Chaussee 50
74	Friedhofskapelle Diebsteich	Diebsteich	Altona	Am Diebsteich 4
75	Friedhofskapelle Eidelstedt	Eidelstedt	Eimsbüttel	Eidelstedter Dorfstraße 19
75	Friedhofskapelle Groß Flottbek	Groß Flottbek	Altona	Stiller Weg 28
76	Friedhofskapelle Hinschenfelde	Hinschenfelde	Wandsbek	Walddörferstraße 369
76	Friedhofskapelle Holstenkamp	Holstenkamp	Altona	Holstenkamp 91
77	Friedhofskapelle Ottensen	Ottensen	Altona	Bernadottestraße 31
77	Friedhofskapelle Rahlstedt	Rahlstedt	Wandsbek	Am Friedhof 4
77	Friedhofskapelle Stellingen	Stellingen	Eimsbüttel	Molkenbuhrstraße 6
78	Friedhofskapelle Tonndorf	Tonndorf	Wandsbek	Ahrensburger Straße 188
79	Friedrich-Ebert-Halle	Harburg	Harburg	Alter Postweg 19
79	Frohbotschaftskirche	Dulsberg	Nord	Straßburger Platz 2
80	St. Gabriel-Kirche	Barmbek	Nord	Hartzlohplatz 17
80	St. Gabriel-Kirche	Eidelstedt	Eimsbüttel	Niekampsweg 22
81	St. Gabriel-Kirche	Volksdorf	Wandsbek	Sorenremen 16
81	Gemeindezentrum Ost	Eidelstedt	Eimsbüttel	Dallbregen 1
82	Gemeindezentrum Osdorfer Born	Osdorf	Altona	Achtern Born 127
82	St. Gertrudkirche	Altenwerder	Harburg	Kirchhofweg
84	St. Gertrud-Kirche	Uhlenhorst	Nord	Immenhof 8
84	Gnadenkirche	St. Pauli-Nord	Mitte	Karolinenstraße 8
85	Groß-Flottbeker Kirche	Groß-Flottbek	Altona	Bei der Flottbeker Kirche 4
85	Gustav-Adolf-Kirche	Neustadt	Mitte	Ditmar-Koel-Straße 36
85	Gymnasium Allee	Altona	Altona	Max-Brauer-Allee 83
85	Gymnasium St. Ansgar	Borgfelde	Mitte	Bürgerweide 33
86	Gymnasium Eimsbüttel	Eimsbüttel	Eimsbüttel	Kaiser-Friedrich-Ufer 6
86	Gymnasium Eppendorf	Eppendorf	Eimsbüttel	Hegestraße 35
87	Gymnasium Klosterschule	St. Georg	Mitte	Westfalensweg 7
88	Gymnasium Walddörfer	Volksdorf	Wandsbek	Ahrensburger Weg 28
88	Hanna-Reemtsma-Stiftung	Rissen	Altona	Krimhildstraße 15
89	Hasse-Aula	Bergedorf	Bergedorf	Hasse-Straße 2
89	Heilandskirche	Uhlenhorst	Nord	Winterhuder Weg 132
91	Heilig-Kreuz-Kirche	Neugraben	Harburg	An der Falkenbek 10
92	Heilig-Kreuz-Kirche	Volksdorf	Wandsbek	Farmsener Landstraße 181
90	Heilige Familie	Langenhorn	Nord	Tannenweg 24
90	Heiligengeistkirche	Barmbek	Nord	Hufnerstraße 19
91	Heiliggeistkirche	Farmsen	Wandsbek	Rahlstedter Weg 13
93	Heinrich-Hertz-Schule	Winterhude	Nord	Grasweg 74
95	Herz-Jesu-Kirche	Hamm	Mitte	Bei der Hammer Kirche 12
95	Hochschule f. Musik u. darst. Kunst	Harvestehude	Eimsbüttel	Milchstraße 2
98	Hospital zum Heiligen Geist	Poppenbüttel	Wandsbek	Hinsbleek 11
99	Immanuelkirche	Veddel	Mitte	Wilhelmsburger Straße 71
99	St. Jacobikirche/Hauptkirche	Altstadt	Mitte	Jacobikirchhof 22
102	St. Jacobuskirche	Lurup	Altona	Jevenstedter Straße 11
103	Jahn-Schule	Eimsbüttel	Eimsbüttel	Bogenstraße 34/36
103	Jerusalemkirche	Eimsbüttel	Eimsbüttel	Schäferkampsallee 36
104	Jesuitenkapelle	Eimsbüttel	Eimsbüttel	Beim Schlump 56
111	Johanneskapellengemeinde	Rothenburgsort	Mitte	Billhorner Mühlenweg 31
87	Johanneum	Winterhude	Nord	Maria-Luisen-Straße 114
107	Johannis-Kirche	Harvestehude	Eimsbüttel	Johnsallee 17
104	St. Johannis-Kirche	Altona	Altona	Max-Brauer-Allee 199
105	St. Johannis-Kirche	Curslack	Bergedorf	Rieckweg 3
106	St. Johannis-Kirche	Eppendorf	Eimsbüttel	Ludolfstraße 66
106	St. Johannis-Kirche	Harburg	Harburg	Bremer Straße 15 a
108	St. Johannis-Kirche	Harvestehude	Eimsbüttel	Heimhuder Straße/Turmweg
107	St. Johannis-Kirche	Neuengamme	Bergedorf	Feldstegel 18

109	St. Johannis-Kirche	Rissen	Altona	Raalandsweg 5
110	St. Johannis-Kirche	Steilshoop	Wandsbek	Gründgensstraße 32
111	St. Joseph-Kirche	Altona	Altona	Große Freiheit 43
110	St. Joseph-Kirche	Wandsbek	Wandsbek	Witthöftstraße 1-3
112	Josua-Kirche	Ottensen	Altona	Daimlerstraße 38
112	Jubilatekirche	Lehmsahl-Mellingstedt	Wandsbek	Madacker 5
112	Jubilatekirche	Öjendorf	Mitte	Merkenstraße 26
113	St. Jürgen-Kirche	Langenhorn	Nord	Eichenkamp 10
114	Justizvollzugsanstalt I	Fuhlsbüttel	Nord	Suhrenkamp 92
115	Justizvollzugsanstalt II	Fuhlsbüttel	Nord	Am Hasenberge 26
114	Justizvollzugsanstalt V	Fuhlsbüttel	Nord	Am Hasenberge 26
115	Justizvollzugsanstalt Neuengamme	Neuengamme	Bergedorf	Neuengammer Heerweg 75
116	Kapernaumkirche	Horn	Mitte	Sievekingsallee 189
116	St. Katharinenkirche/Hauptkirche	Altstadt	Mitte	Katharinenkirchhof 1
118	Katholische Akademie	Neustadt	Mitte	Herrengraben 4
118	Kath. Kinderheim St. Elisabeth	Bergedorf	Bergedorf	Grasredder 13
119	Kirche am Krankenhaus	Schnelsen	Eimsbüttel	Hogenfelder Straße 28
119	Kirche am Markt	Niendorf	Eimsbüttel	Kollaustraße 241
121	Kirchenkreisamt	Altona	Altona	Schmarjestraße 28
122	Krankenhaus Alten-Eichen/Diakonie	Eimsbüttel	Eimsbüttel	Jütländer Allee 48
122	Krankenhaus Altona	Altona	Altona	Paul-Ehrlich-Straße 1
123	Krankenhaus Maria-Hilf	Harburg	Harburg	Stader Straße 203 c
123	Krankenhaus Ochsenzoll	Langenhorn	Nord	Langenhorner Chaussee 560
123	Kreuzkirche	Barmbek	Nord	Wohldorfer Straße 30
124	Kreuzkirche	Schiffbek	Mitte	Billstedter Hauptstraße 86
124	Kreuzkirche	Harburg	Harburg	Niemannstraße 36
125	Kreuzkirche	Kirchdorf	Harburg	Kirchdorfer Straße 179
125	Kreuzkirche	Ottensen	Altona	Hohenzollernring 72
126	Kreuzkirche	Stellingen	Eimsbüttel	Wegenkamp 1
126	Kreuzkirche	Wandsbek	Wandsbek	Kedenburgstraße 14
127	Laurentiuskapelle	Uhlenhorst	Nord	Ifflandstraße 61
128	Logenhaus	Harvestehude	Mitte	Moorweidenstraße 36
128	Lucas-Kirche	Fuhlsbüttel	Nord	Erdkampsweg 106
129	Lukas-Kirche	Sasel	Wandsbek	Auf der Heide 15 a
129	Luther-Kirche	Bahrenfeld	Altona	Lutherhöhe 22
130	Luther-Kirche	Wellingsbüttel	Wandsbek	Up de Worth 25
131	Maria-Grün	Blankenese	Altona	Schenefelder Landstraße 3
132	Maria-Himmelfahrt-Kirche	Rahlstedt	Wandsbek	Oldenfelder Straße 25
133	Maria-Magdalenen-Kirche	Klein Borstel	Nord	Stübeheide 172
132	St. Maria-Magdalenen-Kirche	Moorburg	Harburg	Moorburger Elbdeich 129
134	Marienkapelle	Eidelstedt	Eimsbüttel	Mählstraße 1
135	Marien-Kirche	Fuhlsbüttel	Nord	Am Hasenberge 44
136	St. Marien-Domkirche	St. Georg	Mitte	Danziger Straße 60
131	St. Maria-Kirche	Harburg	Harburg	Museumsplatz 4
134	St. Marien-Kirche	Bergedorf	Bergedorf	Reinbeker Weg 8
137	St. Marienkirche	Ottensen	Altona	Bei der Reitbahn 4
137	Marienkrankenhaus	Borgfelde	Mitte	Alfredstraße 9
138	Marktkirche	Poppenbüttel	Wandsbek	Poppenbütteler Markt 2
138	St. Markus-Kirche	Hoheluft	Eimsbüttel	Heider Straße 1
139	Martins-Kirche	Horn	Mitte	Bei der Martinskirche 8
140	Martins-Kirche	Rahlstedt	Wandsbek	Hohwachter Weg 2
140	Martin-Luther-Kirche	Alsterdorf	Nord	Bebelallee 156
141	Martin-Luther-Kirche	Eißendorf	Harburg	Kirchenhang 21
141	Martin-Luther-Kirche	Iserbrook	Altona	Schenefelder Landstraße 200
142	Martin-Luther-King-Kirche	Steilshoop	Wandsbek	Gründgensstraße 28
142	St. Martinus-Kirche	Eppendorf	Nord	Martinistraße 33
143	Matthäus-Kirche	Winterhude	Nord	Bei der Matthäuskirche

143	Matthias-Haus	Barmbek	Nord	Hellbrookstraße 18
144	Matthias-Claudius-Kirche	Rahlstedt	Wandsbek	Wolliner Straße 98
144	Matthias-Claudius-Kirche	Wohldorf-Ohlstedt	Wandsbek	Bredenbekstraße 59
145	St. Maximilian-Kolbe-Kirche	Kirchdorf	Harburg	Krieterstraße 9
145	Melanchthon-Kirche	Groß Flottbek	Altona	Ebertallee 30
146	Mennonitenkirche	Altona	Altona	Mennonitenstraße 20
146	St. Michael-Kapelle	Volksdorf	Wandsbek	Wiesenkamp
147	St. Michael-Kirche	Bergedorf	Bergedorf	Gojenbergsweg 26
148	St. Michael-Kirche	Sülldorf	Altona	Sülldorfer Kirchenweg 1
149	St. Michaelis-Kirche/Hauptkirche	Neustadt	Mitte	Englische Planke
148	Michaeliskirche	Neugraben	Harburg	Cuxhavener Straße 321
147	Michaels-Kirche	Blankenese	Altona	Schenefelder Landstraße 34
154	Musikhalle	Neustadt	Mitte	Johannes-Brahms-Platz
153	Musikwissensch. Institut/Universität	Harvestehude	Eimsbüttel	Neue Rabenstraße 13
156	Nathanael-Kirche	Horn	Mitte	Bauerbergsw. (KGV 142 Parz. 65)
156	Neuapostolische Kirche	Altona	Altona	Goethestraße 29
157	Neuapostolische Kirche	Barmbek	Nord	Schwalbenstraße 2
157	Neuapostolische Kirche	Bergedorf	Bergedorf	Glindersweg 15
157	Neuapostolische Kirche	Borgfelde	Mitte	Alfredstr./ Claus-Groth-Str.
158	Neuapostolische Kirche	Eppendorf	Eimsbüttel	Abendrothsweg 18
158	Neuapostolische Kirche	Harburg	Harburg	Wattenbergstraße 23
159	Nienstedtener Kirche	Nienstedten	Altona	Elbchaussee 408
160	Nikodemus-Kirche	Ohlsdorf	Nord	Fuhlsbütteler Straße 658
160	St. Nikolai-Kirche	Altengamme	Bergedorf	Kirchenstegel 1
162	St. Nikolai-Kirche	Billwerder	Bergedorf	Billwerder Billdeich 136
163	St. Nikolai-Kirche	Finkenwerder	Mitte	Norderschulweg 11
164	St. Nikolai-Kirche/Hauptkirche	Harvestehude	Eimsbüttel	Abteistraße 38
166	St. Nikolai-Kirche	Moorfleet	Bergedorf	Moorfleeter Kirchenweg 64
167	St. Nikolaus-Kirche	Alsterdorf	Nord	Alsterdorfer Straße 440
168	Norddeutscher Rundfunk (NDR)	Harvestehude	Eimsbüttel	Rothenbaumchaussee 132
171	Norwegische Seemannskirche	Neustadt	Mitte	Ditmar-Koel-Straße 4
171	Oberaltenallee, Pflegeheim	Uhlenhorst	Nord	Finkenau 19
172	St. Olaf-Kirche	Horn	Mitte	Speckenreihe 41
172	Oncken-Kirche	Eimsbüttel	Eimsbüttel	Grindelallee 101
173	Osterkirche	Bramfeld	Wandsbek	Bramfelder Chaussee 200
173	Osterkirche	Eilbek	Wandsbek	Friedensstraße 2
174	Osterkirche	Langenfelde	Eimsbüttel	Brehmweg 40
174	Osterkirche	Ottensen	Altona	Bei der Osterkirche 13
175	Pädagogisches Institut/ Universität	Harvestehude	Mitte	von-Melle-Park 8
175	St. Pankratius-Kirche	Neuenfelde	Harburg	Organistenweg 7
178	St. Pankratius-Kirche	Ochsenwerder	Bergedorf	Alter Kirchdeich 8
178	Paul-Gerhardt-Kirche	Ottensen	Altona	Bei der Paul-Gerhardt-Kirche 4
179	Paul-Gerhardt-Kirche	Wilhelmsburg	Harburg	Georg-Wilhelm-Straße 121
179	Paul-Gerhardt-Kirche	Wilstorf	Harburg	Eigenheimweg 50 a
180	Paul-Gerhardt-Kirche	Winterhude	Nord	Braamkamp 51
180	St. Pauli-Kirche	St. Pauli	Altona	Pinnasberg 80
182	Paulus-Kirche	Altona	Altona	Bei der Pauluskirche 4/6
183	Paulus-Kirche	Billstedt	Mitte	Öjendorfer Weg 10
183	Paulus-Kirche	Hamm	Mitte	Quellenweg 10
184	St. Paulus-Kirche	Heimfeld	Harburg	Petersweg 1
184	St. Peter-Kirche	Groß Borstel	Nord	Borsteler Chaussee 139
185	St. Petri-Kirche	Altona	Altona	Schillerstraße 24
186	St. Petri-Kirche/Hauptkirche	Altstadt	Mitte	Mönckebergstraße/Bergstraße
186	St. Petri- und Pauli-Kirche	Bergedorf	Bergedorf	Bergedorfer Schloßstraße 5
188	St. Petrus-Kirche	Finkenwerder	Mitte	Norderkirchenweg 71
189	St. Petrus-Kirche	Heimfeld	Harburg	Haakestraße 100
189	St. Petrus-Kirche	Lokstedt	Eimsbüttel	Winfriedweg 22

190	Philemon-Gemeindezentrum	Poppenbüttel	Wandsbek	Tegelsbarg 1
190	Philippus-Kirche	Horn	Mitte	Manshardtstraße 105 e
191	St. Raphael-Kirche	Wilhelmsburg	Harburg	Wehrmannstraße 9
191	Rautenbergsaal	St. Georg	Mitte	Alexanderstraße 3
88	Reemtsma-Haus siehe Hanna-Reemtsma-Stiftung			
192	Reformierte Kirche	Altona	Altona	Palmaille 2
192	Reformierte Kirche	Altstadt	Mitte	Ferdinandstraße 21
193	Rimbert-Kirche	Billstedt	Mitte	Sturmvogelweg 16
193	Rockenhof, Kirche am	Volksdorf	Wandsbek	Rockenhof 6
194	Rogatekirche	Meiendorf	Wandsbek	Wildschwanbrook 5 b
194	Rudolf-Steiner-Schule	Harburg	Harburg	Ehestorfer Heerweg 82
200	Schröderstiftskapelle (alt)	Eimsbüttel	Eimsbüttel	Schröderstiftstraße 34
201	Schröderstift (neu)	Langenhorn	Nord	Kiwittsmoor 26
195	St. Severini-Kirche	Kirchwerder	Bergedorf	Kirchenheerweg 6
196	Simeon-Kirche	Bramfeld	Wandsbek	Am Stühm Süd 85
196	Simeon-Kirche	Hamm	Mitte	Sievekingsallee 12 c
197	Simeon-Kirche	Alt-Osdorf	Altona	Am Osdorfer Born 3
197	Simon-Petrus-Kirche	Poppenbüttel	Wandsbek	Harksheider Straße 156
198	Sinstorfer Kirche	Sinstorf	Harburg	Sinstorfer Weg 90
200	Sophie-Barat-Schule	Harvestehude	Eimsbüttel	Warburgstraße 39
199	St. Sophienkirche	Barmbek	Nord	Weidestraße 53
201	Staatsoper	Neustadt	Mitte	Dammtorstraße 36
202	Steinbeker Kirche	Steinbek	Mitte	Steinbeker Berg 3
203	Stellingen Kirche	Stellingen	Eimsbüttel	Molkenbuhrstraße/Eschenholt
203	St. Stephanus-Kirche	Eimsbüttel	Eimsbüttel	Lutterothstraße 98
204	St. Stephanus-Kirche	Wandsb.-Gartenstadt	Wandsbek	Stephanstraße 117
204	Tabea-Diakoniewerk	Iserbrook	Altona	Am Isfeld 19
205	Theolog. Semin. ev. freik. Gemeinde	Horn	Mitte	Rennbahnstraße 115
205	St. Theresienkirche	Altona	Altona	Dohrnweg 8
206	Thomas-Kirche	Bramfeld	Wandsbek	Haldesdorfer Straße 28
208	Thomas-Kirche	Meiendorf	Wandsbek	Meiendorfer Straße 47
208	St. Thomas-Kirche	Rothenburgsort	Mitte	Vierländer Damm 3
207	St. Thomas-Kirche	Hausbruch	Harburg	Lange Striepen 5
209	St. Thomas-Morus-Kirche	Stellingen	Eimsbüttel	Koppelstraße 16
209	Timotheus-Kirche	Horn	Mitte	Stengelestraße 36
210	Tonndorf, Kirche	Tonndorf	Wandsbek	Stein-Hardenberg-Straße 68
211	Trinitatiskirche	Hohenhorst	Wandsbek	Halenseering 6
210	St. Trinitatiskirche/Hauptkirche	Altona	Altona	Kirchenstraße 40
211	Universitätskrankenhaus	Eppendorf	Nord	Martinistraße 52
211	Untersuchungshaftanstalt	St. Pauli	Mitte	Holstenglacis 3
212	Uhlenhof	Finkenwerder	Mitte	Norderschulweg 11
212	Verheißungskirche	Niendorf	Eimsbüttel	Sachsenweg 3
213	Versöhnungskirche	Eilbek	Wandsbek	Eilbektal 15
213	Vicelin-Kirche	Sasel	Wandsbek	Ilsenweg 13
214	St. Vinzenz-Kapelle	Eißendorf	Harburg	Lichtenauerweg 9
168	Welte-Funkorgel (siehe Norddeutscher Rundfunk)			
214	Wichern-Kirche	Hamm	Mitte	Wichernsweg 16
215	St. Wilhelm-Kirche	Bramfeld	Wandsbek	Hohnerkamp 22
215	Zionskirche	Hohenfelde	Nord	Wandsbeker Stieg 29
216	Zu den Zwölf Aposteln	Lurup	Altona	Elbgaustraße 140
216	Zum Guten Hirten (Anscharhöhe)	Eppendorf	Nord	Tarpenbekstraße 107
217	Zum Guten Hirten	Langenfelde	Eimsbüttel	Försterweg 14

ERKLÄRUNG DER WICHTIGSTEN FACHAUSDRÜCKE

Es war unvermeidbar, daß bei Angaben von Details zu den einzelnen Orgeln Fachwörter aus dem Orgelbau Verwendung finden mußten. Um diese Dokumentation auch für interessierte Nichtfachleute verständlich zu machen, seien die wichtigsten erklärt.

Brustwerk
Ein Teilwerk der Orgel, das direkt über dem Spieler angeordnet ist.

Freie Kombination
Diese enthält nochmals alle Registerzüge der Orgel in Form von kleinen Knöpfen über der Hauptregistratur. Sie ist durch einen besonderen Knopf unter dem 1. Manual einschaltbar und löst die Handregistratur ab. So kann der Organist vor seinem Spiel mehrere Klangfarben vorbereiten, die dann an den entsprechenden Stellen während des Spiels durch einen einfachen Knopfdruck schnell abrufbar sind.

Koppel
Diese macht die Register eines anderen Manuals zum Beispiel auf dem Hauptwerk spielbar (II/I = Register des 2. und 1. Manuals sind auf dem 1. Manual spielbar. I/P = Register des 1. Manuals sind auf dem Pedal spielbar).

Manual
Klaviatur der Orgel, die mit den Händen gespielt wird.

Mixtur
Ein Register, das aus mehreren kleinen Pfeifenreihen verschiedener Tonhöhen besteht und sehr hoch erklingt. Es dient zur Aufhellung des Orgelklanges (III, II, IV etc. gibt die Anzahl der zugleich klingenden Pfeifen an). Es wird „dreifach“, „zweifach“, „vierfach“ benannt.

Oberwerk
Ein Teilwerk der Orgel, das über dem Hauptwerk angeordnet ist.

Pedal
Klaviatur der Orgel, die mit den Füßen gespielt wird.

Positiv
Ein zumeist kleineres Teilwerk der Orgel; oft auch sehr kleines, einzeln stehendes Orgelwerk.

Prospekt
Schauseite der Orgel mit den Prospektpfeifen.

Register
Pfeifenreihe von 54 bzw. 56 Tönen je nach Tastenumfang des Manuals bzw. Pedals, deren Pfeifen vom tiefsten bis zum höchsten Ton immer kleiner werden. Durch die Bauform der Pfeifen dieser Reihen (zylindrisch, konisch, offen, gedeckt usw.) werden bestimmte Klangfarben erzeugt, die der Organist einzeln spielen oder mischen kann.

8‘, 4‘, 2‘ etc.
Jedes Register kann durch entsprechende Wahl der Pfeifenlängen so konstruiert werden, daß es eine bis mehrere Oktaven höher oder tiefer erklingt als die normale Tonhöhe anderer Instrumente. Orgelbauer benutzen zur Kennzeichnung das alte Fußmaß, wobei man einen Fuß mit durchschnittlich 30 cm ansetzen kann. Die Fußangabe bezieht sich auf die tiefste, d. h. auf die längste Pfeife einer Pfeifenreihe (Register). 8‘ = 8 Fuß wäre also die längste Pfeife mit rund 2,40 m anzusetzen. Das wäre ein Register, das in Normaltonhöhe erklingt mit ca. 440 htz für a^1. Wählt der Organist ein Register mit Vierfußangabe (4‘), so weiß er, daß dieses eine Oktave höher erklingt. Entsprechendes gilt für 16‘; dieses Register erklingt eine Oktave tiefer als normal.

Registertraktur
Sie verbindet den Registerschalter bzw. Registerzug im Spieltisch mit der Apparatur in der Windlade und stellt das entsprechende Register an bzw. ab.

Rollschweller bzw. Crescendowalze
Eine Rolle über der Pedalklaviatur wird mit dem Fuß gedreht. Mit Hilfe technischer Einrichtungen werden vom leisesten bis zum stärksten alle Register nacheinander eingeschaltet bzw. auf umgekehrtem Wege wieder ausgeschaltet. Manche Orgelbauer verwenden anstatt der Rolle einen Balanciertritt.

Rückpositiv
ist ein Teilwerk der Orgel, das im Rücken des Spielers, meistens im Zuge der Emporenbrüstung aufgebaut ist.

Schwellwerk
Alle Register dieses Teilwerks einer Orgel stehen in einem Kasten, dessen Vorderseite aus Jalousien besteht.

Mit Hilfe eines Balanciertrittes können diese vom Organisten geöffnet bzw. geschlossen werden. Dadurch kann der von Natur aus dynamisch starre Orgelton lautstärkemäßig verändert werden.

Setzer
Moderne Form der freien Kombination mit gleichem Zweck.

Spieltisch
Oft fälschlich als „Orgeltisch" bezeichnet. Am Spieltisch spielt und registriert der Organist.

Spieltraktur
Verbindungsmechanik zwischen Taste und Ventil in der Windlade, das den Wind zum Anblasen der Pfeife freigibt. Diese kann mechanisch (Verbindung durch dünne Holzleisten = Abstrakten), pneumatisch (Arbeitswind wird bei Tastendruck durch ein Röhrensystem zur Windlade zum Öffnen des Ventils geschickt) oder elektrisch (durch Schwachstrom) geschehen.

Transmission
Mit Hilfe einer besonderen Schalteinrichtung kann der Spieler das Register eines Werkes (Oberwerk, Hauptwerk oder ähnlich) auch auf einem anderen Werk spielen.

Tremulant
Durch Betätigen dieser Einrichtung wird der Ton in leichte Schwingungen versetzt.

Tuttiknopf
Durch Drücken dieses Knopfes werden alle Register der Orgel eingeschaltet.

Vorabzug
Durch Einrichtung eines Vorabzugs kann man eine Pfeifenreihe einer Mixtur gesondert einschalten, ohne daß die übrigen Mixturpfeifenreihen mitklingen.

Windlade
Großer Holzkasten, auf dem die Pfeifen stehen. Darin befinden sich besondere technische Einrichtungen, die das Anspielen der einzelnen Registerreihen, sowie einzelner Töne ermöglichen. Je nach System unterscheidet man Schleifladen, Springladen, Taschenladen, Membranladen, Kegelladen, Pitmanladen und Kastenladen.

Zimbelstern
Auf einer Achse sind Glöckchen oder Schalenglocken montiert. Durch Betätigen einer technischen Einrichtung kann die Achse gedreht werden; dabei erklingen die Glöckchen oder Schalenglocken. Gleichzeitig dreht sich am Prospekt ein Stern, der „Zimbelstern".

Zungen
Bei diesen Pfeifen wird der Ton durch schwingende Metallplättchen erzeugt. Sie verstimmen besonders leicht, deshalb erhält die Orgel oft Zungeneinzelabsteller, um etwa bei Betätigung des Tuttiknopfes den Gesamtklang nicht verstimmt klingen zu lassen.

LITERATURVERZEICHNIS

Autor	Titel	Kurztitel
Adelung, Wolfgang:	Die Arp-Schnitger-Orgel der Hauptkirche St. Jacobi zu Hamburg in ARS ORGANI 1961/9	Adelung Schnitgerorgel
Adelung, Wolfgang:	Einführung in den Orgelbau (Wiesbaden 1991)	Adelung Einführung
Adelung, Wolfgang:	Orgeln der Gegenwart (Kassel 1972)	Adelung Gegenwart
Ahrend, Jürgen:	Die Restaurierung der Arp-Schnitger-Orgel von St. Jacobi in Hamburg (Österr. Orgelforum 1993/3)	Ahrend Vortrag
Allihn, Max:	Größte Orgel Deutschlands in Hamburg (in „Daheim" 29 S. 827)	Allihn Größte Orgel
Armbrust, Carl F.:	Die neue Orgel der St. Petrikirche in Hamburg (Hamburg 1885)	Armbrust Neue Orgel
Bachmann, Claus H.:	„Auf dieser Orgel hat Bach gespielt". Die Arp-Schnitger-Orgel in St. Jacobi in Hamburg in „Kunst und Welt" Stuttgart 1961	
Baldanus-Burmester, E.:	Die Orgel der Luther-Kirche Hamburg (Zeitschrift für Instrumentenbau 1906), Bau- und Kunstdenkmale der Freien und Hansestadt Hamburg, Bd. I, Hamburg 1953	
Becker, Klaus:	Jubiläumsschrift „25 Jahre Orgelbau Klaus Becker"	
von Beckerath:	Werkverzeichnis von Beckerath (Scharenberg)	Werkverz. v. Beckerath
Behrmann, Georg:	Die St. Petri- und Pauli-Kirche zu Bergedorf (Hamburg 1929)	Behrmann St. Petri- und Pauli
Berg, Franz v. d.:	Neue Orgeln in Hamburgs katholischen Kirchen 1945–1964 (Hamburg 1965)	Neue katholische Orgeln
Bihn, Friedrich:	Die Orgel von St. Jacobi, in „700 Jahre St. Jacobi"	
Brinkmann, Friedrich:	Neue Orgel in der Heilandskirche Hamburg. in: Zeitschrift für Instrumentenbau 1928/48	Brinkmann Neue Orgel
Brodde, Otto:	Erneuerung einer Orgel in Hamburg-Alsterdorf in: Musik und Kirche 1953/5	Brodde Erneuerung
Cirsovius, Leopold Ivan:	Orgeldispositionen aus Schleswig-Holstein (Kiel 1872) (Neuausgabe Reinhardt Jaehn/Kassel 1986)	Cirsovius Dispositionen
Cirsovius, Leopold Ivan:	Lebensbild des Orgelbauers Marcussen (Kiel 1891)	Cirsovius Marcussen
Cortum, Theodor:	Die Orgelwerke der evang. luth. Kirche im Hamburgischen Staate (Hamburg 1928)	Cortum Orgelwerke
Cortum, Theodor:	Die Orgel der Thomaskirche Hamburg-Rothenburgsort (Hamburg 1929)	Cortum Thomasorgel
Cortum, Theodor:	Erinnerungen an die am 3. Juli 1906 durch Feuer vernichtete St. Michaelisorgel (Hamburg 1907)	Cortum Michaelisorgel
Daßler, R.:	Die Kirchenorgel in Nienstedten (Blankenese 1906)	Daßler Nienstedten
Dähnert, Ulrich:	Der Orgel- und Instrumentenbauer Zacharias Hildebrandt (Leipzig 1960)	Dähnert Hildebrandt
	Die Kirchen des Hamburger Landgebietes (Hamburg 1929)	
Drews, Pastor:	Die Heilandskirche (Hamburg 1928)	Drews Heilandskirche
Eberstaller, Oscar:	Haydn-Gedächtnisorgel in Hamburg in: Zeitschrift für Instrumentenbau 1932	Eberstaller Haydn-Orgel
Elgnowski, Günther:	Geistliche Musik im alten Hamburg (Hamburg 1971)	Elgnowski Musik
Elis, Carl:	Neue Orgeldispositionen I (Kassel 1930)	Elis Dispositionen

Falkenberg, Hans-Joachim:	Der Orgelbauer Wilhelm Sauer (Lauffen/Neckar 1990)	Falkenberg Sauer
Fischer, Hermann:	100 Jahre Bund Deutscher Orgelbaumeister (Lauffen 1991)	Fischer 100 Jahre BDO
Fock, Gustav:	Arp Schnitger und seine Schule (Kassel 1974)	Fock Arp Schnitger
Fock, Gustav:	Kartei der Orgelbauer und Orgeln (Staats- und Universitätsbibliothek Hamburg)	Fock Orgelkartei
Fock, Gustav:	Die Geschichte der Schnitger-Orgel in St. Jacobi in „Festschrift aus Anlaß der Wiederweihe 1961"	Fock Festschrift
Fock, Gustav:	Der historische Orgelbau im Küstengebiet zwischen Hamburg und Groningen im 16. – 18. Jahrhundert in: Acta organologica 1967/1	Fock Historischer Orgelbau
Fock, Gustav:	Hamburgs Anteil am Orgelbau im niederdeutschen Kulturgebiet in: Zeitschrift des Vereins für Hamburgische Geschichte Nr. 38/1939	Fock Hamburgs Anteil
Fock, Gustav:	Arp Schnitger zum 300. Geburtstag in „Musik und Kirche" 1948/3 + 4	F. Arp-Schnitger-Geburtstag
Fock, Gustav:	Arp Schnitger, Musik in Geschichte und Gegenwart, Kassel 1963	
Friis, Nils:	siehe Marcussen	
Frotscher, Gotthold:	Deutsche Orgeldispositionen aus 5 Jahrhunderten (Wolfenbüttel 1939)	Frotscher Dispositionen
Führer-Orgelbau:	50 Jahre Orgelbau Führer (Berlin 1983)	50 Jahre Orgelbau Führer
Führer-Orgelbau:	Werkkataloge 1933–1995 (Wilhelmshaven)	
Furtwängler & Hammer:	Werkverzeichnis 1929 (Archiv Orgelbau Emil Hammer (Arnum bei Hannover)	Furtwängler Werkverzeichnis
	Hamburg und seine Bauten (Herausg. Architekten- und Ingenieurverein zu Hamburg (mehrere Jahrgangsbände))	Hamburgs Bauten
Hauptkirche St. Jakobi:	Arp- Schnitger-Orgel St. Jakobi Hamburg (1993)	
Hauser, H. R.:	Orgelreform und St. Jacobiorgel zu Hamburg in „Kunstrundschau Hamburg 1925/11"	Hamburg Orgelreform
Helman, Harold:	Hamburg: Some notes on its churches and organs before the second world war in "the Organ 1949/1959"	Helman Notes
Hendricks, Wilhelm:	Paul Rother 1899/1949/1960 (Hrsg. Handwerkskammer Hamburg 1993)	Werkverzeichnis Rother
Hepworth, W.:	Die Orgel der St. Jacobi-Kirche Hamburg, in Zeitschrift für Instrumentenbau Leipzig 1905/9	Hepworth Jacobiorgel
Herele, K.:	Neue Schleifladenorgeln in Hamburg in Bauwelt 1933 Nr. 24	Herele Schleifladenorgeln
Heß, Joachim:	Dispositionen der merkwaardigste Kerkorgelen (Gouda 1774)	Heß Dispositionen
Jahnn, Hans-Henny:	Neue Schleifladenorgeln in Hamburg in Bauwelt 1933/24	Jahnn Schleifladenorgeln
Jaacks, Gisela und Paczkowski, Renate:	Orgeln in Schleswig-Holstein (Heide 1981)	Jaacks Orgeln
Kaufmann, Walter:	Der Orgelprospekt (Mainz 1949)	Kaufmann Prospekt
Kellinghusen, Hans:	Die Hamburgischen Orgelbauer Hans Scherer, Vater und Sohn, in Mitteilungen des Vereins für Hamburgische Geschichte 1912	Kellinghusen Orgelbauer
Kirchner, Christhart:	Beiträge zur Geschichte des Orgelbaus in der Mark Brandenburg bis zum Jahre 1600 in Acta Organologica Nr. 20/1988	Kirchner Beiträge
Kiehn, Rolf:	Miniaturen aus der Geschichte der Orgeln in der Kirche St. Johannis (im Archiv der Kirchengemeinde Curslack)	Kiehn Curslack
Koch, Karl-Hermann:	„Orgeltreffen" siehe Seggermann	
Krüger, L.:	Die Hamburgische Musikorganisation im XVII. Jahrhundert (Straßburg 1933)	
Kwasnik, Walter:	Die Orgel der Neuzeit (Köln 1948)	Kwasnik Orgel
Lamke, Jürgen:	Die Welte-Funkorgel des Norddeutschen Rundfunks in: Jahrbuch d. Staatl. Instituts f. Musikforschung Preuß. Kulturbesitz 1995	
Llovera, Julio Garcia:	Die Orgel in St. Erich (Hamburg 1969)	Llovera Die Orgel
Lottermoser, Werner:	Orgeln, Kirchen und Akustik II (Frankfurt am Main 1983)	Lottermoser Akustik
Marcussen & Søner:	1806–1956 (Nils Friis), Abenrå 1956.	Friis Marcussen

Marigold, W. G.:	The modern organs of the Jacobikirche Hamburg and the Abbey to Ottobeuren in The Organ Nr. 43 1963/64	Marigold modern organs
Mattheson, Johann:	Orgeldispositionen in „Musicalische Handleitung“ (F. E. Niedt) Hamburg 1721	Mattheson Handleitung
Mehrkens, Karl:	Die Schnitger-Orgel in der Hauptkirche St. Jacobi zu Hamburg (Kassel 1930)	Mehrkens Schnitgerorgel
Metzler, Wolfgang:	Romantischer Orgelbau in Deutschland (Walcker – Ludwigsburg, ohne Jahreszahl)	M. Romantischer Orgelbau
Morse, Lionell:	The organ in the Laeiszhalle Hamburg in „The Organ“ 1948/28	Morse Laeiszhalle
Musikhalle:	Die große Konzertorgel der neuen Musikhalle Hamburg in Zeitschrift für Instrumentenbau 1908/28	
Neuapostolische Kirche Harburg:	Chronik 1884–1984 (Eigenverlag)	Chronik
Otto, Felix:	Hamburgs Orgeln – ein aktueller Bericht zu den kommenden Tagungen in „Musikinstrument und Phono 1965/14	Otto Hamburgs Orgeln
Paczkowski, Renate:	siehe Jaacks, Gisela	
Pape, Uwe:	Orgeldatenbank , TU Berlin, Fachgebiet WI/AEDV	Pape Orgeldatenbank
Pape, Uwe:	50 Jahre Orgelbau Führer (Berlin 1983)	50 Jahre Orgelbau Führer
Pape, Uwe:	Dispositionen und Prospektzeichnungen des 19. und 20. Jahrhunderts im Archiv der Firma Emil Hammer in „Acta Organologica Nr. 8/1974	Pape, Dispositionen
Pape/Scheurell:	Orgelbauwerkstätten und Orgelbauer in Deutschland von 1945 bis 1995 (Berlin 1995)	Pape Orgelbauwerkstätten
Pape, Uwe:	Historische Orgeln und Prospekte in Bremen, Hamburg und der Lüneburger Heide in Acta Organologica Bd. 7/1973	Pape Historische Orgeln
Piper, Gottfried:	Zur Genealogie der Hamburger Orgelbauerfamilie Reichborn (Richborn) in „Festschrift zum fünfzigjährigen Bestehen der Genealogischen Gesellschaft Hamburg 1968	
Praetorius, Michael:	De Organographia 1619 (in Syntagma Musicum II). Faksimilenachdruck Kassel 1958	Praetorius organographia
Raugel, Felix:	Nouveau Grand Orgue de l'église St. Michel de Hambourg in „La Tribune de Saint Gervais, Paris Nr. 19	Raugel, St. Michel
Reformierte Kirche:	Orgel im Kirchsaal der ev. ref. Gemeinde in Hamburg in Musik und Kirche 1952/6	
Reichlich, Alfred (Hrsg.):	Mundus Organorum-Festschrift Walter Supper zum 70. Geburtstag (Berlin 1978)	Reichling Festschrift
Reinitzer, Heimo (Hrsg.)	Die Arp-Schnitger-Orgel der Hauptkirche St. Jacobi in Hamburg (Hamburg 1996)	Reinitzer Arp-Schnitger-Orgel
Riemann, Hugo:	Katechismus der Orgel (Leipzig 1901)	Riemann Katechismus
Roscher, Helmut:	Die Arp-Schnitger-Orgel in Neuenfelde (Neuenfelde 1980)	Roscher Arp-Schnitger-Orgel
Roscher, Helmut:	St. Pankratius zu Hamburg-Neuenfelde (München 1992)	Roscher St. Pankratius
Rother, Paul:	Die Orgel der zerstörten Michaeliskirche Hamburg in Zeitschrift für Instrumentenbau Leipzig 1906/26	Rother Michaelisorgel
Rother, Paul:	Werkverzeichnis Rother, Hamburg 1993 (siehe Hendricks)	Werkverzeichnis Rother
Rubardt, Paul:	Einige Nachrichten über die Orgelbauerfamilie Scherer in „Musik und Kirche“ 1930/1	
Schumann, Otto:	Orgelbau im Herzogtum Schleswig vor 1800/ Schriften zur Musik Bd. 23 (München 1973)	Schumann Schleswig
Seggermann, Günter und Koch, Karl Hermann:	Treffen der Hamburger Orgelfreunde in ARS Organi 1983/3	Seggermann Orgeltreffen
Seggermann, Günter:	Geschichte der Orgeln in der Hauptkirche St. Petri Hamburg vom 16. Jhdt. bis heute (Lauffen/Neckar 1992)	Seggermann Petri-Orgeln
Seggermann, Günter:	Denkmalorgeln zwischen Elbe und Weser (Kassel 1986)	Seggermann Elbe-Weser
Seggermann, Günter:	Denkmalorgeln zwischen Nord- und Ostsee (Kassel 1992)	Seggerm. Nord- und Ostsee
Seggermann, Günter:	Lötzerich-Orgeln in Hamburg in „Festschrift 25 Jahre Orgelbau Kark Lötzerich“ (Ippinghausen 1988)	Seggermann Lötzerich in Hamburg
Seggermann, Günter:	Die Odyssee der ersten großen Hamburger Musikhallenorgel in Geschichts- und Heimatblätter des Vereins für Hamburgische Geschichte 1990 Band 12 Heft 6)	Seggermann Musikhallenorgel

Seggermann, Günter:	Die Orgeln der Hauptkirche St. Michaelis zu Hamburg (München 1987)	Seggermann Michaelis-Orgeln
Seggermann, Günter:	Zwei Orgeln Hans-Henny Jahnns in Hamburg in „Die Auslese" 1990 E	
Seggermann, Günter:	Hans-Henny-Jahnn-Orgel in Hamburg klingt wieder in „Die Auslese" IV/K 1992	
Seggermann, Günter:	Die Orgel der St. Pankratius-Kirche zu Hamburg-Ochsenwerder in Nordelbische Kirchenzeitung 1986/5	Seggermann Orgelbrevier
Seggermann, Günter:	Die Jahnn-Hammer-Orgel der Ansgarkirche Hamburg-Langenhorn in Acta Organologica Bancl 23/1993	Seggermann Jahnn-Orgel
Seggermann, Günter:	Hamburg – ein bedeutendes Orgelzentrum in „Kultur für alle" Hamburg 1983	Seggermann Orgelzentrum
Seggermann, Günter:	Eine bisher unbekannte Orgel Arp Schnitgers in Ars Organi 1987/2	Seggermann, Unbekannte Arp-Schnitger-Orgel
Seggermann, Günter:	Hans-Henny Jahnn und die Orgelbewegung in „Restaurierung pneumatischer Orgeln (Pape Berlin 1995)	
Sittard, Alfred:	Das Hauptorgelwerk und die Hilfsorgel in der großen St. Michaeliskirche in Hamburg (Hamburg 1912)	Sittard Michaelisorgeln
Smets, Paul:	Neuzeitlicher Orgelbau (Mainz 1949)	Smets Orgelbau
Sumner, William:	The Schnitger-organ at St. James-Church Hamburg in The Organ 1935/15	Sumner Schnitgerorgel
Sumner, William:	The organs of St. Michael's Hamburg in The Organ 1946/47	
Supper, Walter (Hrsg.)	Orgelbewegung und Historismus (Kassel 1958)	Supper Orgelbewegung
Schmahl, Heinrich:	Umbau, Renovation und Vergrößerung der Orgel in der Kirche zu Billwerder durch den Orgelbauer Christian Heinrich Wolfsteller (Hamburg 1870)	Schmahl Billwerder
Schmahl, Heinrich:	Die neue Orgel der St. Petrikirche in Altona (Hamburg 1883)	Schahl, Petri Altona
Schmahl, Heinrich:	Die Anbahnung und Ausführung des Orgelbaus in der St. Johannes-(Norder)Kirche zu Altona (Hamburg 1873)	Schmahl Johannes Altona
Schmahl, Heinrich:	Nachrichten über die Entstehung, Vergrößerung und Renovierung der Orgel der St. Katharinenkirche in Hamburg (Hamburg 1869)	Schmahl St. Katharinen
Schmahl, Heinrich:	Die Orgel in der Kirchhofskapelle der St. Jacobikirche zu Hamburg (Hamburg 1869)	Schmahl Kirchhofskapelle
Schmahl, Heinrich:	Die Reparatur der Orgel in der großen Michaeliskirche zu Hamburg (Hamburg 1876)	Schmahl Michaelis
Schmahl, Heinrich:	Die von Christian Heinrich Wolfsteller neu aufgebaute Orgel in der St. Thomas-Kirche zu Hamburg (Hamburg 1885)	Schmahl Thomaskirche
Schmahl, Heinrich:	Die Grundprinzipien, wonach der Plan der große Orgel der St. Nikolaikirche in Hamburg von dem Orgelbaumeister E. Röver aus Hausneindorf erbaut ist (Hamburg 1892)	Schmahl St. Nikolai
Schmahl, Heinrich:	Die große Orgel der St. Jacobikirche in Hamburg in Ars Organi 1965/26	Schmahl St. Jacobi
Schmahl, Heinrich:	Die Orgel in der Kirche zu Wandsbek (Hamburg 1869)	Schmahl Orgel Wandsbek
Schmahl, Heinrich:	Die von den Orgelbauern Marcussen und Sohn in Apenrade neu erbaute Orgel in der Kirche zu Alt-Rahlstedt (Hamburg 1880)	Schmahl Alt-Rahlstedt
Schnorr v. Carolsfeld, E.:	Große Orgel der St. Michaeliskirche Hamburg in „Zeitschrift für Instrumentenkunde" Berlin 1912	Schnorr, Michaelis
Schnorr v. Carolsfeld, E.:	Größte Orgel der Welt in „Gregorianische Rundschau" 1912	Schnorr Größte Orgel
Schnorr v. Carolsfeld, E.:	Die größte Orgel der Welt in „Grundstein" Hamburg 1913/11	
Schwencke, Friedrich G.:	Denkschrift zur Einweihung der Orgel zu St. Nikolai in Hamburg (Hamburg 1898)	Schwencke Nikolai
Steinmeyer, Georg:	Werkverzeichnis 1972	Steinmeyer Werkverzeichnis
Thomaskirche:	Orgel der Thomaskirche in Hamburg in Zeitschrift für Instrumentenbau 1930/50	
Topp, Wilfried:	Werkverzeichnis der Orgelbaufirma Rohlfing in Acta Organologica Bd. 19/1986	Topp Acta Rohlfing
Trede, Jochim:	Kurze Orgelgeschichte der Englischen Kirche (Manuskript)	Trede Kurze Orgelgeschichte
Vente, Marten A.:	Die Brabanter Orgel (Amsterdam 1958)	Vente Brabanter Orgel

Walcker, Oscar:	Erinnerungen eines Orgelbauers (Kassel 1948)	Walcker Erinnerungen
Walcker:	Hausmitteilungen Heft 26/1961 (Ludwigsburg)	Walcker Hausmitteilungen
Wachler, Ebba:	Die Orgel der St. Severinikirche Kirchwerder (Hamburg 1993)	Wachler Orgel Kirchwerder
Wachler, Ebba:	Die Orgel in Geschichte und Gegenwart am Beispiel der Orgel St. Severini zu Kirchwerder (Kirchwerder 1994)	Wachler Kirchwerder
Wolff, C. H.:	Aus Brunsbüttels vergangenen Tagen (Itzehoe 1873)	Wolff Brunsbüttel
Wunderlich, Heinz:	Das kleine Orgelbuch der Hauptkirche St. Jacobi, Hamburg (Hamburg 1977)	Wunderl. Kleines Orgelbuch
Wunderlich, Heinz:	Die Arp-Schnitger-Orgel der Hauptkirche St. Jacobi zu Hamburg (Hamburg 1961)	Wunderlich, Arp-Schnitger-Orgel
Zacher, Gerd:	Schöpferische Tradition statt Historismus in Acta Organologica Bd. 17 1984	Zacher, Schöpferische Tradition

Festschriften (werden hier gesondert aufgeführt, da sie zumeist keinen Autor haben)

Apostelkirche:	75 Jahre Apostelkirche (Hamburg 1965)
Blankeneser Kirche:	Orgeleinweihung in der Blankeneser Kirche (Hamburg 1991)
Christuskirche Othmarschen:	Die Beckerath-Orgel. Abschließender Bericht 1936 Christuskirche Othmarschen 75 Jahre (Hamburg 1975)
Emmauskirche Wilhelmsburg:	90 Jahre Emmauskirche Wilhelmsburg
Gnadenkirche:	Jubiläumsschrift der Gnadenkirche St. Pauli-Nord (Hamburg 1957)
Heilig-Kreuz-Kirche Neugraben:	Festschrift 1973
Heilige Familie:	Die neue Orgel der Kirche Heilige Familie in Langenhorn (Hamburg 1988)
Jahn-Schule:	50 Jahre Jahn-Schule (Hamburg 1978)
St. Jacobi-Kirche:	Festschrift aus Anlaß der Wiederweihe (Hamburg 1961) Festschrift zur Wiedereinweihung der Schnitger-Orgel in St. Jacobi (Hamburg 1993)
Klosterschule:	Klosterschule 100 Jahre (1872–1972)
Kreuzkirche Ottensen:	Neue Orgel in der Kreuzkirche Ottensen (Hamburg 1993)
Kreuzkirche Schiffbek:	Festschrift zur Einweihung der Mathis-Orgel (Hamburg 1995)
Kirche am Markt:	Orgelweihe Pfingsten 1995
Lichtwarkschule:	Festschrift anläßl. der Restaurierung der Jahnn-Orgel „Die Hans-Henny-Jahnn-Orgel in der ehemaligen Lichtwarkschule, jetzt Heinrich-Hertz-Schule" (Hamburg 1991)
St. Marienkirche Harburg:	Neue Orgel der St. Marienkirche Harburg (Hamburg 1969)
St. Michaeliskirche:	Festschrift zur Einweihung der neu entstandenen gr. Michaeliskirche (Hamburg 1912) Die gr. St. Michaeliskirche in Hamb. nach ihrer Wiederherstellung 1912 (Hamburg 1927)
Trinitatiskirche Altona:	Festschrift zur Orgelweihe in der St. Trinitatiskirche Altona (Hamburg 1972)

Archivalien, die nicht in der zitierten Literatur genannt werden

Landeskirche Hamburg-Finanzabteilung (liegen im Nordelbischen Kirchenarchiv Kiel)

Orgelbau, Allgemeines, Band 1	Signatur 3791
Orgelverträge mit Firma E. Kemper & Sohn (Lübeck), (für St. Andreas und St. Georg)	Signatur 2231 u. 2250

Kirchenkreisarchiv Harburg

Neuenfelde Kirche (1925–1948)	Signatur 1332
Kirchdorf: Glocken und Orgel (1938–1974)	Signatur 1175
St. Paulus Harburg: Stimm- und Pflegevertrag für die Orgel (1948–1973)	Signatur 1576
Reiherstieg-Emmaus: Kirche – Orgel (1954–1957)	Signatur 967
Pankratius: Rechnungsbelege für Bau und Ausstattung der Kirche; Beschaffung von Glocken und Orgel (1954–1966)	Signatur 1277
Dreifaltigkeitsgemeinde: Kirche/Orgel	Signatur 901
St. Paulus: Rechnungen über Reparaturarbeiten an Kirche und Orgel (1955–1964)	Signatur 1568
Johannis: Neubau der Orgel (1959–1963), enthält auch Beschreibung der alten Orgel	Signatur 1064
Auferstehungsgemeinde Marmstorf: Gebäude, Kirche, Orgelneubau (1959–1966)	Signatur 740

St. Thomas: Orgelbau (1959–1969)	Signatur 1600
Sinstorf: Orgel 1959/1974–1977)	Signatur 1513
Christus-Gemeinde: Visitation, enthält auch Orgelprüfung (1960–1963)	Signatur 807
Michaelis: Orgel (1960–1972)	Signatur 1194
Bugenhagen Rönneburg: Orgel (1963–1977)	Signatur 794
Friedhofskapelle auf dem neuen Friedhof Bremer Straße (1964–1966), enthält vor allem betr. neuer Orgel	Signatur 1637
Altenwerder: Orgel (1964–1969)	Signatur 701
Pankratius: Reparaturen der Arp-Schnitger-Orgel in Neuenfelde (1965–1977)	Signatur 1284
Apostel-Kirche: Orgelneubau (1967–1971)	Signatur 768

Landeskirchenrat Hamburg (liegen im Nordelbischen Kirchenarchiv Kiel unter der Signatur 0)

Arbeitsplan und Bericht des Organisten Cortum betr. die Orgelwerke in den Hamburger Kirchen (1928–1932)
Orgel St. Nikolai (1929–1939)
Turm- und Orgelarbeiten in der St. Jacobi-Kirche (1930–1933)
Orgel der Heilands-Kirche Uhlenhorst (1930–1937)
Orgel der Philippus-Kirche in Eimsbüttel (1930–1938/im 2. Weltkrieg zerstört)
Pedal-Harmonikum bzw. kleine Orgel für Gabriel Kirchsaal Nord-Barmbek-Hartzloh (1931–1937)
Sachverständiger für Kirchenorgeln und Glocken (1931–1947)
Berichte des Orgelbausachverständigen Brinkmann über die Orgelwerke in den Hamburger Kirchen (1932–1933)
Staatlicher Orgelsachbearbeiter Hans-Henny Jahnn (1933)
Friedhofsorgel St. Jacobi
Orgel der Gnadenkirche St. Pauli
Orgel der Stephanuskirche in West-Eimsbüttel
Orgel der Bethlehemkirche in Hoheluft
Orgel der Heiligengeistkirche in Alt-Barmbek
Orgel des Wichernhauses, Haferkamp 14 – Alt-Barmbek
Orgel der Bugenhagenkirche West-Barmbek
Orgel und Glocken der Dankeskirche Süd-Hamm
Orgel der Wichernkapelle Süd-Hamm
Orgel der Martinskirche in Horn
St. Thomas-Orgel
Orgel Ansgarkirche Langenhorn
Orgel Petri- und Pauli-Kirche Bergedorf
Orgel der St. Nikolaikirche zu Altengamme
Orgel und Glocken der Nikolaikirche Moorfleeth
Orgel der Dreieinigkeitskirche St. Georg (1877–1937)
Orgel der St. Johanniskirche in Curslack (1878–1944)
Orgel der Dreieinigkeitskirche Allermöhe (1882–1937)
Orgel der Kirche St. Pankratius in Ochsenwerder (1883–1945)
Orgel der Kirche St. Severini in Kirchwerder (1888–1937)
Orgel der Apostelkirche West-Eimsbüttel (1897–1937)
Orgel der Martinskirche in Horn (1904–1937)
Instandsetzung der Kirche und Umbau der Orgel – Altengamme (1905–1909)
Orgel der Immanuelkirche Veddel (1905–1944)
Orgel der St. Petrikirche (1912–1937)
Orgel der Kirche Maria-Magdalena in Moorburg (1915–1937)
Orgel der Friedenskirche Eilbek (1919)
Orgel der Christuskirche Eimsbüttel (1920)
Orgel der Versöhnungskirche Eilbek (1920)
Orgel der St. Katharinenkirche (1921–1943)
Orgel der St. Gertrudkirche (1923–1937)
Orgel der St. Johanniskirche Eppendorf (1923–1939)
Orgel der St. Nikolaikirche Billwerder (1924–1936)
Orgel der Dreifaltigkeitskirche in Hamm (1925–1937)
Orgel der Matthäuskirche in Winterhude (1926–1934)
Orgel der Andreaskirche Harvestehude (1927–1938)
Orgel der Paul-Gerhard-Kapelle Winterhude (1935–1937)